Manfred Seegers

Wissen über Meditation

Sichtweise und Meditation im Diamantweg-Buddhismus

Manfred Seegers

Wissen über Meditation

Sichtweise und Meditation im Diamantweg-Buddhismus

Buddhistischer Verlag

Hinweise zu Originalsprachen, Quellentexten und speziellen Begriffen

Alle Sanskrit- (skt.) und tibetischen (tib.) Begriffe wurden, um den internationalen Standard einzuhalten, in der anglisierten Form wiedergegeben. Dabei wird ch und c = tsch, j = dsch und sh = sch ausgesprochen. Die Schreibweise der tibetischen Begriffe ist im Text zwecks leichterer Aussprache vereinfacht dargestellt.

Im Quellenverzeichnis im Anhang werden die tibetischen Titel in ihrer vollständigen Schreibweise aufgeführt. Alle Titel der im Buch angeführten Quellentexte sind durch Kursivschreibung hervorgehoben.
Ein Großteil der verwendeten Originaltexte liegt bisher nicht in deutscher Übersetzung vor. Daher wurden die meisten verwendeten Zitate vom Autor speziell für dieses Buch übersetzt, ohne dass dies jeweils extra vermerkt ist. Andere Zitate stammen aus deutsch- oder englischsprachigen Quellen, die unter den Literaturhinweisen zu finden sind.

Zahlreiche buddhistische Begriffe werden in einem Glossar erklärt. Sie stehen in der Regel bei ihrem ersten Auftreten im Buch in Anführungszeichen.

Die Deutsche Bibliothek - CIP-Einheitsaufnahme

Seegers, Manfred : Wissen über Meditation : Sichtweise und Meditation im Diamantweg-Buddhismus / Manfred Seegers. - 2. Aufl.. - Wuppertal : Buddhistischer-Verlag., 2004

Umschlaggestaltung: Ilona Jakubczyk, Hamburg
Satz und Gestaltung: Michael Epperlein, Biberach a.d.Riß
Lektorat: Erdmute Otto, Hamburg
Druck: Wilhelm Uhl GmbH, Bad Grönenbach
ISBN 3-937160-08-6

Gesetzt aus der Minion 11 Punkt

Printed in Germany

Inhalt

HIS HOLINESS
THE GYALWA KARMAPA

༄ ནང་པ་སངས་རྒྱས་པའི་ལྟ་གྲུབ་དང་ཉམས་ལེན་བྱེད་སྟངས་སྐོར་བྲིས་པའི་
དེབ་འདི་ལ་བརྟེན་ནས་ རྒྱ་ཆེའི་ཀློག་པ་པོ་རྣམས་ལ་ཐར་པ་དང་ཐམས་ཅད་
མཁྱེན་པའི་ས་བོན་སྐྱོན་མེད་ཞིག་རྒྱུད་ལ་བཞག་སྟེ་རིམ་གྱིས་སྨྱུ་གུ་དང་མེ་ཏོག་
འབྲས་བུ་རྣམས་སྨིན་པ་ལྟར་ས་ལམ་བཟང་པོ་བགྲོད་དེ་མཐར་ཐུག་གི་དམིགས་
ཡུལ་འགྲུབ་པའི་བདེན་སྨོན་བགྱིད་ དཔལ་ཀརྨ་པའི་རྒྱལ་ཡོངས་ནང་པའི་
གཙུག་ལག་སློབ་གཉེར་ཁང་ནས་ ཁོ་བོ་ཀརྨ་པའི་མཚན་གྱི་བྱིན་རླབས་འཆང་
བ་མཐའ་ཡས་རྡོ་རྗེས་༡༩༩༩ཟླ་༡༢ཚེས༨ལ་བྲིས་པ་དགེ།།

Geleitwort von S. H. dem 17. Gyalwa Karmapa Thrinle Thaye Dorje

Es ist mein Wunsch, dass durch dieses Buch, geschrieben über die Entwicklung der buddhistischen Sicht und die Weise, diese in die Praxis umzusetzen, der fehlerlose Same der Befreiung und Erleuchtung in den Geist vieler Leser eingepflanzt wird. Mögen die hervorragenden Stufen und Wege, so wie beim Heranreifen eines Sprösslings und einer Blume in ihre Früchte, schrittweise gegangen und das letztendliche Ziel wahrhaft verwirklicht werden!

Dies habe ich, Thaye Dorje, Halter der Ungebrochenen Linie
der Gyalwa Karmapas, im Karmapa International Buddhist Institute
am 4. Dezember 1999 geschrieben.
Möge es Glück bringen!

Vorwort

Zwei große, miteinander verbundene Themenkreise finden im Westen ein ständig wachsendes Interesse. Zum einen öffnen sich immer mehr Menschen für die Praxis der Meditation und möchten genauere Informationen dazu bekommen, zum anderen ist nun auch in den Ländern außerhalb Asiens ein starker Wunsch nach Inspiration durch die Weisheit des Buddhismus zu spüren. Diesen beiden Themen gemeinsam ist die Suche nach dauerhaften Werten, die in der stark materialistisch orientierten Welt von heute schwer zu finden sind. Nachdem sie besonders in den industrialisierten Ländern ihre Bedürfnisse und Wünsche bereits bis zu einem bestimmten Punkt befriedigt haben, fragen sich viele, worin denn der eigentliche Sinn des Lebens besteht und ob es über ein angenehmes Leben hinaus nicht noch mehr Möglichkeiten, mehr Freude, mehr Wahrheit zu erfahren gibt.

Bereits viele Jahrhunderte lang hat man im Westen die äußere Welt erforscht, ohne eine wirkliche Antwort auf diese Frage zu finden. So wendet man sich nun mehr und mehr dem Geist zu, dem, der alle Dinge erlebt. Obwohl unser Geist uns in allen Erlebnissen am nächsten ist, wissen wir vergleichsweise wenig über ihn. Selbst die Begriffe, die den Geist und seine Funktionsweise beschreiben, sind oft sehr ungenau. Vor allem können wir uns normalerweise sehr wenig auf unseren Geist verlassen. Er ist meistens wie ein wild gewordener Affe, der herumspringt und alles Mögliche tut, was wir eigentlich gar nicht wollen. Er macht viele Fehler, weil er ständig unter dem Einfluss von Täuschungen steht. Seine grundlegende Täuschung ist dabei, dass er seine eigene Natur nicht wirklich kennt.

Wer beginnt, sich für die Arbeit mit dem Geist, für Meditation zu interessieren, findet ein breites Angebot an verschiedensten Formen. Alle großen Religionen und die unterschiedlichen geistigen Schulen haben Meditationen im Programm. Es gibt Wort-, Bild-, Farb-, Licht- und Klang-Meditationen in allen möglichen Kreisen. Dieses riesige Angebot ist schwer überschaubar für jemanden, der sich neu orientiert. Hier ist eine klare Darstellung notwendig, was unter Meditation in einem bestimmten System zu verstehen ist und welche Bedingungen damit verbunden sind. So ist es leichter, unter dem großen Angebot das Passende auszuwählen und sich ohne Bedenken auf eine wirkliche Erfahrung einzulassen.

Natürlich hat die Meditation in all diesen Systemen auch einen allgemeinen Nutzen. Sie entspannt Körper und Geist, beruhigt das Zentralnervensystem, vermindert Stress jeder Art und stärkt das Selbstvertrauen. Die damit verbundene Ruhe steigert die Reaktions- und Konzentrationsfähigkeit. Intelligenz und Kreativität sowie die gesamte körperliche und geistige Leistungsfähigkeit nehmen deutlich zu. Über diese allgemeinen Vorteile hinaus gibt es, wenn man genauer schaut, bei der Beschäftigung mit Meditation in den verschiedenen Systemen unterschiedlichste Zielvorstellungen. Diese reichen von allgemeiner Entspannung über verschiedene spirituelle Erfahrungen bis hin zur vollen Erkenntnis der Natur des Geistes und der Entfaltung aller ihm innewohnenden Fähigkeiten.

Oft ist eine bestimmte Form der Meditation eine Modeerscheinung, die für einige Zeit in den Medien gepriesen wird, weil sie angeblich sofort von allem Alltagsstress befreit. In vielen Manager-Seminaren werden Kurz-Meditationen angeboten, die die Energiereserven in den Sitzungspausen wieder auffüllen sollen. Auch die Medizin entdeckt immer wieder neu die heilende Kraft der Meditation und verwendet sie gezielt in den Krankenhäusern. In vielen Bundesstaaten der USA gehört Meditation zum festen Gesundheitsprogramm.

Mittlerweile ist allgemein bekannt, dass Meditation den Verschleiß verringert, dem Körper und Geist gleichermaßen ausgesetzt sind, und den Menschen zu einem besseren und längeren Leben verhilft. Frauenzeitschriften setzen daher auf die verjüngende Kraft von Meditation, die zur äußeren Schönheit die innere hinzufügt, und Männerzeitungen vermitteln ihren Lesern das Gefühl, dass ohne die spirituelle Dimension der Meditation etwas am modernen Lebensstil fehlt. So gibt es eine Vielzahl von Funktionen der Meditation.

Ihr großer Nutzen ist zwar leicht erkennbar, die Vielfalt der Anwendungen führt jedoch zu mangelnder Orientierung. Interessierte haben oft anfangs keine klare Vorstellung davon, was das Ziel sein soll und mit welchen Methoden die Meditation ein bestimmtes Ergebnis hervorbringt. Manche Leute haben sogar Ängste, dass Meditation so eine Art Gehirnwäsche wäre, bei der man jede Kontrolle über die eigene Persönlichkeit verlieren könnte. Hier hilft es sehr, sich auf ein altes, bewährtes System zu stützen, das bereits viele Jahrhunderte Erfahrung bei der Arbeit mit dem Geist vorweisen kann. Die Sicherheit, die einem ein bewährtes System bietet, ist wohl einer der wichtigsten Gründe, warum auch das Interesse am Buddhismus immer stärker wird.

Unter allen großen Weltreligionen zeichnet sich der Buddhismus dadurch aus, dass das Erleben dauerhaften Glücks nicht dem reinen Glauben oder wilden Experimenten überlassen bleibt, sondern durch tiefe Einsicht in die Natur der Dinge erfahrbar ist. Buddhismus kennt keine Dogmen, sondern erlaubt, alles in Frage zu stellen. Die Meditation im Buddhismus hat die Funktion, das durch Lernen und Nachdenken Verstandene zum Erlebnis werden zu lassen. Dabei ist das Ziel von Buddhas Lehre die volle Entwicklung der uns innewohnenden Fähigkeiten von Körper, Rede und Geist. Die Praxis der Meditation hilft dabei, den eigenen inneren Reichtum zum Besten aller Wesen zu entdecken und zu entfalten.

Wir befinden uns gerade in einem historischen Prozess des Übergangs, in dem Buddhismus rund um die Welt zugänglich wird. Der Austausch zwischen Ost und West wird immer intensiver. Das moderne Informationszeitalter erlaubt innerhalb von Minuten den Zugriff auf Informationen, die früher, wenn überhaupt, nur unter größten Mühen zu bekommen waren. Wissenschaftsmagazine schreiben, dass in den letzten zehn Jahren der Menschheit noch einmal die gleiche Menge an Wissen zur Verfügung steht wie in den Tausenden von Jahren vorher. Angesichts dieser unvorstellbaren Quantität an Information ist Qualität eher Mangelware. Ohne qualifizierte Beratung sind die Medien von der Tiefgründigkeit des Buddhismus leicht überfordert. Meist werden daher nur die bekannten Klischees abgerufen, die ein überwiegend exotisches Bild vom Buddhismus zeichnen.

Unter diesen Umständen ist es schwierig, kompetente Informationen darüber zu bekommen, was Buddhas Lehre wirklich mit unserem Leben zu tun hat. Es ist schwer zu erkennen, dass nur die äußere Form des Buddhismus an die unterschiedlichen kulturellen Ausprägungen gebunden ist, nicht aber seine Essenz. Sie besteht darin, die Natur des eigenen Geistes zu erkennen und hängt daher nicht von einer äußeren Kultur ab. Sie hat schon innerhalb Asiens unter verschiedensten kulturellen Bedingungen Nutzen gebracht und kann das deshalb auch in anderen Kontinenten leisten. Unabhängig von irgendeiner Kultur kann man den Buddhismus als eine Geisteswissenschaft im eigentlichen Sinne bezeichnen, deren Methoden, wenn richtig angewandt, Schritt für Schritt zum gewünschten Erfolg führen.

Wir brauchen also genauere Informationen über Sichtweise und Meditation im Buddhismus. Dazu soll dieses Buch einen Beitrag leisten. Die Gründe für die Beschäftigung mit diesen Themen können sehr unterschiedlich sein. Die faszinierende Reise in die Erfahrung der eigenen Natur beginnt oft mit allgemeinem Interesse und führt schließlich zu immer tieferen, freudvollen Erlebnissen. Leute, die bereits auf der Suche nach tiefen Erfahrungen sind, wollen mehr darüber wissen, wie man diese mit Sicherheit erreichen kann. Auch wer schon auf dem Weg zu solchen Erfahrungen ist und bereits viel über diese Themen gehört hat, kann beim Lesen dieses Buches noch einmal die Kernpunkte mit dem bereits gewonnenen Verständnis vergleichen und dadurch größere Sicherheit in Sichtweise und Praxis gewinnen.

Wissen über Meditation ist in insgesamt vier Teile gegliedert. Zunächst werden die Grundlagen und Ziele von Meditation im Buddhismus dargestellt und mit anderen Systemen verglichen. Im zweiten Teil wird eine Übersicht über die wichtigsten Formen von buddhistischer Meditation gegeben. Der darauf folgende, umfangreichste Teil erläutert ausführlich eine Meditationsform als Beispiel für die Hauptpraxis im Diamantweg des Tibetischen Buddhismus. Abschließend geht es um die Verbindung von Meditation und Alltag sowie um eine Beschreibung des gesamten Meditationsweges. Dazu werden viele praktische Tipps gegeben.

Die Standardform der Diamantweg-Praxis ist die Meditation auf den Buddha in der Form des eigenen Lehrers oder eines anderen Buddha-Aspektes. Als Beispiel dient hier die Meditation auf den 16. Karmapa, die auch als »grundlegende Meditation der Karma-Kagyü-Linie« bezeichnet wird. Ist einem Karmapa nicht so vertraut, so ist es auch möglich, stattdessen auf eine goldene Buddha-Form zu meditieren. Auch die meisten anderen Meditationen des Tibetischen Buddhismus laufen nach einem ähnlichen Muster ab.
Es gibt bei all diesen Formen eine Phase der Vorbereitung, einen Hauptteil und einen Abschluss. Die Vorbereitung besteht aus den vier grundlegenden Gedanken, der Zufluchtnahme sowie der Entwicklung des Erleuchtungsgeistes. Den Hauptteil bildet die Meditation auf den Buddha oder einen Buddha-Aspekt als Ausdruck der erleuchteten Eigenschaften des Geistes. Der Ab-

schluss ist dann die Widmung der guten Eindrücke zum Wohl der Lebewesen. In diesen drei Teilen ist alles Wesentliche enthalten.

Neben der grundlegenden Darstellung dieser Themen liegt ein weiterer Schwerpunkt auf tiefer gehenden Erklärungen, die nur schwer in anderen Büchern zu finden sind. Besonders hervorheben möchte ich hier die Erklärungen zur Meditation der Konzentration und Einsicht (tib. shine und lhaktong), wie sie im Kapitel über Sutra und Tantra (in Teil 2) sowie im Abschnitt über den Weg der Einsicht (in Teil 4) gegeben werden. Die hauptsächliche Quelle für diese Beschreibungen ist *Der Schatz des Wissens* des Gelehrten und Meditationsmeisters Jamgön Kongtrul Lodrö Thaye, der für viele Themen des Buddhismus die genauesten Erklärungen enthält.

Bei den vier grundlegenden Gedanken wird vor allem das Thema Karma – Handlungen und ihre Wirkungen – sehr ausführlich dargestellt. Der Grund ist, dass man nur dann erfolgreich meditieren kann, wenn vorher das eigene Verhalten unter Kontrolle gebracht wurde. Alles geschieht in der bedingten Welt nach dem Gesetz von Ursache und Wirkung. Gelingt es, die notwendigen Ursachen und Bedingungen für Befreiung und Erleuchtung zu schaffen, so wird das Resultat auch vollkommen sicher erlangt.

Erklärt man die Sichtweise im Buddhismus in allen Einzelheiten, so ist dies ein eigenes Thema, denn es beinhaltet eine umfassende Darstellung der vier philosophischen Schulen im Buddhismus. Das würde allerdings den Rahmen dieses Buches sprengen. Hier soll vor allem das Zusammenwirken von Sichtweise und Meditation im Buddhismus deutlich gemacht werden, um die Natur des Geistes erkennen zu können. Dabei liegt der Schwerpunkt auf der Meditation selbst. Um aber wenigstens die wichtigsten Punkte der Sichtweise darzustellen, die die Grundlage des Diamantwegs bildet, wird die Schule des großen Mittleren Weges (skt. madhyamaka) besonders im Kapitel über den Erleuchtungsgeist der Anwendung (in Teil 3) – im Zusammenhang mit der Vollendung der Weisheit – in kurzer Form dargestellt.

Im Kapitel über die Hauptpraxis (Teil 3) werden die vier Tantra-Klassen anhand einer kurzen Beschreibung des 8. Karmapa Mikyö Dorje erklärt. Die Erklärungen zur Meditation auf Buddha-Aspekte stammen zum großen Teil aus Kursen, die Lama Thubten über viele Jahre in Deutschland gegeben hat. Besondere Quellen zur Praxis der Meditation auf den Lehrer (skt. guru-yoga) sind außer den Erklärungen von Khenpo Chödrak Tenphel Rinpoche über die Kagyü-Linie auch Werke der indischen Meister Indrabhuti, Saraha und Tilopa.

Die Darstellung des stufenweisen Weges der Meditation basiert hauptsächlich auf Erklärungen von S. E. Künzig Shamar Rinpoche und Lama Ole Nydahl, die sie bei verschiedenen Kursen und in mehreren Büchern und Artikeln gaben. Außerdem dient das Werk *Der Fingerzeig auf den Wahrheitszustand* des 9. Karmapa Wangchuk Dorje über das »Große Siegel« (skt. mahamudra), erklärt von S. E. Jamgön Kongtrul Rinpoche, als Quelle. Die Beschreibung der Meditationserfahrungen werden hauptsächlich anhand der *Weisheitslehren* Buddhas (skt. prajnaparamita), insbesondere der Erklärungen zum *Herz-Sutra* (siehe im Quellenverzeichnis unter »Kanjur«), sowie des Textes *Mahamudra – Ozean der wahren Bedeutung* vom 9. Karmapa gegeben.

Der gesamte dritte Teil über die Diamantweg-Praxis ist so gegliedert, dass am Anfang jedes Unterkapitels jeweils eine kurze Zusammenfassung des Themas gegeben wird, auf die dann eine detaillierte Erklärung folgt. Diese Struktur erlaubt eine bessere Übersicht, die wesentlichen Punkte sind leicht erkennbar, und neue Themen sind rasch erfasst. Außerdem kann die jeweilige Kurzfassung als Brücke benutzt werden, um sich später an die wichtigsten Punkte zu erinnern. Diese Form wird sowohl in den modernen Universitäten als auch in den klassischen Texten des Buddhismus oft verwendet, um den Stoff leichter zugänglich zu machen.

Am Ende des Buches ermöglichen ein umfangreiches Glossar sowie ein Stichwortverzeichnis das Auffinden spezieller Erklärungen. Weiterhin werden im Anhang Textquellen und Literaturhinweise aufgeführt.

Es gibt aber noch weitere Quellen. Bei der Meditation im Diamantweg spielt die direkte Übertragung vom Lehrer zum Schüler die größte Rolle. Würde ich eine Liste aller Lehrer erstellen, an deren Erklärungen zur Meditation ich in den letzten 20 Jahren teilnehmen durfte, so wäre diese sehr lang. Daher nenne ich nur die wichtigsten Kurse und Vorträge:

Es begann 1981 mit einem Kurs über die Praxis des Großen Siegels, gegeben von S. E. Künzig Shamar Rinpoche, dem derzeitigen Leiter der Karma-Kagyü-Linie des Tibetischen Buddhismus. Die meisten Erklärungen zur Meditationspraxis erhielt ich seit der buddhistischen Zuflucht über viele Jahre von Lama Ole Nydahl. Auch der Ehrw. Kalu Rinpoche leitete mehrmals besondere Kurse, von denen einer als Buch unter dem Titel *Über das Wesen des Geistes* erschienen ist (siehe bei den deutschen Literaturhinweisen im Anhang). Weiterhin führten S. E. Jamgön Kongtrul Rinpoche, Lobpön Tsechu

Rinpoche, Topga Rinpoche, Gendün Rinpoche, Tenga Rinpoche, Bokar Rinpoche und Beru Khyentse Rinpoche regelmäßig Meditationskurse in Europa und Asien durch.

In den Jahren 1985–92 gab Lama Thubten umfangreiche Erklärungen über die Grundlagen der Meditation, einschließlich einer Übersicht über die Symbolik der verschiedenen Buddha-Aspekte. Während des Studiums am Karmapa International Buddhist Institute (KIBI) in New Delhi, Indien, das ich nach insgesamt zehn Jahren im März 2000 abschließen konnte, war es vor allem Khenpo Chödrak Tenphel Rinpoche, der immer wieder Meditationskurse abhielt, den Schwerpunkt jedoch auf die richtige Sichtweise für die Praxis legte. In den letzten Jahren gab auch S. H. der jugendliche 17. Gyalwa Karmapa Thaye Dorje bereits verschiedene Übertragungen und kurze Erklärungen zur Meditationspraxis.

Nachdem ich in dieser Form viele wichtige Übertragungen und Erklärungen von all den genannten Lehrern (und noch vielen anderen) erhielt, empfinde ich tiefe Dankbarkeit für diese großartigen Geschenke. Einerseits möchte ich das seltene Glück, den Buddhismus mit qualifizierten Lehrern einer ungebrochenen Übertragung studieren zu dürfen, sehr gerne mit möglichst vielen Menschen teilen, andererseits befinden wir uns noch immer in der Anfangsphase des Buddhismus im Westen, d. h. viele Informationen müssen erst methodisch aufgearbeitet werden.

Auch in meiner eigenen Entwicklung fühle ich mich – selbst nach einigen Jahren des Hörens, Nachdenkens und Meditierens – angesichts der Tiefgründigkeit von Buddhas Lehre noch am Anfang. Trotzdem ist es nun möglich, die Antworten auf viele Fragen zu finden und weiterzugeben, die in den ersten Jahren gar nicht zu erhalten waren. Das ist auch einer der wichtigsten Gründe, jetzt dieses Buch zu schreiben. Dabei hoffe ich, dass sich in die Darstellung keine Fehler eingeschlichen haben und dass ein wirklicher Nutzen aus der Weitergabe dieser Informationen und Anregungen entsteht.

In meine allgemeine Danksagung möchte ich alle Lehrer und Freunde einschließen, die mich im Laufe der letzten Jahre bei der Arbeit an dem Buch direkt oder indirekt unterstützt haben. Ohne sie hätte dieses Buch niemals entstehen können. Sie haben mich inspiriert und ermutigt, oft auch durch praktische Arbeit – wie Beschaffen von Quellenmaterial, kritisches Fragen oder Korrekturlesen – geholfen. Hervorheben möchte ich unter ihnen Katja

Uhlenbrok, Caty Hartung, Frank Heitmeyer, Jim Rheingans, Frank Müller-Witte und Peter Speier für die formelle und inhaltliche Unterstützung.

Mein besonderer Dank gilt Gyalwa Karmapa Thaye Dorje dafür, dass er das Geleitwort geschrieben hat. Es ist in dieser Inkarnation sein erstes Geleitwort zu einem Buch. Die Wünsche der großen Meister erfüllen sich von einer bestimmten Stufe der Verwirklichung an mit Sicherheit – dies wird wiederholt in den Schriften gesagt. Gyalwa Karmapa hat nach den Lehren des historischen Buddha Shakyamuni (u. a. im *Samadhiraja-Sutra*) eine hohe Stufe der Verwirklichung erlangt. So ist sein Wunsch im Geleitwort ein besonderer Segen dafür, dass die in diesem Buch gegebenen Informationen über Sichtweise und Meditation auch in die Praxis umgesetzt werden und dadurch die Natur des Geistes vollkommen erkannt wird.

Hamburg, den 5. Juli 2001
(Jahrestag des ersten Lehrens des Buddha)

Einleitung

Der Erleber, das Prinzip hinter allen Erlebnissen

Viele Menschen richten ihre ganzen Hoffnungen auf die Wissenschaft, die Fortschritt bringen und das alltägliche Leben durch immer neue Entwicklungen verbessern soll. Sie vergessen dabei, dass es niemals die äußeren Dinge sind, die glücklich werden, sondern immer nur der eigene Geist. Wissenschaft ist, was Wissen schafft. Sie ermöglicht es, Zusammenhänge zu verstehen, besser und sinnvoller mit der Welt umzugehen. Ohne den erkennenden Geist kann dies niemals geschehen. Eine unabhängige, für sich bestehende, äußere Welt ohne einen Geist, der sie wahrnimmt, kann es nicht geben. Es ist eine hartnäckige Gewohnheit, die schwer aufzugeben ist, das Glück in der äußeren, bedingten Welt zu suchen. Daher wissen wir sehr viel über die Dinge der äußeren Welt, nicht aber über den Erleber der Dinge.

Wer beginnt, sich für den Erleber selbst zu interessieren, nähert sich meistens von einer bestimmten Seite diesem Erleber, der Natur des eigenen Geistes, dem grundlegenden Prinzip aller Erlebnisse. Wissenschaftler untersuchen, welche Wechselbeziehungen zwischen dem untersuchten Objekt und dem erkennenden Geist bestehen. Fakten werden gesammelt und miteinander in Beziehung gesetzt. So wird man sich vielleicht besonders für die Erkenntniswissenschaften öffnen, sich innerhalb dieses Gebietes für Kommunikation, für Gehirnforschung oder für künstliche Intelligenz interessieren. Was auch immer der Zugang zur Erkenntnis sein mag – wesentlich ist, nicht an der Oberfläche zu bleiben, sondern die Natur der Erkenntnis selbst mit all ihren Prozessen zu verstehen.

Philosophen nähern sich dem Erleber auf der Suche nach der Wahrheit hinter den Dingen. Dabei ist es wichtig, nicht an einer Teilwahrheit oder einer beliebigen Anschauung festzuhalten, sondern über alle Begriffe und Vorstellungen hinauszugehen, um unmittelbar die letztendliche Wahrheit, die offene, klare Unbegrenztheit des Geistes, zu erkennen. Ist der Zugang zum Erleber die Seite der Psychologie, der Wunsch, das Erleben, Verhalten und verschiedene Funktionen des Geistes selbst zu verstehen, so sollte man nicht auf der Stufe des allgemeinen gesunden Funktionierens des Geistes stehen bleiben, sondern darüber hinaus die volle Funktionsweise des Geistes, die letztendliche Wirklichkeit hinter allen Projektionen und Täuschungen erkennen.

Künstler wollen den Geist und seine Kreativität durch die jeweiligen Sinne erfahren. Maler oder Fotografen konzentrieren sich hauptsächlich auf die Augen, Musiker auf die Ohren, Parfümexperten auf die Nase, Köche auf die Zunge und Bildhauer oder Masseure auf Formen und den Körper, um einige Beispiele zu nennen. Das kann leicht ein ganzes Leben dauern. Auch hier ist der wichtigste Punkt, nicht auf halbem Weg stehen zu bleiben, sondern zum Erleber aller Sinneserfahrungen vorzudringen, d. h. die Natur des Geistes zu erfahren, wie sie sich durch alle Sinne ausdrückt.

Die Religion sucht nach dem Ursprung der Dinge und verbindet eine bestimmte Heilslehre damit. Blinder Glaube oder vorgefasste Anschauungen sind hier die möglichen Hindernisse. Forschung nach diesem Ursprung mit Hilfe der Logik kommt zu dem Ergebnis, dass es niemals eine erste Ursache für das Erscheinen der Dinge geben kann. Auch diese müsste ja eine weitere Ursache haben. Die Art, wie die Dinge erscheinen, ist immer als Resultat einer vorherigen Ursache, d. h. sie entstehen in Abhängigkeit voneinander. Eine für sich bestehende, unabhängige Existenz, ein wirklicher Ursprung der Dinge, ist nicht auffindbar.

Oft wird die Frage nach dem Anfang des Universums gestellt. Zeitlich von einem ersten Anfang des Universums zu sprechen, entbehrt jeder Grundlage, denn damit sich etwas manifestieren kann, muss immer eine vorhergehende Ursache vorhanden sein. Jedoch macht die ganze Vorstellung von Zeit vor der Manifestation von irgendetwas gar keinen Sinn. Die Begriffe »Anfang, Mitte und Ende, Entstehen und Vergehen« sind Bestandteile der Manifestation des Universums. Solche Begriffe sind gleichzeitig immer an eine Folge von Momenten gebunden, die von einem Beobachter wahrgenommen wird. Daher ist die Grundlage für alle Erscheinungen wiederum der Geist selbst. Was auch immer erscheint, ist das Produkt von Gewohnheitstendenzen, die seit anfangsloser Zeit im Geist angesammelt wurden.

So nähert man sich auf der Suche nach der Wirklichkeit, dem Prinzip hinter den Dingen, der Natur des Geistes. Solange nur die Bilder im Spiegel des

Geistes ausgetauscht werden, ist der Spiegel hinter den Bildern, der Erleber, nicht erkennbar. Erst mit der Einsicht, dass Gut und Böse, Schön und Hässlich, Himmel und Hölle usw., alle Gegensätze, sich immer gegenseitig bedingen, ist es möglich, über bedingte Zustände hinauszugehen und das höchste, bleibende Glück der Befreiung und Erleuchtung zu verwirklichen. Die Mittel dazu sind Konzentration und tiefe Einsicht in die Natur des Geistes durch die Praxis der Meditation.

Wissen und Erfahrung in der Meditation

Gutes Grundwissen ist in der Regel notwendig, um eine praktische Aufgabe auszuführen. Besonders komplexe Aufgaben, wie z. B. die Handhabung eines Computers, erfordern die Kenntnis einer umfangreichen Gebrauchsanweisung oder die Hilfe einer erfahrenen Person. Mit diesen Mitteln ist man in der Lage, jeden notwendigen Schritt bei der Bewältigung der jeweiligen Aufgabe zu gehen und Fehler zu vermeiden. Dies gilt umso mehr für die Meditation. Auch hier benötigen wir ein gutes Grundwissen. So ist jeder Schritt, jede Stufe der Meditation ohne Probleme zu bewältigen, Fehler in der Meditationspraxis sind vermeidbar, und es kommt zu einer authentischen Erfahrung.

Dieses Grundwissen kann aus verschiedenen Quellen stammen. Wer gerne alles selbst herausfinden will, lernt mühsam und langwierig durch Versuch und Irrtum. Es gibt keinen Schutz vor Fehlern in der Praxis. Eine andere Möglichkeit, meditieren zu lernen, ist durch erfahrene Freunde in den Meditationszentren oder durch Bücher und Videos, die das notwendige Hintergrundwissen für Meditation vermitteln. Aus diesen Quellen bekommt man aber nur allgemeine Informationen; die individuellen Erfahrungen bei der Arbeit mit dem Geist können nicht in allen Einzelheiten beschrieben werden.

Die beste Möglichkeit ist, sich auf einen wirklichen Experten, einen qualifizierten Lehrer, zu stützen. Das Beispiel eines solchen Lehrers zeigt klar das Ziel der Meditation. Die unmittelbare Verbindung mit dem Wissen und der Erfahrung dieses Lehrers ist sehr nützlich, und er stimmt seine Anleitung immer auf die individuellen Voraussetzungen des Meditierenden ab. Eine solche persönliche Leitung kann einen ohne Umwege mit der zeitlosen Wahrheit im eigenen Geiststrom in Verbindung bringen und ist der schnellste und direkteste Weg, Meditation zu lernen.

Leider gibt es nur sehr wenige wirklich qualifizierte Lehrer, daher besteht – besonders am Anfang – oft noch nicht die Möglichkeit, eng mit einem Meditationsmeister zusammenzuarbeiten. Glücklicherweise besteht aber zwischen den buddhistischen Gruppen vor Ort und dem Lehrer eine nahe Verbindung, so dass man sich auch ohne den ständigen Kontakt zu ihm weiterentwickeln kann. In der ersten Phase der Orientierung und des Vertrautwerdens mit Meditation helfen hauptsächlich allgemeine Anleitungen, die in den Meditationszentren oder durch Bücher und Videos zugänglich sind. Eine möglichst genaue und umfassende Information ist sehr wichtig, denn nur Gewissheit über Bedeutung und Funktion der Meditation ermöglicht, sich ganz darauf einzulassen und die gewünschten Resultate schnell zu erreichen.

Unsicherheiten und Zweifel hindern einen daran, sich mit voller Kraft zu engagieren. Das ist vergleichbar mit dem Autofahren mit angezogener Handbremse. Auch wer viel Energie hineinsteckt, kommt kaum von der Stelle. Starke Zweifel können die geistige Entwicklung enorm bremsen. Wer pauschal zweifelt, zu sehr verallgemeinert, statt sich auf den entscheidenden Punkt zu konzentrieren und nach Lösungen zu suchen, stellt ständig Erreichtes wieder in Frage. Er fängt unfreiwillig immer wieder von vorne an.

Stattdessen eröffnet konstruktives Zweifeln und die Möglichkeit offen zu lassen, nicht alles von Anfang an zu 100 Prozent zu verstehen, viel reichere und effektivere Wege zur Entwicklung. Wir folgen sowieso seit anfangsloser Zeit unseren Gewohnheiten, daher sind wir in vieler Hinsicht über das eigentliche Wesen der Dinge getäuscht. Nur wer mit einem offenen Geist nach der zeitlosen Wahrheit hinter allen Täuschungen sucht, wird auch wirkliche Weisheit entwickeln können. Die richtigen Fragen zu stellen, ist dabei sehr wichtig. Wenn grundlegende Fragen durch genaue Untersuchung weitgehend geklärt sind, entsteht ein tiefes Vertrauen zur Arbeit mit dem Geist, und man wird mit mehr Freude und Ausdauer meditieren.

Das Wissen, das man als Grundlage der Meditation braucht, hat drei verschiedene Aspekte:

1. Klarheit über Weg und Ziel der Meditation. Dies bedeutet, Informationen über den allgemeinen Zusammenhang zu erhalten, in dem Meditation steht, besonders über das der Meditation zugrunde liegende System.
2. Wissen über die verschiedenen Formen der Meditation. Dieser Aspekt beinhaltet die Entwicklung der richtigen Sichtweise für die jeweilige Meditationspraxis und jede daraus entstehende Erfahrungsebene.
3. Genaue Anweisungen, wie man die jeweilige Meditation fehlerfrei ausführt. Dieser letzte Aspekt ist eine der wichtigsten Voraussetzungen für die eigentliche Praxis und wird sinnvollerweise nur in Verbindung mit der konkreten Anwendung der Praxis gegeben. Die beiden ersten Aspekte sind nicht an die unmittelbare Ausführung einer bestimmten Meditationspraxis gebunden.

In diesem Buch wird das Grundwissen für Meditation im Buddhismus, besonders im Diamantweg des Tibetischen Buddhismus, erklärt. Dies beinhaltet eine Darstellung des allgemeinen Hintergrundes für die buddhistische Praxis, der richtigen Sichtweise für die einzelnen Schritte in der Meditation sowie der speziellen Voraussetzungen, die für die jeweilige Praxis notwendig sind. Die Hauptpraxis selbst wird in ihren verschiedenen Teilen erklärt, und es wird erläutert, wie man die Erfahrung aus der Meditation mit in den Alltag hineinnehmen kann. In dieser Weise wird gezeigt, warum Sichtweise und Meditation untrennbar miteinander verbunden werden sollten. Wissen und Erfahrung sind letztendlich von der gleichen Natur, nämlich dann, wenn sie zu Weisheit geworden sind.

Teil 1

Grundlagen und Ziele von Meditation

S. H. der 17. Gyalwa Karmapa Thrinle Thaye Dorje

Jede Meditationspraxis steht im Zusammenhang mit einem bestimmten System. Meditationen gibt es in allen Weltreligionen und vor dem Hintergrund von vielen Weltanschauungen. Allen Systemen gemeinsam ist die Suche nach Glück. Je nach Anschauung kann das Glück in angenehmen Erlebnissen, tiefer Entspannung, mystischen Erfahrungen oder der Einswerdung mit dem grundlegenden Prinzip dieser Anschauung bestehen. Im Buddhismus werden zwei Arten von Glück unterschieden – allgemeines, weltliches Glück, welches in allen Arten von angenehmen Erfahrungen besteht, sowie letztendliches, bleibendes, nicht bedingtes Glück, die Verwirklichung der Natur des Geistes, d. h. Befreiung und Erleuchtung, das Ende von allem Leid.

Werden in einem System nicht alle Schritte auf dem Weg bis hin zum höchsten Ziel nachgewiesen, so bleibt ein Teil des Weges dem Glauben oder einer mystischen Offenbarung überlassen. In diesem Fall handelt es sich um Glaubensreligionen, wie z. B. Christentum, Judentum, Islam, Teile des Hinduismus usw. Nur wo ein vollständiger und systematischer Weg gelehrt wird, der das Ziel für jeden erfahrbar macht, ist die Gewissheit gegeben, auf diesem Weg das Ziel auch wirklich zu erreichen. Dies ist den so genannten Erfahrungsreligionen vorbehalten, wie z. B. Buddhismus, Taoismus oder einigen Schulen des Hinduismus. Nur in einem System, in dem alle Ursachen für Leid klar gezeigt werden und in dem gelehrt wird, wie diese Ursachen vollständig überwunden werden, ist letztendliches, bleibendes Glück sicher erreichbar. Dies ist der Sinn der Meditation im Buddhismus.

Buddha selbst bietet durch das perfekte Beispiel seiner eigenen Entwicklung und Verwirklichung die Garantie, dass es überhaupt eine dauerhafte Befreiung von allen Leiden gibt und dass jeder, der sich darum bemüht, das Ende des Leidens erfahren kann. Er war ein Mensch, der alle Ursachen für Erleuchtung gesetzt hatte, der Mitgefühl und Weisheit zur Vollendung gebracht und dadurch das Resultat, Buddhaschaft, den Zustand der Allwissenheit, erlangt hat. Er bietet diese Sicherheit auch durch seine Lehre, die alle Methoden – d. h. einen fehlerlosen Weg – enthält, wie Leid zusammen mit seinen Ursachen überwunden werden kann. Wer dem Beispiel Buddhas und seiner Schüler folgt, die diese Methoden angewandt und dadurch ihre wahre Natur verwirklicht haben, wird mit Sicherheit das gleiche Ziel erreichen.

Der Begriff Meditation hat seinen Ursprung in dem lateinischen Wort »mederi – heilen, helfen, ganz machen« und stammt ebenfalls von »meditari – nachsinnen, ermessen, das rechte Maß finden, sich üben, zur Mitte gehen, in die Mitte hineinnehmen, geschehen lassen« ab. Die indogermanische Wurzel »med« in beiden Begriffen bedeutet ursprünglich »wandern, abschreiten, messen«. So ist ein Medikus, ein Arzt, vom Ursprung des Wortes her ein klug ermessender Ratgeber. Auch »medius – die Mitte« ist eine wichtige Wurzel dieses Begriffs.

Im buddhistischen Sinne bedeutet Meditieren »den Geist in einen ausgeglichenen Zustand bringen, frei von allen Extremen; müheloses Verweilen in dem, was ist«. Eine weitere Bedeutung dieses Begriffs ist »sich üben, sich an etwas gewöhnen«, wie sie auch in dem entsprechenden tibetischen Wort für Meditation, »gom«, enthalten ist. Verbindet man die verschiedenen Bedeutungen miteinander, so ermöglicht die Übung der Meditation, die eigene Mitte zu finden, ein Annehmen der eigentlichen Natur der Dinge, ein entspanntes Verweilen im natürlichen Zustand des Geistes. Ohne Anhaften oder Zurückweisen, ohne auch nur im Geringsten etwas künstlich zu erschaffen, erfährt der Spiegel hinter den Bildern, das Meer unterhalb der Wellen, sich als das eigentliche Wesen der Dinge.

In Lexika steht unter dem Begriff Meditation meistens so etwas wie »Besinnung, schauende Betrachtung, tiefes Nachdenken«. Auch in anderen Religionen, in denen viel von Meditation gesprochen wird, steht dieser Begriff mehr für »Gebete, Wünsche, Reflexionen etc.«. Der Buddhismus bezeichnet diese Praxis eher als »Nachdenken (Kontemplation) über ein bestimmtes Thema«. Durch diese Übung wird der Geist zur Ruhe gebracht und eine tiefe Entspannung ermöglicht. In diesem friedvollen Geisteszustand werden oft auch Lösungen von Problemen erkannt, da mehr Raum für das freie Spiel der Intuition entsteht.

Andere Methoden, die häufig unter dem Begriff Meditation zusammengefasst werden, arbeiten mehr mit der Vorstellungskraft. Man lässt verschiedene Bilder auf der inneren Leinwand des Geistes erscheinen, oft untermalt mit Musik, und macht auf diese Weise Ferien vom anstrengenden Alltag. Ähnliche Übungen werden in kontrollierter Form auch in Therapien verwendet, um sich die Wirkung der Bilder auf einen bestimmten Geisteszustand nutzbar zu machen und Gesundheit und Wohlbefinden zu fördern.

Das tiefe Nachdenken oder Vergegenwärtigen kann eine Vorstufe von Meditation sein, wenn Vorstellungen auf begrifflicher oder bildhafter Ebene anschließend zu unmittelbaren Erfahrungen werden, die sich auf den Erleber der Vorstellungen auswirken und so über die begriffliche Ebene hinausgehen. Bleibt man jedoch bei den allgemeinen Wünschen, Begriffen und Vorstellungen stehen, ist es nicht möglich, die Wurzeln jeder Art von Leid vollkommen zu entfernen. Man bleibt noch Gefangener der Bilder im Spiegel des Geistes, und es wird nicht erkannt, wer diese erlebt. Die Natur des Geistes zu erkennen, bedeutet, vom Festhalten an den Bildern loszulassen und den Spiegel selbst, also das, was gerade jetzt durch die Augen schaut und durch die Ohren hört, zu erfahren.

1. Die Weltreligion Buddhismus – Ursprung und Entwicklung

Als der Buddha vor 2500 Jahren die Erleuchtung manifestierte und dadurch zeigte, dass es möglich ist, sich vollkommen von jeder Unwissenheit zu befreien, gab er damit all seinen Nachfolgern den Schlüssel für höchstes, dauerhaftes Glück in die Hand. Die Befreiung von allen Leiden der bedingten Existenz durch die vollkommene Erkenntnis der Natur aller Erscheinungen bedeutete auch die unbegrenzte Fähigkeit, anderen auf dem Weg zur Befreiung und Erleuchtung zu helfen. Dieses fantastische Geschenk Buddhas steht auch heute noch jedem zur Verfügung. Durch die Praxis seiner Lehre und die Unterstützung durch die Freunde und Helfer auf dem Weg kann auch heute noch die grundlegende Unwissenheit im Geist überwunden und Befreiung und Erleuchtung erreicht werden.

Dabei zeigte der Buddha durch sein eigenes Beispiel, wie wichtig es ist, Extreme zu vermeiden und einen mittleren Weg zu gehen. Der erste Teil seines Lebens war geprägt durch die Erfahrung aller Arten von Freuden, die er als Prinz genießen konnte. Erst im Alter von 29 Jahren mit Krankheit, Alter und Tod konfrontiert, wies er diesen auf angenehme Erlebnisse ausgerichteten Lebensstil von sich, da er erkannte, dass es keine dauerhafte Freude im Kreislauf der Existenz gibt. Er übte sechs Jahre lang strenge Askese, die seinen

Körper so schwächte, dass auch der Geist unter diesen Bedingungen nicht mehr gut funktionieren konnte. So erkannte er, dass beide Extreme, das Anhaften an weltlichen Freuden sowie das Ablehnen aller Bedürfnisse, die für das Wohlbefinden von Körper und Geist erforderlich sind, nicht zur Befreiung führen können. Er folgte dem mittleren Weg – jenseits von Anhaftung und Ablehnung – und erreichte dadurch im Alter von 35 Jahren die vollkommene Erleuchtung.

Aus seinem tiefen Mitgefühl heraus gab der Buddha seinen Schülern nach seiner Erleuchtung aus den verschiedensten lebendigen Situationen heraus durch Worte, Symbole oder einfach durch sein eigenes Beispiel Anleitung für den nächsten Schritt auf dem Weg. Da er Schüler mit sehr unterschiedlichen Fähigkeiten und Mentalitäten hatte – von sehr einfachen Menschen bis hin zu Königen, von Anfängern auf dem Weg bis hin zu Arhats und hohen Bodhisattvas, also Praktizierenden, die schon sehr weit fortgeschritten waren –, entstand daraus ein lückenloser Weg, der bei Anwendung dieser Methoden durch alle Stufen der Praxis hindurch zum Ziel führt. Es gibt insgesamt 84.000 verschiedene Lehren, die als Gegenmittel gegen dieselbe mögliche Anzahl von Schleiern und Störungen wirken. Die Lehre Buddhas ist wie eine riesige Apotheke, in der es gegen jede Krankheit die entsprechende Medizin gibt.

Alle Lehren Buddhas werden in drei Sammlungen, den so genannten »drei Körben«, zusammengefasst. Die Sammlung der »Vinaya-Lehren« behandelt das richtige Verhalten, die Ethik oder Disziplin, die »Sutra-Lehren« Anweisungen für die Meditationspraxis. Dieser Gruppe sind auch die »Tantra-Lehren«, die kraftvollen Meditationsmethoden des Diamantwegs, zugeordnet. Die Sammlung der »Abhidharma-Lehren« behandelt die Weisheit, das Wissen vom Universum und dem erkennenden Geist. Alle drei Sammlungen oder Körbe wirken als Gegenmittel gegen jeweils eins der drei hauptsächlichen Störgefühle: Vinaya beseitigt Anhaftung, Sutra Abneigung und Abhidharma Unwissenheit. Die Tantra-Lehren, die weiter in die vier Tantra-Klassen eingeteilt werden, wirken dabei besonders gegen alle möglichen Kombinationen von Störgefühlen.

Die drei Körbe

Korb (Sammlung)	Gegenmittel gegen	Lehrinhalte	Enthaltene Schriften	Training
Vinaya-Lehren	Anhaftung	Verhaltensregeln	Sutra	positives Verhalten
Sutra-Lehren	Abneigung	Anweisungen für die Meditationspraxis	Sutra und Tantra	Meditation
Abhidharma-Lehren	Unwissenheit	Wissen vom Universum und erkennenden Geist	Sutra	Weisheit

In den 45 Jahren seiner Lehrtätigkeit gab der Buddha alle Ebenen der Lehre an seine Schüler weiter. Er hatte es dabei mit vielen der am besten ausgebildeten Menschen seiner Zeit zu tun. Damals existierten in Indien bereits neun hoch entwickelte Hindu-Philosophien, von denen die älteste, die Samkya-Schule, nach einigen historischen Quellen bereits ca. 20000 Jahre alt ist. Hier ist es wichtig, den Unterschied zwischen Buddhismus und Hinduismus klar zu verstehen. Manche Geschichtsforscher bezeichnen Buddhismus als eine Fortsetzung des Hinduismus, eine Art Neu-Hinduismus. Dies trifft nicht zu. Die zentralen Punkte von Buddhas Lehre – was Befreiung und Erleuchtung bedeuten und wie sie erlangt werden – sind in keiner der fünf großen oder vielen kleineren hinduistischen Traditionen zu finden (siehe Glossar und Abhandlungen zur indischen Philosophie). Daher suchten viele der späteren Schüler des Buddha nach der Wahrheit jenseits der Ebene, bis zu der sie im Hinduismus gekommen waren, und fanden sie in der Lehre Buddhas.

Der Sanskrit-Begriff für Buddhas Lehre ist »Dharma«. Dieser Begriff hat insgesamt zehn verschiedene Bedeutungen. Die beiden Hauptbedeutungen sind »Phänomene« oder »Dinge« und »die Lehre Buddhas«. So zusammengefasst beschreibt Buddhas Lehre, der Dharma, wie die Dinge sind. Der Buddha lehrt, was die Natur aller Erscheinungen ist, und zeigt, wie die Verwirklichung der Allwissenheit in Bezug auf alle Phänomene erlangt wird. Das ist der Inhalt des Dharma der Schriften, der in den drei Körben und den vier Tantra-Klassen zusammengefasst ist. Diese drei Körbe werden durch den Dharma der

Verwirklichung, die drei Arten des Trainings von positivem Verhalten, Meditation und Weisheit, in die Praxis umgesetzt (siehe Kapitel 8 meines Buches *Buddhistische Grundbegriffe*).

Nach Buddhas Tod haben seine Nachfolger ihren Möglichkeiten entsprechend Ausschnitte aus der Fülle von Lehren verwendet, um den nächsten Schritt in ihrer Entwicklung gehen zu können. Daraus sind im Laufe der über 2500 Jahre alten Geschichte des Buddhismus die verschiedenen Traditionen entstanden. Von Indien aus haben sich diese in alle Länder und Kulturen Asiens ausgebreitet und von dort wiederum in alle anderen Erdteile. Mittlerweile gibt es in der ganzen Welt Zentren der verschiedenen buddhistischen Traditionen.

Die Gesamtzahl aller Buddhisten beträgt (den meisten Angaben zufolge) ca. 400 Millionen. Dazu kommen viele, die aus verschiedenen Gründen nicht offiziell zeigen können, dass sie Buddhisten sind. Es gibt allein im kommunistischen China ca. 150 Millionen Buddhisten, die unter den bestehenden Verhältnissen kaum offen praktizieren können. Während in Asien die Situation für den Buddhismus schwieriger geworden ist, wächst das Interesse im Westen sehr stark. Obwohl der Informationsfluss durch die Medien rund um die Welt ungeheuer zugenommen hat, ist ein Überblick über den gesamten Buddhismus schwer zu bekommen, da er sich in der langen Zeit seines Bestehens äußerst vielfältig entwickelt hat. Das einfachste Modell für eine Übersicht über alle Traditionen ist die Zuordnung zum dreimaligen Drehen des Dharmarades, wie sie im Tibetischen Buddhismus verwendet wird. So wird erkennbar, wie aus den einzelnen praktischen Ratschlägen des Buddha an seine Schüler die Weltreligion Buddhismus wurde.

2. Das dreimalige Drehen des Dharmarades

Buddha drehte dreimal das Dharmarad, d. h. er gab drei große Lehrzyklen, die den verschiedenen Fähigkeiten der Schüler entsprechen und ihnen den Weg zu bleibendem Glück zeigen. Von dieser Zeit an stehen damit für das ganze dem Buddha folgende Zeitalter Methoden zur Verfügung, mit denen der gleiche perfekte Zustand der vollkommenen Erleuchtung erreicht werden kann.

Beim ersten Drehen des Dharmarades lehrte der Buddha hauptsächlich die Vier Edlen Wahrheiten, die unsere Situation im Kreislauf der Existenz und die Befreiung von allen Leiden und Schwierigkeiten mit ihren jeweiligen Ursachen erklären.

Beim zweiten Drehen des Dharmarades erklärte er die relative und die absolute Wahrheit. Er hat gezeigt, dass die Dinge, während sie nach dem Gesetz von Ursache und Wirkung erscheinen, ihrer Natur nach frei von wahrhafter, unabhängiger Existenz sind. Dies hat er hauptsächlich in den Lehren über die höchste Weisheit, die *Prajnaparamita*, dargelegt.

Beim dritten Drehen des Dharmarades lehrte der Buddha schließlich über die allen Wesen innewohnende Buddha-Natur, die schon mit allen perfekten Qualitäten der Erleuchtung ausgestattet ist.

Werden diese drei Lehrzyklen auf die verschiedenen Traditionen im Buddhismus bezogen, dann ist der erste Lehrzyklus die Grundlage für die »Theravada-Tradition«. Diese wird aus der Perspektive des Großen Fahrzeugs, des »Mahayana«, auch als Kleines Fahrzeug oder »Hinayana« bezeichnet. Allerdings decken sich die beiden Begriffe Theravada und Hinayana nicht, denn die Inhalte des Theravada sind zum größten Teil die gleichen wie die des Mahayana. Nur die Schwerpunkte in der Praxis sind unterschiedlich. Das Theravada wird hauptsächlich in den südlichen Ländern Asiens praktiziert, wie z. B. in Sri Lanka, Burma oder Myanmar, Thailand, Laos und Kambodscha. Betonung wird hier auf positives äußeres Verhalten gelegt und auf Befreiung vom Leid der bedingten Existenz durch Erkenntnis der Selbstlosigkeit der Person.

Der zweite und dritte Zyklus von Buddhas Lehren bilden die Grundlage für das Große Fahrzeug, das Mahayana. Dies wird hauptsächlich in den nördlichen Ländern Asiens praktiziert, den Himalaya-Ländern mit Tibet, Lhadak, Nepal, Sikkim, Bhutan sowie der Mongolei, China, Japan, Vietnam, Taiwan, Korea usw. Der Begriff Mahayana, Großes Fahrzeug, bezeichnet die große Einstellung, den Wunsch, die Buddhaschaft zu erreichen, um alle Wesen vom Leid zu befreien. Ein Praktizierender mit dieser auf das Wohl aller Wesen ausgerichteten Motivation wird als »Bodhisattva« (wörtl. Held des Erleuchtungsgeistes) bezeichnet. Daher ist ein anderer Name für das Mahayana auch das »Bodhisattva-Fahrzeug«.

Innerhalb des Mahayana gibt es die Unterteilung in das »Sutra-Fahrzeug« und das »Tantra-Fahrzeug«. Vereinfachend kann man sagen, dass der zweite Lehrzyklus die hauptsächliche Grundlage für das Sutra-Fahrzeug bildet, welches die Hauptpraxis in den meisten Mahayana-Ländern ist. Der dritte Lehrzyklus ist demgegenüber die wichtigste Grundlage für das Tantra-Fahrzeug, welches in seiner vollständigen Form heute nur im »Tibetischen Buddhismus« überliefert wird. In einigen anderen Traditionen, wie zum Beispiel in mehreren Unterschulen des »Ch'an-Buddhismus« in China und des »Zen-Buddhismus« in Japan, werden einzelne Aspekte des Tantra-Fahrzeugs praktiziert. Andere Namen für das buddhistische Tantra sind das geheime »Mantrayana« oder »Vajrayana«, auf deutsch das »Diamant-Fahrzeug« oder der »Diamantweg«.

Das dreimalige Drehen des Dharmarades

Lehrzyklus	Tradition	Lehrinhalte	Meditationspraxis	Verwirklichung
1. Lehrzyklus	Theravada	Vier Edle Wahrheiten, Karma	Sutra	Selbstlosigkeit der Person
2. Lehrzyklus	Mahayana	abhängiges Entstehen und Leerheit	Sutra	Selbstlosigkeit der Erscheinungen
3. Lehrzyklus	Mahayana und Vajrayana	Buddha-Natur, ursprüngliche Weisheit	Sutra und Tantra	Selbstlosigkeit der Erscheinungen

3. Überblick über die geschichtliche Entwicklung

Der Indische Buddhismus

Aus der Praxis der Inhalte dieser Lehrzyklen entstanden die uns heute bekannten Traditionen. Buddha selbst gab nur mündliche Ratschläge, aber seine frühen Schüler schrieben diese Lehrreden nieder und gaben sie in ihrer ursprünglichen Form weiter. Bereits ein Jahr nach dem Tod des Buddha fand die erste von insgesamt vier großen buddhistischen Versammlungen in Rajgir statt.

Hier rezitierte Upali die Sammlung der »Vinaya-Lehren«, Ananda die »Sutra-Lehren« und Kashyapa die »Abhidharma-Lehren«. Insgesamt 500 fortgeschrittene Schüler Buddhas überprüften dabei die Genauigkeit des Rezitierten und halfen bei der Zusammenstellung. Später verfassten verwirklichte buddhistische Meister weitere Kommentare und erläuterten die Bedeutung von Buddhas Lehre. Die Betonung lag auf einer authentischen und genauen Übertragung der Lehre. Bereits in Indien entstanden so über die Jahrhunderte verschiedene Übertragungslinien, die den drei Lehrzyklen zugeordnet werden.

Die ursprünglichen Lehren Buddhas (tib. kanjur; siehe auch in Glossar und Quellenverzeichnis unter »Kanjur«) umfassen je nach Ausgabe entweder 100 oder 108 Bände, die Kommentare der indischen Meister (tib. tenjur; siehe auch im Glossar unter »Tenjur«) 225 oder 254 Bände. Diese Schriften wurden später ins Tibetische übersetzt. Um sich einen Begriff von dem Umfang zu machen, ist es vielleicht interessant zu wissen, dass das Gesamtgewicht dieser ursprünglich indischen Schriften ca. 950 kg beträgt, also eine knappe Tonne. Ergänzt werden sie durch Kommentare, die tibetische Meister in über 1000 Jahren verfasst haben. Fast jeder große Meister hat ein Lebenswerk hinterlassen. Dieser riesige Schatz an Weisheit wird heute der ganzen Welt zugänglich gemacht.

Nach der Zeit des Buddha konnten zunächst nicht alle Ebenen von Lehren öffentlich praktiziert werden. Seine höchsten Lehren wurden nur sehr geheim, von sehr fortgeschrittenen Schülern, angewandt und bewahrt. In den ersten 400 bis 500 Jahren nach der Zeit des Buddha, der den meisten Quellen zufolge von 560 bis 478 v. Chr. lebte, wurde nur das Theravada öffentlich praktiziert. Von den insgesamt 18 Unterschulen des Theravada setzten sich langfristig diejenigen durch, die sich immer wieder um die Authentizität der Übertragung bemühten. Das waren hauptsächlich die Älteren (auf Pali: Thera) in der Gemeinschaft. Daher wird der Name **Theravada** (wörtl. die Lehre der Ordens-Älteren), der ursprünglich nur einer der Unterschulen zugeordnet war, heute als Oberbegriff für die beiden noch vorhandenen Schulen, nämlich die »Sthaviravadins« und die »Sarvastivadins«, verwendet.

Die zweite Periode des Indischen Buddhismus, in der die Sutra-Lehren des Großen Fahrzeugs, des **Mahayana**, in größerem Rahmen bekannt wurden, begann zwar schon im 2. Jahrhundert v. Chr., als die ersten Texte der *Prajnaparamita*-Literatur an die Öffentlichkeit kamen, sie wurde aber erst ab der christlichen Zeitrechnung zur Hauptströmung in Indien. Dies geschah hauptsächlich durch die beiden großen, vom Buddha bereits vorhergesagten Meister Nagarjuna und Asanga, die im 2. bzw. 5. Jahrhundert n. Chr. lebten, sowie durch die Gründung der großen Nalanda-Universität und anderer bedeutender Universitäten (ca. 2. Jahrhundert n. Chr.). Für mehr als 1000 Jahre wurden sie die Zentren für den Erhalt und die Ausbreitung des Mahayana. Diese Periode von etwa 500 Jahren wird dem zweiten Lehrzyklus zugeordnet.

Die meisten Traditionen des Nördlichen Buddhismus haben diese Ebene der Lehren zum Inhalt, weil die ersten Übersetzer aus anderen Kulturkreisen in dieser Periode nach Indien kamen und den Buddhismus in ihre Heimatländer brachten. Im 1. Jahrhundert n. Chr. begann die Ausbreitung des Buddhismus nach Zentralasien und China. Im 3. Jahrhundert gelangten die Lehren nach Burma, Kambodscha, Laos, Vietnam und Indonesien. Diese Länder praktizierten zunächst Mahayana und kamen erst erheblich später zum Teil unter Theravada-Einfluss. Viele wichtige buddhistische Texte wurden von Kumarajiva (344–413 n. Chr.), Hui-yüan (334–416 n. Chr.) und anderen Übersetzern im 4. und 5. Jahrhundert ins Chinesische übertragen. Der große indische Meister Bodhidharma ging ca. 520 n. Chr. von Indien nach China und gründete den Ch'an-Buddhismus in China. Nach Japan kam der Zen-Buddhismus wenige Jahre später (538 n. Chr.) und wurde im Jahre 594 n. Chr. zur Staatsreligion.

Dann folgte die dritte große Periode des Indischen Buddhismus, die Zeit der großen verwirklichten Meister, der so genannten »Mahasiddhas«. Viele Nachfolger des Buddha hatten sich weiterentwickelt und waren fähig, auch seine höchsten Lehren zu praktizieren, das **Vajrayana** oder den Diamantweg. Obwohl diese Meister mit außergewöhnlichen Kräften (skt. siddhis) beiden Geschlechtern und allen sozialen Klassen angehörten, wurden besonders die typischen, umherwandernden »Verwirklicher« (skt. yogi), die oft sehr unkonventionell in ihrer Erscheinungsweise und in ihrem Verhalten waren, bekannt. Die Diamantweg-Tradition fasst die wichtigsten Meister dieser Periode in einer Gruppe von 84 Mahasiddhas zusammen, deren Oberhaupt der Meister Saraha war. Als Zeichen ihrer Verwirklichung verfassten sie viele Gesänge, die unter der Bezeichnung »Dohas« bekannt wurden.

Alle drei großen Traditionen, das Theravada, der Zen-Buddhismus und auch der Diamantweg-Buddhismus, führen die Inhalte ihrer Traditionen direkt auf den historischen Buddha Shakyamuni zurück. Im Theravada gibt es die »sieben Regenten des Buddha«, die die Gemeinschaft der Praktizierenden nach der Zeit des Buddha geleitet haben. Die Übertragung des Zen-Buddhismus geht auf einen Schüler des Buddha namens Kashyapa zurück, der als der erste Patriarch dieser Schule gilt. Im Diamantweg-Buddhismus gab der Buddha die Lehren an verschiedene besonders fortgeschrittene Schüler wie den Bodhisattva Vajrapani, den König Indrabuthi, Suchandra, Ratnamati, Vajragarbha und andere. Diese Übertragungen wurden bis zur Zeit der Mahasiddhas in Indien nicht öffentlich praktiziert.

Bis zu seiner vollständigen Zerstörung durch die Moslems gab es den Indischen Buddhismus also ca. 1500 Jahre lang, die in drei Abschnitte von ca. 500 Jahren unterteilt werden können. Diese Abschnitte entsprechen den drei Lehrzyklen. Auf dem Höhepunkt dieser Periode, im letzten Abschnitt, wurden alle Ebenen von Buddhas Lehre bereits in Indien überliefert und praktiziert. Der Indische Buddhismus ist die Grundlage, von der sich alle anderen Traditionen durch ihre Schriften oder Übertragungslinien ableiten.

Es gab auch alle gesellschaftlichen Rollen, die den verschiedenen Ebenen der Lehre zugeordnet werden. Die dem ersten Lehrzyklus entsprechende Rolle, bei der es hauptsächlich um äußeres Verhalten geht, ist die eines Mönches oder einer Nonne. Wenn es stärker um die innere Einstellung geht, wie beim zweiten Lehrzyklus, ist die Rolle eines Laien, der Verantwortung für andere übernimmt, z. B. für eine Familie oder für bestimmte gesellschaftliche Gruppen, eher angemessen. Die dem dritten Lehrzyklus entsprechende Rolle ist die eines Verwirklichers, eines Yogi, der eine reine Sichtweise der Dinge mit beständiger Praxis verbindet. Währenddessen kann er in verschiedenen Berufen oder gesellschaftlichen Funktionen tätig sein, so wie es die Mahasiddhas gezeigt haben.

Der Tibetische Buddhismus

Im 8. Jahrhundert kamen auf Einladung des tibetischen Königs Trisong Detsen die großen Meister Shantarakshita (tib. Shiwatso) und Padmasambhava (tib. Guru Rinpoche) nach Tibet und verbreiteten dort den Buddhismus zusammen mit anderen indischen Meistern. Der Letztere betonte besonders den tantrischen Aspekt der Lehre, den Diamantweg, und machte ihn in der Öffentlichkeit bekannt. Seit jener Zeit wird der Tibetische Buddhismus mit dem Diamantweg gleichgesetzt. Der König sorgte gleichzeitig für die Übersetzung vieler wichtiger Texte ins Tibetische. Diese frühen Lehren und Übersetzungen führten zur Entstehung der ersten der vier großen tibetischen Traditionen, der »Nyingma-Tradition«, wörtl. die »Alte Tradition«.

Später, im 11. Jahrhundert, folgte eine zweite große Übersetzer-Periode, die weitere Übertragungen nach Tibet brachte. Dies führte zu den »Neuen Traditionen« (tib. sarma), von denen die Kagyü, Sakya und Gelug die bekanntesten sind.

Marpa der Übersetzer (1012–1097) brachte vier besondere Übertragungen von Indien nach Tibet, die von den Meistern Tilopa und Naropa stammen und zusammen mit den Lehren des Großen Siegels von Maitripa (1007–1088) den Kern der »Kagyü-Tradition« bilden.

Drogmi Lotsawa (992–1072) gab die Übertragungslinie der indischen Meister Virupa und Gayadhara an Khön Könchog Gyalpo (1034–1102), der daraufhin die »Sakya-Tradition« begründete.

Der große indische Meister Atisha (979–1053) reiste nach Tibet und begründete zusammen mit dem Übersetzer Rinchen Sangpo (958-1055) und seinem Hauptschüler Dromtönpa (1004–1065) die »Kadampa-Tradition«, deren Lehrinhalte später von Je Tsongkhapa (1357–1419) zum Kern der »Gelug- (oder Ganden-)Tradition« gemacht wurden.

Die Essenz dieser Übertragungen ist in allen vier Traditionen die gleiche. Sie stützen sich auf die Lehre des historischen Buddha und die Kommentare der indischen Meister. Die Unterschiede in den Erklärungen der tibetischen Lehrer beziehen sich immer auf die Veranlagungen ihrer Schüler. Sie setzten damit verschiedene Schwerpunkte. Die drei älteren Schulen sind stärker praxisorientiert, die später entstandene Gelug-Schule betont eher das Dharma-Studium. Sie bezeichnet sich selbst als eine »Mahayana-Tradition«. Die Übertragungen wurden über ca. 1000 Jahre hinweg in reiner Form ohne Unterbrechung weitergegeben und führten unzählige Praktizierende zur vollkommenen Erkenntnis der Natur ihres Geistes.

Auch heute ermöglicht der Tibetische Buddhismus durch die schnellen und effektiven Methoden des Diamantwegs, die Erleuchtung zum Wohl der Wesen in vergleichsweise sehr kurzer Zeit zu erreichen. Die Praxis des Diamantwegs enthält die Essenz von allen anderen Lehren Buddhas. Praktiziert wird immer unter Anleitung eines qualifizierten Lehrers. Dies ist der Grund, warum sich so viele Menschen in aller Welt speziell für diese Richtung des

Buddhismus öffnen. Wenn eine authentische Übertragung garantiert, dass das Ziel der Praxis mit Sicherheit erlangt und eine direkte Verbindung zur Alltagserfahrung hergestellt werden kann, lässt sich dieses große Geschenk des Buddha leicht annehmen. Die verschiedenen Traditionen des Buddhismus sind ja nur die äußeren Verpackungen, in denen die Überlieferung stattfindet. Der Inhalt ist der lückenlose Weg zur vollkommenen Erkenntnis der Natur des eigenen Geistes, der Weg zu bleibendem Glück.

4. Buddhas Fahrzeug

Bei genauer Betrachtung dieses Weges zur Erkenntnis der Natur des Geistes finden wir einen großen Reichtum an Methoden, die von den Traditionen verwendet werden. Die meisten buddhistischen Traditionen greifen aus dieser Fülle nur die für sie wichtigsten Aspekte heraus und praktizieren sie ausschließlich. Das Besondere am Tibetischen Buddhismus ist die Überlieferung der ganzen Bandbreite der Methoden und ihre Verwendung für die kraftvollsten Formen von Praxis, die der Buddha im Diamantweg gelehrt hat. Aus der Übersicht heraus, die der Diamantweg bietet, wird nun in kurzer Form dargestellt, was ein buddhistisches »Fahrzeug« beinhaltet und wie die verschiedenen Fahrzeuge zueinander in Beziehung stehen.

Obwohl Buddha Shakyamuni die meiste Zeit seines Lebens zu Fuß gegangen ist und nur selten auf einem Ochsenkarren größere Strecken bewältigt hat, stellte er durch seine Lehre ein Fahrzeug zur Verfügung, mit dem man entweder langsam oder schneller oder in unglaublicher Geschwindigkeit riesige Strecken geistiger Entwicklung zurücklegen kann. Ein Fahrzeug ist ein Transportmittel, ein Werkzeug zur schnelleren Beförderung, eine Methode, die einen zu einem bestimmten Ziel bringt. Es gibt immer einen Ausgangspunkt, einen Weg, auf dem man fährt, und ein Ziel, ein Resultat. Auch im Buddhismus ist ein Fahrzeug ein Mittel, das einen zum Ziel führt, nämlich zu einem Zustand frei von Leiden, zu einem Zustand von Furchtlosigkeit, umfassender Freude und höchster Weisheit.

Der Buddha selbst teilte den Weg zur Befreiung und Erleuchtung niemals in verschiedene Fahrzeuge ein. Letztendlich gibt es nur das eine Fahrzeug der Lehre des Buddha. Dies wird im *Lotus-Sutra* und in anderen Texten immer wieder betont. Da er die vielfältigen Methoden immer entsprechend den Fähigkeiten seiner Schüler lehrte, bildeten sich aus diesen Methoden unterschiedliche Fahrzeuge geistiger Entwicklung, die aufeinander aufbauen. Anfangs können die Namen der verschiedenen Fahrzeuge sehr verwirrend sein, falls sie nicht richtig zugeordnet werden. So entwickeln Anfänger in der Praxis gelegentlich einen falschen Stolz, weil sie glauben, ein bestimmtes Fahrzeug zu praktizieren, oder sie kritisieren Lehrer, weil sie eine bestimmte Perspektive für ihre Darstellung wählen, z. B. einige Aspekte der Fahrzeuge stärker betonen als andere.

Die praktische Erfahrung auf dem Weg ist das Wichtigste, daher gibt es Einteilungen in zwei oder drei Fahrzeuge, die sich hauptsächlich auf die Meditationspraxis beziehen. In diesem Zusammenhang beziehen sich die zwei Fahrzeuge auf das Sutra- und Tantra-Fahrzeug (auch Ursachen- und Frucht-Fahrzeug genannt); die drei Fahrzeuge auf das Fahrzeug der Älteren in der Gemeinschaft (Theravada), das Große Fahrzeug (Mahayana) und das Diamant-Fahrzeug (Vajrayana) oder auch das geheime Mantra-Fahrzeug (Mantrayana). Diese Einteilung in Theravada, Mahayana und Vajrayana basiert hauptsächlich auf den großen Unterschieden in der Meditationspraxis. Dies ist im Zusammenhang mit allen Aspekten, die ein Fahrzeug ausmachen, leichter zu verstehen.

Um sicher am Ziel anzukommen, braucht ein Fahrer freie Sicht, angemessenes Verhalten und gute Konzentration. Genauso gehören auf dem Weg geistiger Entwicklung mit einem buddhistischen Fahrzeug Sichtweise, Verhalten und Meditationspraxis zusammen, um die entsprechende Frucht zu erlangen. Wer die Wahrheiten vom Leiden und seiner Ursache tief verstanden hat, legt den Weg zum Ende des Leidens zurück und wird den Zustand bleibenden, höchsten Glücks als Frucht erlangen.

Nimmt man diese vier Merkmale eines Fahrzeugs (Sichtweise, Verhalten, Meditationspraxis und Frucht) als Grundlage, so gibt es die Einteilung in zwei, drei oder neun Fahrzeuge. Dabei ist die Einteilung in drei Fahrzeuge die klassische Form, aus der alle anderen hervorgegangen sind. Die drei Fahrzeuge sind folgende: das »Shravaka-« (Hörer), das »Pratyekabuddha-« (Einzelverwirklicher) und das »Bodhisattva-Fahrzeug« (wörtl. Fahrzeug der Helden des Erleuchtungsgeistes). Bei den neun Fahrzeugen kommen zu diesen dreien noch die vier Tantra-Klassen hinzu: »Kriya-Tantra«, »Carya-« oder »Upa-Tantra«, »Yoga-Tantra«, sowie »Anuttarayoga-Tantra«, welches weiter in »Vater-«, »Mutter-« und »nonduales Tantra« unterteilt wird. Die neun Fahrzeuge werden hauptsächlich in der Nyingma-Tradition des Tibetischen Buddhismus gelehrt. Hier nennt man die drei höchsten Tantra-Klassen »Mahayoga-«, »Anuyoga-« und »Atiyoga-Tantra«.

Die ersten beiden, die Fahrzeuge der Shravakas und Pratyekabuddhas, kann man auch unter dem Oberbegriff Fahrzeug der Älteren in der Gemeinschaft (Theravada) zusammenfassen. Das Bodhisattva-Fahrzeug ist identisch mit dem Großen Fahrzeug (Mahayana). Daraus ergibt sich eine weitere mögliche Darstellung der zwei Fahrzeuge als Fahrzeug der Älteren in der Gemeinschaft und Großes Fahrzeug, Theravada und Mahayana. Diese sehr gebräuchliche Einteilung ist also nur eine Zusammenfassung der klassischen drei Fahrzeuge. Sie wird hauptsächlich verwendet, um den Südlichen Buddhismus, Theravada, vom Nördlichen Buddhismus, Mahayana, zu unterscheiden. Aus dieser geographischen Zuordnung lassen sich die einzelnen buddhistischen Traditionen leichter ableiten.

Die vier besonderen Merkmale der drei Fahrzeuge

1. **Die Sichtweise** ist die philosophische Grundlage für die Meditationspraxis, die jeweils in einer oder in mehreren der vier philosophischen Schulen gelehrt wird. Im Shravaka- und Pratyekabuddha-Fahrzeug sind das die ersten beiden Schulen, die der »Vaibhashikas« und der »Sautrantikas«. Im Bodhisattva-Fahrzeug bezieht sich die Sichtweise entweder auf die »Nur-Geist-Schule« (Chittamatra) oder die Schule des »großen Mittleren Weges« (Madhyamaka). Die Sichtweisen dieser philosophischen Schulen wurden von den Schülern des Buddha herausgearbeitet, nachdem diese seine Lehren sorgfältig analysiert hatten und dadurch zu einem weitgehenden Verständnis gekommen waren. Die vier Schulen wurden aber auch vom Buddha selbst in verschiedenen Tantras erwähnt.
   Die Sichtweise, die als Grundlage der Meditationspraxis des Diamantwegs dient, ist die so genannte »reine Sichtweise«, die auf den Belehrungen über die Buddha-Natur aufbaut. Sie kann wegen ihrer Tiefgründigkeit und ihrer Verbindung mit den äußerst kraftvollen Methoden des Diamantwegs auch als eigenständige Sichtweise erklärt werden. Dies ist dann der Fall, wenn die Tantras als Grundlage für die Meditation genommen werden.

Die reine Sichtweise lässt sich jedoch ebenso auf die letztendlichen Lehren der Schule des großen Mittleren Weges zurückführen, die im dritten Lehrzyklus gegeben wurden. Dies wurde besonders von dem Meister Gampopa gelehrt, der darauf verschiedene Zugänge zur Erkenntnis der Natur des Geistes aufgebaut hat. Dazu wird später im vierten Teil im Zusammenhang mit der Praxis des Großen Siegels mehr erklärt werden.

2. **Das Verhalten** drückt sich durch die Handlungen auf äußerer, innerer und geheimer Ebene aus. Diese beruhen auf den dazugehörigen Versprechen: dem Versprechen zur individuellen Befreiung (Pratimoksha), dem Bodhisattva-Versprechen und dem tantrischen Versprechen. In den Fahrzeugen der Shravakas und Pratyekabuddhas geht es in erster Linie darum, negative Handlungen zu vermeiden und positive zu praktizieren. Im Bodhisattva-Fahrzeug ist das Wichtigste, anderen so viel zu nutzen wie möglich. Auf der tantrischen Ebene ist das Einhalten der mit den verschiedenen Übertragungen verbundenen Verpflichtungen auf Grundlage der reinen Sichtweise der zentrale Punkt.
3. **Die Meditationspraxis** ist ebenfalls in jedem der drei Fahrzeuge unterschiedlich. Im Fahrzeug der Shravakas besteht die Hauptpraxis aus der Kontemplation über die Vier Edlen Wahrheiten, bei den Pratyekabuddhas über die zwölf Glieder des abhängigen Entstehens (siehe mein Buch *Buddhistische Grundbegriffe*). In beiden Fahrzeugen wird auch auf Geistesruhe und Einsicht in die Natur des Geistes meditiert, um Befreiung zu erreichen. Im Fahrzeug der Bodhisattvas ist es entweder die Sutra- oder die Tantra-Praxis. Das Sutra-Fahrzeug wird auch Ursachen-Fahrzeug genannt, weil hier die Ursachen für Befreiung und Erleuchtung geschaffen werden. In manchen Darstellungsweisen werden hier die Fahrzeuge der Shravakas und Pratyekabuddhas mit einbezogen. Die Meditationspraxis des Sutra-Fahrzeugs basiert auf einer genauen Untersuchung der Dinge, durch die die Selbstlosigkeit aller Erscheinungen verwirklicht wird. Das Tantra-Fahrzeug wird auch das Frucht-Fahrzeug genannt, da man sich hier mit der Frucht, der perfekten Buddhaschaft, identifiziert. Sutra und Tantra werden im zweiten Teil genauer erklärt.
4. **Das Resultat**, das man durch die Praxis der Shravakas und Pratyekabuddhas erlangt, ist Befreiung vom Leiden des Kreislaufs der Existenz, der Zustand eines Arhats, wobei ein Pratyekabuddha-Arhat eine umfassendere Verwirklichung erlangt als ein Shravaka-Arhat. Das Resultat im Bodhi-

sattva-Fahrzeug ist perfekte Buddhaschaft. Ein Arhat hat die Selbstlosigkeit der Person verwirklicht, ein perfekter Buddha hat darüber hinaus auch die Selbstlosigkeit der Phänomene verwirklicht. Aus der Vollendung von Verdienst und Weisheit eines Bodhisattva manifestieren sich die drei Zustände (wörtl. Körper) eines Buddha. Die Vollendung der Weisheit führt zur Verwirklichung des Wahrheitszustandes (skt. dharmakaya) zum eigenen Nutzen; und die Vollendung des Verdienstes führt zur Verwirklichung der beiden Formzustände zum Nutzen der Wesen, des Freudenzustandes (skt. sambhogakaya) und des Ausstrahlungszustandes (skt. nirmanakaya).

Diese vier Merkmale eines Fahrzeugs zeigen besonders, dass die Meditationspraxis auf der Grundlage richtigen Verhaltens immer im Zusammenhang mit einer korrekten Sichtweise stehen muss. Eine authentische Verwirklichung ist nur durch die Vereinigung dieser beiden Aspekte erreichbar. Im Tibetischen gibt es hierfür den Begriff »tagom« (geschrieben: lta sgom). Er bezeichnet die Untrennbarkeit von Sichtweise und Meditation in einer bestimmten Tradition. Dies bedeutet auch, dass jede buddhistische Philosophie oder Sichtweise letztendlich nur den einen Zweck hat: die grundlegende Unwissenheit zu überwinden und eine direkte Erfahrung von der Natur des eigenen Geistes jenseits von allen Begriffen zu ermöglichen.

Die Unterscheidung aus der Perspektive der praktischen Erfahrung im Gegensatz zur Sicht der Gelehrsamkeit innerhalb des Bodhisattva-Fahrzeugs in Mahayana und Vajrayana (Sutra und Tantra) liegt einerseits in der Betonung der Meditationspraxis, wodurch das Tantra-Fahrzeug (Vajrayana, Diamantweg) als das Fahrzeug der besonders schnellen Meditationsmethoden hervorgehoben wird. Andererseits stehen die sich aus dieser Einteilung ergebenden Fahrzeuge (Fahrzeug der Älteren in der Gemeinschaft, Großes Fahrzeug und Diamantweg) – wie bereits gezeigt – mit den drei Lehrzyklen in Verbindung.

In seinem Buch Der Schatz des Wissens erklärt Jamgön Kongtrul Lodrö Thaye (einer der größten Gelehrten und Meditationsmeister des 19. Jahrhunderts) im Abschnitt über das geheime Mantra-Fahrzeug: Die Auffassung, den Diamantweg als eigenständiges Fahrzeug zu betrachten, sei bereits von dem indischen Meister Buddhaguhya, einem der Mitbegründer des Tibetischen Buddhismus und Verfasser vieler wichtiger Kommentare, vertreten worden. Seit dieser Zeit wurde dieses Verständnis speziell in den praxisorientierten Schulen weitergegeben. In der Kagyü-Schule des Tibetischen Buddhismus gab besonders der 16. Karmapa Rangjung Rigpe Dorje diese Sichtweise weiter.

Bei genauerem Betrachten der Zuordnung der drei Fahrzeuge zu den drei Drehungen des Dharmarades oder Lehrzyklen erkennt man, dass beim zweiten und dritten Lehrzyklus nur verschiedene Aspekte der Natur des Geistes stärker betont werden. Das Fahrzeug der Älteren in der Gemeinschaft baut auf dem ersten Lehrzyklus auf. Das Große Fahrzeug hat seinen Schwerpunkt auf dem zweiten Lehrzyklus, bezieht aber auch den ersten und dritten mit ein. Der Diamantweg baut hauptsächlich auf dem dritten Lehrzyklus auf, bezieht aber auch den ersten und zweiten mit ein.

Da es beim zweiten und dritten Lehrzyklus um die Natur des Geistes geht, gibt es hierbei keine Einteilung in Besser oder Schlechter. Die Natur des Geistes geht über alle Beurteilungen und Begriffe hinaus. Es werden bei der Beschreibung der absoluten Ebene nur unterschiedliche Schwerpunkte gesetzt. Der zweite Lehrzyklus betont die Leerheit stärker, die Raumnatur des Geistes; der dritte Lehrzyklus betont die Klarheit stärker, die Erscheinungen im Geist. Die richtige Sichtweise in Bezug auf die Natur des Geistes wird jedoch vom Buddha in seinen höchsten Lehren als die Untrennbarkeit von Erscheinung und Leerheit beschrieben. Diese Sichtweise führt über die Extreme von Existenzialismus und Nihilismus hinaus. Es ist der große Mittlere Weg jenseits aller Extreme.

Die Betonung der Klarheit des Geistes auf der Grundlage des dritten Lehrzyklus mit den Belehrungen über die Buddha-Natur ist grundlegend für die wirkungsvollen Meditationsmethoden des Diamantwegs und wird daher hauptsächlich von den stärker praxisorientierten Schulen des Tibetischen Buddhismus gelehrt. Diese Lehren über die allen Wesen innewohnende Buddha-Natur, die schon mit allen perfekten Qualitäten der Erleuchtung ausgestattet ist, wird aus der Perspektive der direkten Erfahrung als höchste, als letztendliche Ebene der Lehre Buddhas betrachtet.

Die leichteste Weise, jemandem die Fahrzeuge im Buddhismus zu erklären, besteht darin, mit der Einteilung in den Südlichen und den Nördlichen Buddhismus (Theravada und Mahayana) zu beginnen, dann den Südlichen Buddhismus weiter in die Fahrzeuge der Shravakas und Pratyekabuddhas sowie den Nördlichen Buddhismus in das allgemeine Mahayana und das Vajrayana oder in Sutra und Tantra aufzuteilen. Wenn man die kraftvollen Meditationsmethoden des Diamantwegs besonders betont, betrachtet man diesen als eigenständiges Fahrzeug.

Diese Darstellung der buddhistischen Fahrzeuge ist nur eine kurz gefasste Überschau, um die Zuordnung zu erleichtern und verschiedene Perspektiven zu begründen. Alle Fahrzeuge bauen aufeinander auf. Der Diamantweg beinhaltet die einzig vollständige Übertragung der Lehre Buddhas, in der alle anderen Fahrzeuge enthalten sind. Hier ist es möglich, sich mit unglaublicher Geschwindigkeit weiterzuentwickeln und innerhalb kurzer Zeit eine Verwirklichung der Natur des eigenen Geistes zum Nutzen der Wesen zu erlangen. Wer keine Angst vor hoher Geschwindigkeit hat, sollte diese Freude am schnellen Fahren in Buddhas Fahrzeug uneingeschränkt genießen.

Die drei Fahrzeuge

Die ersten beiden oder die zweiten beiden werden zu einem Fahrzeug zusammengefasst.

Fahrzeug	Sichtweise	Verhalten	Meditationspraxis	Frucht
Shravaka (Theravada)	Vaibhashika Sautrantika	Pratimoksha-Versprechen	Vier Edle Wahrheiten	Arhatschaft
Pratyekabuddha (Theravada)	Vaibhashika Sautrantika	Pratimoksha-Versprechen	zwölf Glieder des abhängigen Entstehens	Arhatschaft
Bodhisattva (Mahayana)	Chittamatra Madhyamaka	Bodhisattva-Versprechen	Sutra	Buddhaschaft
Diamantweg (Vajrayana)	reine Sicht	tantrische Versprechen	Tantra	Buddhaschaft

Nun könnte die Frage auftauchen: Genügt es nicht, ein einziges Fahrzeug zu kennen und damit schnell und sicher zum Ziel zu gelangen? Warum ist es wichtig, von den drei Fahrzeugen im Buddhismus zu wissen? Die Antwort liegt in unseren jeweiligen Fähigkeiten. Was wir erreichen wollen, ist ja zunächst die vollständige Befreiung von allen Leiden der bedingten Existenz. Dies entspricht der Einstellung des Theravada. Verstehen wir zusätzlich, dass Mitgefühl eine natürliche Qualität unseres Geistes ist und dass wir das Glück anderer letztendlich nicht vom eigenen Glück trennen können, weil der Geist grenzenlos ist, dann entsteht von selbst der Wunsch, den Zustand der perfekten Erleuchtung zum Nutzen der Wesen zu erlangen. Dies ist die Einstellung im Großen Fahrzeug.

Aus Mitgefühl heraus wollen wir den Zustand der Buddhaschaft sehr schnell erreichen, um anderen möglichst effektiv helfen zu können. Im Sutra-Fahrzeug kann aber der beste Praktizierende dieses Ziel nur innerhalb von drei Weltzeitaltern erreichen, während es im Tantra-Fahrzeug viel schneller möglich ist. Der beste Praktizierende kann hier die Erleuchtung entweder innerhalb einer einzigen Lebenszeit erreichen oder unmittelbar nach dem Tod oder spätestens innerhalb von sieben Leben. Dies ist möglich, weil die Methoden des Diamantwegs außerordentlich kraftvoll sind. Das ist der besondere Grund, dieses Fahrzeug zu praktizieren.

Aber die verschiedenen Ebenen der Lehren Buddhas bauen immer aufeinander auf. Wenn wir die höchste Ebene praktizieren wollen, schließt das die unteren Ebenen mit ein. Man kann es mit dem Hausbau vergleichen: Wenn man versucht, nur den oberen Teil eines Hauses aufzubauen, ohne ein solides Fundament zu haben, dann bricht das Haus leicht zusammen. Man wird z. B. feststellen, dass das Verständnis von Ursache und Wirkung eine absolut notwendige Grundlage bildet, um alle höheren Ebenen von Belehrungen verwenden zu können. Nur wenn man alle Ursachen für Leiden und Schwierigkeiten aufgibt und stattdessen die notwendigen Ursachen für Befreiung und Erleuchtung schafft, wird man diese Resultate auch wirklich erlangen.

Im Diamantweg lernen wir, beim Hausbau als Werkzeug mit dem Kran zu arbeiten. Wir setzen die einzelnen Teile als Fertigbau von oben zusammen. Wir behalten beim Bau des Fundamentes den Gesamtplan im Geist. Das Verständnis der Grundlagen des Buddhismus hat vor allem dem Zweck, die Lücken zu füllen und möglichst direkt mit den höchsten Methoden arbeiten zu können. Wer die Verbindung mit dem Diamantweg hat, ist bereit für eine schnelle Entwicklung. Für denjenigen sollte dies die Hauptpraxis sein.

Teil 2

Die Sichtweise und die verschiedenen Formen von Meditation im Buddhismus

Buddha Shakyamuni

1. Hören, Nachdenken und Meditieren

Bei der praktischen Anwendung von Buddhas Lehre ist das richtige Verhalten immer die Grundlage. Auf dieser Grundlage entstehen die drei Weisheiten des Hörens (oder Studierens), Nachdenkens und Meditierens. Richtiges Verhalten bedeutet, achtsam zu sein, niemandem zu schaden. Hören (oder Studieren) bedeutet, alle notwendigen Informationen zu bekommen, warum und wie man mit dem eigenen Geist arbeitet. Nachdenken heißt, diese Information zur eigenen Erfahrung in Beziehung zu setzen und zu verinnerlichen. Meditieren bedeutet die Umsetzung der gewonnenen Erkenntnis in der Praxis. Nur wo alle drei Weisheiten aufeinander aufbauen, können am Anfang des Weges ein gutes Verständnis, in der Mitte des Weges Erfahrungen und am Ende des Weges eine Verwirklichung erlangt werden.

Zur Erklärung der drei Weisheiten schreibt Jamgön Kongtrul Lodrö Thaye in der Einleitung des Kommentars über die *Unterscheidung zwischen Bewusstsein und Weisheit (tib. namshe yeshe)* vom 3. Karmapa Rangjung Dorje:

> »Auf der Grundlage eines guten Verhaltens sollte man ausgedehnte Studien betreiben. Warum? Um Buddhaschaft zu erlangen, muss man die Bedeutung der zwei Arten der Selbstlosigkeit verwirklichen (die Selbstlosigkeit der Person und der Erscheinungen, Anm. d. Übers.). Um diese zu verwirklichen, muss man die Logik sowie die Autorität der Schriften bezüglich der direkten Lehren Buddhas und der Kommentare zu diesen Lehren kennen. Um sie zu kennen, muss man studieren. Ohne Studium wird man die Bedeutung der beiden Arten der Selbstlosigkeit nicht erkennen. Erkennt man diese nicht, weiß man nicht, wie man über das Nicht-Selbst meditiert.
> Fehlendes Wissen zur Meditation über das Nicht-Selbst verhindert, selbst wenn man meditiert, das Erlangen der Weisheit, die aus der Meditation entsteht. Wenn diese nicht erlangt wird, ist es nicht möglich, den Weg des Sehens der Bodhisattvas (siehe unter ›Wege‹ im Glossar, Anm. d. Übers.) zu verwirklichen. Wenn dieser nicht verwirklicht wird, kann der Buddha-Zustand, die letztendliche Meditation, nicht erlangt werden. […] Wenn nicht die unterscheidende Weisheit des Studierens vorhanden ist, hat jede Aktivität nur geringe Kraft, da nicht klar zwischen dem unterschieden werden kann, was anzunehmen und was aufzugeben ist. Man wird in zukünftigen Lebenszeiten nur geringe Fähigkeiten besitzen, und selbst Me-

ditieren kann die Wurzel der Ich-Anhaftung nicht durchschneiden. Es entstehen also viele Fehler so wie diese und andere.
Wurde dagegen studiert, ist der Geist nicht verwirrt, da die Objekte des Wissens richtig erkannt werden. Da sich die eigene Intelligenz entwickelt hat, erlangt man das Vertrauen der vollkommenen Furchtlosigkeit. Weil dadurch der eigene Geiststrom befreit wird, fühlt sich der Geist leicht an. Man wird zu denen gezählt, die ›erfahrene Gelehrte‹ genannt werden. In allen Lebenszeiten wird man hervorragende Weisheit, einen scharfen Intellekt besitzen und ein Halter der Studien sein. Man wird Buddhas und Bodhisattvas treffen und in der Lage sein, die Bedeutung der Lehre Buddhas wortgewandt zu vermitteln. Die eigenen Schleier der falschen Vorstellungen werden gereinigt, und viele Qualitäten entstehen, wie z. B. für andere fehlerlos das Rad des Dharma zu drehen usw. [...]
Nachdem die Augen der tiefgründigen Weisheit des Hörens und Nachdenkens erlangt sind, sollten große Anstrengungen im Bemühen um Meditation unternommen werden. [...] Dadurch wird die unübertreffliche Verwirklichung erlangt. [...] Daher werden diejenigen Personen, die sich um Befreiung bemühen, nachdem sie die drei Tore (von Körper, Rede und Geist, Anm. d. Übers.) durch auf letztendliches Glück ausgerichtetes Verhalten gereinigt haben, alle falschen Zuschreibungen mit Hilfe der Weisheit des Studiums durchschneiden. Dann sollten sie mit Hilfe der Weisheit, die durch Nachdenken auf der Grundlage von Logik entsteht, meditieren, indem sie sich immer wieder darüber klar werden, wie sehr sie noch in Bezug auf das Studierte getäuscht sind oder schon frei von Täuschungen sind.
Wer über die Bedeutung des Freiseins von Täuschung mittels der drei Phasen der Vorbereitung, der eigentlichen Meditation und der Nachmeditation meditiert hat, erlebt auf dem Weg der Verbindung durch ein aus weltlicher Meditation entstehendes höheres Wissen eine klare Erfahrung der Selbstlosigkeit. Anschließend wird durch das höhere Wissen jenseits der allgemeinen Welt auf dem Weg des Sehens direkt und klar die Selbstlosigkeit verwirklicht. Indem man diese Verwirklichung auf dem Weg der Meditation ständig weiterentwickelt, wird durch die höchste Stufe der Meditation Befreiung und Allwissenheit erlangt. [...] Wenn das Feld oder die Grundlage des guten Verhaltens, der Same des Hörens oder Studierens, die richtige Menge an Wasser, Düngemittel und Wärme des Nachdenkens und Meditierens vollständig sind, wird die Frucht der Buddhaschaft leicht heranreifen.«

Hier wird die Wichtigkeit der direkten Erfahrung von der Natur des Geistes durch Meditation deutlich gezeigt und dass diese Erfahrung nur auf einer guten Grundlage erlangt werden kann. So sind Sichtweise und Verhalten des Theravada unabdingbare Voraussetzungen für die Bodhisattva-Praxis. Auch wenn der Diamantweg eine eigene Sichtweise und ein eigenes Verhalten hat, sind Sichtweise und Verhalten des Bodhisattva-Fahrzeugs notwendige Voraussetzungen für die Praxis im Diamantweg. Nur wer ein tiefes Verständnis vom Leiden im Kreislauf der Existenz entwickelt, wird Zuflucht nehmen, um Befreiung vom Leid zu erreichen. Tiefes Mitgefühl für alle Wesen lässt weiterhin den Wunsch entstehen, alle Wesen vom Leid zu befreien. Zu diesem Zweck soll möglichst schnell der erleuchtete Geisteszustand verwirklicht werden. Das ermöglichen die kraftvollen Methoden des Diamantwegs.

2. Sutra und Tantra

Weshalb sind die Methoden des Diamantwegs besonders kraftvoll? Um diese Frage zu beantworten, folgt zunächst eine allgemeine Gegenüberstellung von Sutra und Tantra.

Alle Praxisanweisungen, die der Buddha gegeben hat, können in den beiden Kategorien Sutra und Tantra zusammengefasst werden. »Sutra« bedeutet wörtlich »Faden« im Sinne eines Leitfadens, den der Buddha seinen Schülern gab, einer Anleitung für den Weg. Die allgemein gebräuchliche Übersetzung des Begriffs ist »Lehrrede«. »Tantra« dagegen bedeutet wörtlich »Gewebe« oder auch »Kontinuität«. Der Faden ist hier zu einem komplexen Gewebe verdichtet. Die Entwicklung ist vielschichtiger, sie findet auf mehreren Ebenen gleichzeitig statt. Es ist ein ganzheitlicher Weg der vollkommenen Integration aller Gegensätze.

Die Bedeutung von Kontinuität ist weiterhin, dass es keine grundlegende Veränderung oder Unterbrechung bezüglich der reinen Natur des Geistes gibt. Die Buddha-Natur ist immer die gleiche, ob sie erkannt wurde oder nicht. So ist beim Tantra der Basis die Buddha-Natur unverändert. Die Buddha-Natur ist in der Phase, in der sich der Praktizierende auf dem Weg befindet, unverändert, und sie ist auch während des Buddha-Zustandes, beim Erreichen der Frucht, unverändert. Die Buddha-Essenz ist immer die gleiche, ob bei gewöhnlichen Wesen, bei Bodhisattvas oder bei Buddhas.

Der Inhalt des Sutra-Fahrzeugs

Das Sutra-Fahrzeug wird, wie bereits erklärt, auch Ursachen-Fahrzeug genannt. Hier werden die Ursachen für Erleuchtung geschaffen. Die Hauptursachen für Erleuchtung, der relative und absolute Erleuchtungsgeist, werden im Sutra-Fahrzeug als Weg verwendet. Relativer Erleuchtungsgeist bedeutet, mit der Einstellung, die vollkommene Erleuchtung zum Nutzen der Wesen zu erlangen, die Praxis der Bodhisattvas, die befreienden Handlungen usw., auszuführen. Der absolute Erleuchtungsgeist bezieht sich auf die Erkenntnis der Natur des Geistes selbst.

Ein anderer Begriff für das Sutra-Fahrzeug ist »Fahrzeug der Charakteristik« oder »Merkmalsfahrzeug«. Im allgemeinen Sinn bezieht sich dies auf das Merkmal, als Ursache zur Erleuchtung zu führen. Im spezielleren Sinn bedeutet es, dass hier noch mit charakteristischen Merkmalen gearbeitet wird. Durch eine genaue Untersuchung der verschiedenen Merkmale der Dinge und die daran anschließende Meditationspraxis wird auf diesem Weg schrittweise die Leerheit oder Selbstlosigkeit aller Erscheinungen verwirklicht. Viele Methoden des Untersuchens werden in der buddhistischen Philosophie und Erkenntnislehre, besonders in der umfangreichen buddhistischen Logik gelehrt.

Zuerst sollte man sich über die Ursachen für Leiden klar werden. Die Wurzelursache für alles Leid ist die grundlegende Unwissenheit im Geist, die Tatsache, dass er seine eigene Natur nicht erkennt. Aus dieser entstehen alle weiteren Störgefühle wie Anhaftung und Abneigung, Stolz und Neid usw. Unter dem Einfluss dieser Störgefühle erfolgen entsprechende Handlungen, die zu verschiedenen Leiden und Schwierigkeiten führen. Wem es gelingt, schrittweise die grundlegende Unwissenheit zu überwinden, der beendet auch alle weiteren Störungen und damit alles Leiden.

Alle Methoden des Buddha zielen darauf ab, mehr und mehr Weisheit zu entwickeln und die Dinge so zu erkennen, wie sie wirklich sind. Es ist der Sinn des Ursachen-Fahrzeugs, mit Hilfe der entsprechenden Ursachen Kontrolle über den Geist und darauf aufbauend Einsicht in die Natur des Geistes zu entwickeln. Wer nur noch Ursachen setzt, die zu Freude und Glück führen, dem geht es immer besser, dessen Geist wird stabiler, und er wird offener für andere. Diese Person wird die guten Gefühle nicht nur für sich selbst behalten, sondern mit anderen teilen. Sie interessiert sich mehr dafür, wie es anderen geht. Durch das Verständnis, dass sie selbst nur eine Person ist, die anderen aber viele, dass alle Wesen glücklich sein und Leid vermeiden wollen, aber oft nicht wissen, wie sie dies erreichen können, wächst ganz natürlich das Mitgefühl im eigenen Geist.

Mitgefühl zeigt sich zunächst in der Form, dass wir an einzelne Personen denken, an Verwandte und Freunde, die schon viel für uns getan haben, die uns sowieso angenehm sind. Wir denken, vielleicht kann ich nun etwas für sie tun usw. Dann dehnt sich das Mitgefühl auch auf neutrale Personen aus mit dem Verständnis, eine alte Verbindung aus früheren Lebenszeiten mit ihnen zu haben, wie es in den Sutras steht. Sie haben in all den Lebenszeiten schon unendlich viel für uns getan. Schließlich bezieht es auch schwierige Leute und Feinde ein, denn sie brauchen besonders großes Mitgefühl. In dieser Weise wird das Mitgefühl nach und nach auf alle Wesen ohne Ausnahme ausgedehnt.

Die zweite Stufe von Mitgefühl gilt der Natur der Lebewesen, die ohne Kontrolle über das eigene Leben im Kreislauf der Existenz umherwandern. Sie halten unter dem Einfluss von Illusionen an der Vorstellung von einer wirklichen Existenz der Person fest und glauben, die Dinge wären beständig. Aus tiefem Mitgefühl heraus entsteht der starke Wunsch, ihnen zu helfen, frei zu werden von allem Leid und den Ursachen des Leides. Der Wunsch, dass andere glücklich sein mögen, ist die Definition für Liebe, während Mitgefühl der Wunsch ist, andere mögen frei sein von allem Leid. Diese Wünsche beziehen hier die Ursachen mit ein und werden dadurch sehr kraftvoll.

Die dritte Stufe von Mitgefühl ist frei von allen Bezugsobjekten. Es gibt keinen speziellen Bezug zu jemandem, das Gefühl strömt einfach frei. Aus der Erkenntnis der Natur aller Dinge und der damit verbundenen Erfahrung der Ungetrenntheit strahlt diese höchste Stufe von Mitgefühl frei wie die Sonne. Sie ist für alle gleich und sprengt alle Grenzen im Geist. Diese Stufe haben große Meister wie Gyalwa Karmapa und andere verwirklicht. Von ihnen strahlt gleichmäßig viel Segen für alle aus. Ihre Aktivität ist ohne Unterschied auf das Glück aller Wesen ausgerichtet. Es hängt allein von deren Offenheit ab, in welchem Maß sie diesen Segen aufnehmen können.

So wird klar, warum wir jetzt nicht wirklich fähig sind, anderen in großem Umfang zu helfen. Wir müssen diese Kraft, diesen Überschuss, erst einmal bei uns selbst finden, um uns nicht nach kurzer Zeit völlig zu verausgaben.

Wir finden diese Kraft nicht außerhalb, sie ist schon in der Natur des Geistes vorhanden. Mitgefühl ist eine natürliche Qualität des Geistes. Daraus entsteht der Wunsch, die Natur des Geistes, d. h. Erleuchtung, zu verwirklichen, um anderen im größten Umfang und völlig mühelos zu helfen. Diese Einstellung, der Wunsch, die Erleuchtung zu erlangen, um alle Wesen vom Leid zu befreien, wird die »erleuchtete Geisteseinstellung« (skt. bodhicitta) genannt.

Mitgefühl gehört zur Natur unseres Geistes, weil im Geist keine wirklichen Grenzen zu finden sind. Die Abgrenzungen, die wir setzen, sind nur feste Vorstellungen, die wir für die Wirklichkeit halten. Ich und die anderen, Subjekt und Objekt, innen und außen, sind voneinander abhängige Aspekte des Geistes. Wie sollten wir jemals von der äußeren Welt wissen, wie sollten wir alle Informationen aus der Welt erleben und verarbeiten können, also uns dieser Welt bewusst sein, wenn nicht eine Verbindung zwischen Erleber und Erlebtem bestünde? Weil Bewusstsein die Grundlage aller Erfahrung ist, gibt es keine wirkliche Trennung. Diese Grundvoraussetzung, dass der Geist ungehindert ist, dass alles in ihm erscheinen kann und er seine Bewusstheit in jede Richtung ausdehnen kann, weil keine wirklichen Grenzen vorhanden sind, ist Mitgefühl.

Zu der Qualität des Mitgefühls kommt die Qualität der Weisheit. Je weiter die grundlegende Unwissenheit überwunden ist, desto klarer wird erkannt, dass alles Erlebte keine unabhängige Existenz besitzt. Was auch immer erscheint, ist wie ein Traum. Wer Träume für wirklich hält, ist in der eigenen Illusion gefangen. Ein Buddha dagegen hält Träume nicht mehr für wirklich, er ist vom Schlaf der Unwissenheit erwacht. »Buddha« bedeutet ja »der Erwachte«. Er hat die grundlegende Unwissenheit zusammen mit allen daraus folgenden Schleiern vollkommen beseitigt und die höchste Weisheit, den Zustand der Allwissenheit, verwirklicht. Für uns heißt dies, die Natur unseres Geistes so zu erkennen, wie sie wirklich ist.

Die Natur des Geistes zu beschreiben ist eigentlich unmöglich, weil der Geist kein Ding ist. Aber einige Begriffe können in die richtige Richtung zeigen. Zusätzlich zur Qualität der Grenzenlosigkeit hat der Geist seine Raumnatur. Es gibt keine wirkliche, solide, materielle Grundlage, etwas wahrhaft für sich Bestehendes, unabhängig Existentes im Geist. Das wird die »Leerheit des Geistes« genannt. Es bedeutet Freiheit von unabhängiger Existenz. Ein anderer Aspekt ist die ständige Manifestation und Auflösung der Erscheinungen in diesem Raum des Geistes. Dieses Erscheinen aller Dinge wird die »Klarheit des Geistes« genannt. Auf der einen Seite gibt es also den Raum, der alles ermöglicht, und auf der anderen Seite die Erscheinungen in diesem Raum, die Klarheit oder das freie Spiel des Geistes.

Erscheinungen und die Leerheit dieser Erscheinungen sind untrennbar. Während die Dinge klar erscheinen, kann keinerlei für sich bestehende, unabhängige Existenz darin gefunden werden. Dies wird im *Herz-Sutra* so ausgedrückt: »Form ist Leerheit.« Andererseits kann man aber auch keinen Raum, keine Leerheit unabhängig von den Dingen finden, also: »Leerheit ist Form.« Für denjenigen, der immer noch denkt, Erscheinung und Leerheit seien zwei verschiedene Dinge, lehrt Buddha weiter: »Form und Leerheit sind untrennbar.« Das ist die grundlegende Sichtweise im Sutra-Fahrzeug. Anhand der Unterweisungen, die der Buddha in der Sammlung der Lehrreden über die befreiende Weisheit, in den *Prajnaparamita*-Texten, gegeben hat, ist es möglich, alle extremen Anschauungen über diese Welt und die eigene Existenz, sowohl Existenzialismus als auch Nihilismus, zu überwinden und den großen Mittleren Weg jenseits der Extreme einzuschlagen.

Im Sutra-Fahrzeug werden die Qualitäten des Geistes als Potenzial der Erleuchtung beschrieben, das auf dem Weg schrittweise entwickelt wird. Im Tantra-Fahrzeug oder Diamantweg dagegen heißt es, die perfekten Eigenschaften der Erleuchtung sind schon in der Natur des Geistes, der Buddha-Natur, vorhanden. Sie sind nichts Geschaffenes oder neu Entstandenes, sondern schon immer die Natur des Geistes gewesen. Im *Hevajra*-Tantra wird gesagt: »Alle Wesen sind schon Buddhas, ob sie es wissen oder nicht.« Aber erst wenn sich die offene, klare Unbegrenztheit des Geistes frei von allen oberflächlichen Schleiern manifestiert, kann man vom Erlangen der Erleuchtung sprechen, vorher noch nicht.

Im Sutra-Fahrzeug werden auf der Grundlage von Mitgefühl – d.h. mit dem Verständnis, dass es natürlich ist, Gutes zu tun – die befreienden Handlungen der Bodhisattvas ausgeführt. Diese sind:

- Freigebigkeit, d.h. andere in jeder Weise unterstützen;
- positives Verhalten, d.h. anderen nicht schaden, sondern nützen, so viel man kann;
- Geduld, das Annehmen von schwierigen Umständen;
- Fleiß oder freudvolle Anstrengung, Handlungen zu Ende führen usw.;

- Meditative Konzentration, den Geist frei von Störungen in seiner Natur ruhen lassen;
- Weisheit, also tiefe Einsicht in die Natur des Geistes.

Die ersten fünf befreienden Handlungen bilden die Methoden, um positive Eindrücke anzusammeln. Die befreiende Weisheit ermöglicht darüber hinaus die Überwindung der grundlegenden Unwissenheit. Diese sechs befreienden Handlungen werden im dritten Teil im Zusammenhang mit der inneren Einstellung für die Meditation (»Der Erleuchtungsgeist der Anwendung«) im Einzelnen erklärt.

Die Essenz des Sutra-Fahrzeugs ist also, dass Mitgefühl, Methode oder Verdienst auf der einen Seite und Weisheit oder Einsicht auf der anderen Seite zusammenkommen. Mitgefühl oder Methode allein wäre vergleichbar damit, dass man nur die Beine hätte, die einen irgendwo hinbringen sollen, aber die Augen fehlten, die den Weg und das Ziel genau sehen. Weisheit alleine wäre vergleichbar damit, nur die Augen zu haben, aber keine Beine, um das Ziel zu erreichen. Das würde auch nichts nützen. Methode und Weisheit oder Mitgefühl und Weisheit sind untrennbar, gehören immer zusammen. Mit der Vervollkommnung dieser beiden Qualitäten entwickelt man sich auf dem Bodhisattva-Weg weiter bis hin zur vollen Erleuchtung zum Nutzen aller Wesen.

Die Meditationspraxis des Sutra-Fahrzeugs

Bei der Meditation im Sutra-Fahrzeug drücken sich die beiden Aspekte von Methode und Weisheit in den beiden Stufen von Konzentration und Einsicht aus, die auch die Grundlage für alle anderen Formen buddhistischer Meditation sind. Durch Konzentration, wörtl. friedvolles oder ruhiges Verweilen (skt. shamatha, tib. shine), lernt der Geist, in sich selbst zu ruhen, frei von allen Ablenkungen und Störungen. Konzentriert und klar entwickelt er tiefe Einsicht in seine eigene Natur, und spontan zeigt sich befreiende Weisheit. Die Meditationsformen der Einsichtsmeditation (skt. vipashyana, tib. lhaktong) bauen immer auf guter Konzentration auf.

Meditative Konzentration bewirkt in erster Linie Geistesruhe und wird deshalb auch in vielen nichtbuddhistischen Traditionen geübt. Frieden im Geist

ist das erklärte Ziel vieler Meditationsformen. Natürlich hat die Geistesruhe oder eine gute Konzentration für sich schon großen Nutzen. Man wird nicht mehr so leicht abgelenkt oder gestört und kann jede Tätigkeit, ob im Beruf oder privat, leichter ausführen. Ein konzentrierter und friedlicher Geisteszustand allein führt jedoch nicht zur Befreiung, da die Wurzeln der Illusion nicht erkannt und durchschnitten werden.

Man kann sehr leicht an diesem angenehmen Gefühl der Geistesruhe festhalten. Dies würde langfristig zu den Erfahrungen der Konzentrationszustände in den so genannten formhaften oder formlosen Götterbereichen führen, wo man zwar friedvolle Zustände erlebt, aber die guten Eindrücke, die einen dorthin gebracht haben, nur verbraucht, ohne weitere Ursachen für Befreiung zu setzen. Im schlimmsten Fall kann es sogar zu einem »Weiße-Wand-Effekt« kommen, der aufgrund fehlender Klarheit sehr negative Resultate bringt. Im Alltag kennt man das in der Form, dass man einfach völlig geistesabwesend ist oder in einem eher dumpfen Geisteszustand vor sich hin döst. Das ist ganz sicher keine Meditation.

Zur guten Konzentration muss also die Meditation der tiefen Einsicht hinzukommen. Nur durch Einsicht in die Natur des Geistes kann die Selbstlosigkeit der Person verwirklicht werden, die Befreiung vom Kreislauf der Existenz und auch die Selbstlosigkeit der Phänomene, die vollkommene Erleuchtung. Buddhistische Meditation unterscheidet sich daher von der anderer Traditionen durch Zusammenkommen der beiden Aspekte von Konzentration und Einsicht.

Es gibt auf dem Sutra-Weg eine Fülle von Methoden, den Geist zur Ruhe zu bringen, Konzentration zu entwickeln und sich nicht mehr von Störungen einfangen zu lassen. Man kann auf allgemeine äußere Objekte wie z. B. eine Kerzenflamme meditieren, auf spezielle Objekte wie Buddha-Statuen oder Bilder von Buddhas sowie auf den Atem, der die äußere und innere Welt miteinander verbindet. Man kann aber auch auf innerlich vorgestellte Bilder wie Lichtkugeln, mantrische Silben oder Buddha-Formen meditieren. Anfänger nutzen bei all diesen Methoden begriffliche Geisteszustände, um eine stabile Konzentration aufzubauen. Erst bei der so genannten »Essenz-Shine-Meditation«, nachdem man sich daran gewöhnt hat, direkt im Geist zu ruhen, ohne sich durch begriffliches Denken auf irgendetwas auszurichten, kommen die Wellen der Gedanken im Meer des Geistes zur Ruhe, und der

Geist erkennt sich selbst mehr und mehr. An diesem Punkt geht die Shine-Meditation der Geistesruhe ganz natürlich in Lhaktong-Meditation, also Einsicht, über.

Es gibt auch viele besondere Methoden zur Entwicklung **tiefer Einsicht.** Zunächst werden die Objekte und der Geist untersucht, um ihre wahre Natur zu erkennen. Dann ruht man im Ergebnis dieser Untersuchung und lässt dieses Ergebnis zur Erfahrung werden, indem man sich das Gegenmittel, nämlich das Untersuchen, in sich selbst befreien lässt, d. h. indem man in einem ungekünstelten Zustand verweilt. Eine solche Untersuchung kann entweder anhand von Beschreibungen der Natur des Geistes durchgeführt werden, wie sie in den vier buddhistischen philosophischen Schulen gegeben werden, oder unmittelbar anhand der Anweisungen eines qualifizierten Lehrers. Durch genaues Untersuchen lernt der Praktizierende schrittweise, die Phänomene und ihre eigentliche Natur genau zu unterscheiden.

Am Anfang kann dieses Unterscheiden nur auf begrifflicher Ebene stattfinden, durch logische Schlussfolgerung usw. Vertieft sich jedoch die Meditation, so entwickelt sich immer mehr die unterscheidende Weisheit, die über alle Begriffe hinausgeht. Die eigentliche tiefe Einsicht bedeutet, ein unmittelbares, nichtbegriffliches Gewahrsein der Natur des Geistes zu erlangen, das nicht mehr veränderlich ist. Auch die geistigen Bilder, die bei stabiler Konzentration im Geist aufsteigen, werden als reine Erscheinungen erkannt, frei von unabhängiger Existenz. In dieser Weise nähern sich Geistesruhe und Einsicht immer mehr aneinander an, denn sie richten sich auf das gleiche Objekt aus.

Schließlich wird die untrennbare **Verbindung von Konzentration und Einsicht** praktiziert. Wer nur die Geistesruhe praktiziert, kann die Wurzel der grundlegenden Unwissenheit nicht durchschneiden, und es ist unmöglich, Befreiung zu erreichen. Praktiziert man dagegen ausschließlich die tiefe Einsicht, so werden Erfahrungen, selbst wenn sie entstehen, nicht wirklich stabil sein können. Sie wären dann wie eine Kerzenflamme im Wind. Nur wenn der Geist wirklich stabil geworden ist, kann er seine wahre Natur ohne Schwierigkeiten erkennen. Wenn also nichtbegriffliche Geistesruhe und nichtbegriffliche Einsicht entstanden sind, so sind beide zu einer einzigen Essenz geworden.

Stabile Geistesruhe, tiefe Einsicht und ihre Verbindung sollten nacheinander geübt werden, da sie als Ursache und Wirkung miteinander verbunden sind. Für ihre Verbindung ist der wichtigste Punkt ein unzerstreuter, einsgerichteter Geist, der in seinem natürlichen Zustand ruht. Zu den Hindernissen, die auftreten können, und ihren jeweiligen Gegenmitteln gibt es weitere Erklärungen in Artikeln (z.B. von Künzig Shamar Rinpoche in *Buddhismus Heute*, Nr. 33, Juni 2001) und anderen Büchern. Im Tantra-Fahrzeug wird die Geistesruhe oder Konzentration hauptsächlich in der Entstehungsphase der Meditation geübt, die Einsicht hauptsächlich in der Vollendungsphase. Diese beiden Phasen der Diamantweg-Praxis werden im dritten Teil (»4. Die Hauptpraxis«) ausführlich erklärt.

Zu den wichtigsten Formen von Meditation im Sutra-Fahrzeug zählt die Meditation über Liebe und Mitgefühl, wie sie z.B. im Sieben-Punkte-Geistestraining gelehrt wird (siehe auch *Der große Pfad des Erwachens* von Jamgön Kongtrul). Hier ist besonders die »Meditation des Gebens und Nehmens« bekannt, bei der in Verbindung mit dem Atem eigenes Glück gegen das Leiden anderer ausgetauscht wird. Im Zusammenhang mit dem Geistestraining gibt es über 100 verschiedene Meditationsformen. Man kann auch stufenweise über das abhängige Entstehen oder die Leerheit meditieren, wiederum entweder auf der Grundlage der vier philosophischen Schulen im Buddhismus oder anhand eines speziellen Textes wie des *Herz-Sutra* usw.

Da hier die Ursachen für Erleuchtung aufgebaut werden, ist es ein sicherer, aber auch sehr lange dauernder Weg. Wer ausschließlich die Methoden des Sutra-Fahrzeugs verwendet, braucht viele Lebenszeiten, um Befreiung oder sogar Erleuchtung zu erlangen. Es wird gesagt, dass hier der Schnellste, so wie der historische Buddha Shakyamuni, die Erleuchtung in drei Weltzeitaltern erreichen kann. Das ist eine sehr lange Zeitspanne. Durch die genaue Untersuchung der Dinge beseitigt man auf diesem Weg alle Zweifel und Unklarheiten im Geist. Man wird sicher und furchtlos. Man kann nicht mehr erschüttert werden, weil man genau sieht, wie die Dinge wirklich sind. Falls es einem nicht möglich ist, die schnellen Methoden des Diamantwegs zu verwenden, so führen auch die Meditationen des Sutra-Fahrzeugs zur vollen Erleuchtung.

Der Inhalt des Tantra-Fahrzeugs

Erklärt man das Tantra-Fahrzeug in Bezug auf seinen Inhalt, so wird es – wie bereits gesehen – Frucht-Fahrzeug genannt, weil auf diesem Weg die direkte Einswerdung mit der Frucht, den verschiedenen Aspekten der Erleuchtung, verwendet wird. Basierend auf den Lehren über die allen fühlenden Wesen innewohnende Buddha-Natur, die der Buddha beim dritten Lehrzyklus gegeben hat, erkennt man, dass die Natur des eigenen Geistes schon mit allen perfekten Buddha-Eigenschaften ausgestattet ist, dass diese Natur von Anfang an höchste Weisheit ist.

Im Tantra-Fahrzeug werden die Qualitäten des Geistes anders ausgedrückt als im Sutra-Fahrzeug: Wer die Raumnatur des Geistes versteht, wird furchtlos, weil der Geist kein Ding ist und daher niemals zerstört werden kann. Das Erscheinen der Dinge im Raum oder die Klarheit des Geistes wird als höchste Freude erlebt, und dass Raum und Freude völlig untrennbar voneinander sind, zeigt sich als Liebe und Mitgefühl. Letztere sind gleichzeitig Aspekte der Unbegrenztheit des Geistes. Die drei Qualitäten von Furchtlosigkeit, Freude und Mitgefühl drücken perfekt die Natur des Geistes aus. Bei der Buddhaschaft zeigen sie sich als die drei Zustände (skt. kayas, wörtl. Körper) eines Buddha: Die Raumnatur zeigt sich als der Wahrheitszustand (skt. dharmakaya), die Freude zeigt sich als Freudenzustand (skt. sambhogakaya), und das Mitgefühl zeigt sich als Ausstrahlungszustand (skt. nirmanakaya).

Wer versucht, ohne Hilfsmittel unmittelbar die Natur des eigenen Geistes zu erkennen, stellt fest, dass dies sehr schwierig ist, weil der Geist kein Ding ist. Die Gewohnheit, sich ständig mit materiellen Dingen zu beschäftigen, ist so stark, dass wir nicht so leicht von Objekten loslassen können. Daher hat der Buddha als äußerst geschickte Mittel verschiedene Symbole oder Ausdrucksformen der Erleuchtung gegeben, mit denen man sich identifizieren und so die Natur des eigenen Geistes erkennen kann. Man lässt einen Aspekt der Erleuchtung als Form aus Licht und Energie im Geist entstehen, konzentriert sich darauf, sagt sein Mantra und verschmilzt schließlich mit ihm zu einer Einheit. Die Methode ist hier – wie Lama Ole Nydahl oft sagt –, »sich so lange wie ein Buddha zu benehmen, bis man selbst einer geworden ist«. Man richtet sich auf die Frucht, auf die Erleuchtung, direkt aus und identifiziert sich damit.

Durch den Prozess der Identifikation lernt man immer viel schneller als durch logische Untersuchung. Das kennen wir aus der Schulzeit. Man kann eine Sprache von ihren einzelnen Bestandteilen her lernen, die Grammatik, die einzelnen Vokabeln und Sätze. Aber zu lernen, die Sprache fließend zu sprechen, dauert sehr lange, weil man alles nur durch verschiedene analytische Prozesse lernt. Wenn man dagegen in das Land reist, in dem die Sprache gesprochen wird, mit den Leuten dort lebt und sich mit ihnen identifiziert, spricht man schon nach ein paar Wochen fließend die Sprache, einfach weil man die ganze Zeit mit ihnen zusammen war. Das ist immer die effektivste Methode. Durch starke Identifikation lernt man am meisten. Kinder identifizieren sich mit ihren Eltern und Lehrern und übernehmen von ihnen alle (hoffentlich positiven) Eigenschaften.

Identifikation setzt allerdings viel Vertrauen voraus. Dieses Vertrauen sollte niemals blind sein, sondern aufgebaut auf einem klaren Verständnis davon, wie die Dinge wirklich sind. Buddhismus ist eine Erfahrungsreligion, d.h. alle Schritte auf dem Weg und das letztendliche Ziel sind unmittelbar erfahrbar. Damit steht der Buddhismus im Gegensatz zu den so genannten Glaubensreligionen, die die höchste Ebene immer dem reinen Glauben überlassen. Wenn man daher im Buddhismus von Vertrauen spricht, so werden hier drei Arten unterschieden:

1. **Das Vertrauen der Überzeugung**, wie die Dinge sind, das aus einem Verständnis der grundlegenden Wahrheiten entsteht, die der Buddha gelehrt hat, z.B. die Zusammenhänge von Ursache und Wirkung und andere.
2. **Das Vertrauen des Wunsches**, Befreiung und Erleuchtung zu verwirklichen, was dazu führt, dass man den Weg zu diesem Ziel betritt und alle notwendigen Voraussetzungen dafür schafft, Befreiung und Erleuchtung auch wirklich zu erlangen.
3. **Das Vertrauen der Offenheit**, welches sich auf das Ziel selbst ausrichtet. Man öffnet sich mehr und mehr für den Zustand der Erleuchtung, für die Lehre des Buddha und die Gemeinschaft der Praktizierenden.

In der Meditation braucht man Vertrauen zum Lehrer, der diese Methoden lehrt, zu den Ausdrucksformen der Erleuchtung und besonders zum eigenen Geist, d.h. zur eigenen Buddha-Natur. Dieses Vertrauen macht es möglich, den Anweisungen des Lehrers zu folgen, sich mit den Aspekten der Erleuchtung, mit den Buddha-Aspekten zu identifizieren und dadurch die Natur des eigenen Geistes mehr und mehr zu verwirklichen. Dabei sollte aber, wie vorher erklärt, niemals blinder Glauben entwickelt werden, sondern ein Vertrauen, das auf der Überzeugung aufgebaut ist, was die Qualitäten des Lehrers, der Buddha-Aspekte und der Natur des Geistes sind. Diese Qualitäten müssen authentisch, d.h. anhand eigener Erfahrungen überprüfbar sein. Man muss sicher sein, dass sich die Erleuchtung in dieser Form zeigt.

Um dieses Vertrauen der Überzeugung aufzubauen, braucht man ein gutes Grundwissen, ein gutes Verständnis der Lehre des Buddha. Auch sollte die Fähigkeit zu kritischem Denken, zu einem genauen Untersuchen der Dinge, möglichst weit entwickelt sein. Der Buddha selbst hat dies sehr betont. Er hat z. B. in seiner *Rede an die Kalamer* (Pali-Kanon, Anguttara-Nikaya III, 65) gesagt:

> »Richtet euch nicht nach Hörensagen, nicht nach einer Überlieferung, nicht nach einer bloßen Behauptung, nicht nach der Autorität heiliger Schriften, nicht nach bloßen Vernunftgründen und logischen Schlüssen, nicht nach äußeren Erwägungen und bevorzugten Meinungen, nicht nach dem Schein der Wirklichkeit, nicht nach der bloßen Autorität eines Meisters. Wenn ihr, Kalamer, selbst erkennt, dass diese oder jene Dinge richtig sind, von Verständigen gelobt werden, und, wenn ausgeführt oder begonnen, zu Wohl und Segen führen, dann, oh Kalamer, solltet ihr sie euch zu eigen machen.«

Wenn es gelingt, ein starkes Vertrauen zum Geist und seinen Ausdrucksformen zu entwickeln, können die kraftvollen Mittel des Tantra-Fahrzeugs sehr schnell zur Erleuchtung führen. Der Meditationsmeister Kalu Rinpoche gab dazu ein anschauliches Beispiel. Er sagte:

> »In den Weisheitslehren des Buddha wird gesagt, dass auch nur eine einzige Verbeugung vor den Buddhas eine riesige Menge an guten Eindrücken im Geist schafft. Um auch nur eine ungefähre Idee davon zu bekommen, kann man sich vorstellen, dass diese Menge an guten Eindrücken der Anzahl der Atome entspricht, die sich zwischen dem eigenen Körper und dem Mittelpunkt der Erde befinden. Im Diamantweg hat man Vertrauen zum Geist und stellt sich vor, sich bei einer Verbeugung millionenfach zu vervielfältigen. Dadurch wird auch die Menge an guten Eindrücken in gleichem Maß anwachsen. So kraftvoll wirken die Mittel des Diamantwegs.«

Besonders wichtig ist die Offenheit gegenüber einem authentischen Lehrer. Im Sutra-Fahrzeug kann man theoretisch auch ohne einen Lehrer praktizieren, indem man sich mit Buddhas Lehre beschäftigt, nach seinen Anweisungen die Dinge logisch untersucht und dann das Ergebnis der Untersuchung zur Erfahrung macht. Alles, was der Buddha lehrt, ist ja überprüfbar und erfahrbar. Allerdings dauert es ohne Lehrer viel länger. Der Lehrer ist im Sutra-Fahrzeug ein Ratgeber und Freund, ein Experte, der mit seinem Wissen und seiner Erfahrung weiterhelfen und gegen Gefahren auf dem Weg schützen kann. Mit seiner Hilfe entwickelt man sich stufenweise auf den fünf Wegen und zehn Bodhisattva-Stufen weiter bis zur vollen Erleuchtung.

Im Tantra-Fahrzeug ist Meditation ohne Lehrer nicht möglich, denn die Übertragung für die Praxis würde fehlen. Hier ist er nicht nur jemand, der den Weg zeigt, sondern ein verwirklichter Meister, ein Halter der tantrischen Übertragung, der uns an seiner Erleuchtungserfahrung teilhaben lässt. Mit genügender Offenheit oder Hingabe kann der Segen des Lehrers oder Lamas direkt auf den eigenen Geist übertragen werden und den Geist zur Reife bringen. Durch den Segen des Lamas werden wir in Verbindung mit den Qualitäten der Erleuchtung gebracht und dadurch fähig, selbst die volle Verwirklichung zu erreichen, d. h. die Natur des eigenen Geistes zu erkennen.

Da er so zentral ist, muss zunächst sichergestellt sein, dass er die erforderlichen Qualitäten besitzt. Ebenso wird der Lehrer überprüfen, ob der Schüler die notwendige Reife für die Praxis des Tantras besitzt. Nur durch gegenseitiges gutes Kennenlernen kann die Gefahr, von einem falschen Lehrer in die Irre geführt zu werden, vermieden und die Möglichkeit, wirklich volles Vertrauen zu entwickeln, genutzt werden. Das ist Voraussetzung für eine direkte Übernahme der Qualitäten und damit für schnelle Entwicklung.

Will man den Lehrer daraufhin prüfen, ob er die erforderlichen Qualitäten besitzt, so sollte neben seiner fachlichen Qualifikation vor allem seine Ehrlichkeit kritisch untersucht werden. Das bedeutet, er muss persönlich für das stehen, was er lehrt. Er muss dasselbe sagen und tun. Seine gute Einstellung oder sein Mitgefühl lässt sich am leichtesten daran erkennen, dass er wenig an sich selbst denkt und hart für andere arbeitet. Als jemand, der selbst durch die verschiedenen Stufen der Verwirklichung in der Meditation hindurchgegangen ist, kann er die Erfahrung von Raum, Klarheit und Unbegrenztheit auf den Schüler übertragen und ihn so in die Natur seines Geistes einführen.

Nur wer von den Qualitäten des Lehrers überzeugt ist, kann ihn als Buddha oder auf einer sehr hohen Ebene der Verwirklichung sehen. Wer ihn als Buddha sieht, wird sich umso mehr für ihn öffnen. Für den Lehrer ist es kein Unterschied, aber für den Schüler ist es wichtig, denn sein Vertrauen wird stärker. Er wird eher das befolgen, was der Lehrer rät und seine Anweisungen in die Praxis umsetzen. Man sollte daher den Lehrer möglichst nicht als eine gewöhnliche Person sehen, sondern als ein Beispiel für die eigenen inneren Möglichkeiten, als denjenigen, der einem die Qualitäten zeigt, die man selbst in sich hat. Genau in dem Maß, in dem man fähig ist, diese Verbindung herzustellen, wird man sich auf dem Weg entwickeln.

Es wird ein unerschütterliches Vertrauen zum Lehrer entstehen, stabil wie ein Diamant. Allgemeine Gedanken können dieses Vertrauen nicht mehr ins Wanken bringen. Diese Unerschütterlichkeit des Vertrauens, das so unzerstörbar wie ein Diamant ist, ist auch eine Ursache für den Namen »Diamantweg«. Die beiden Hauptgründe für die Bezeichnung sind die unzerstörbare Natur des Geistes, die mit der Härte des Diamanten verglichen wird, und dass die Erleuchtung auf der Grundlage eines Meditationszustandes erreicht wird, der »diamantgleicher Samadhi« genannt wird, eines absolut unerschütterlichen Geisteszustandes, der selbst die feinsten Schleier im Geist überwindet.

Ein anderer Name für das Tantra-Fahrzeug ist auch »geheimes Mantra-Fahrzeug«. Auf diesem Weg werden Mantras verwendet, Schwingungen, welche die äußere und innere Wahrheit, die erleuchteten Eigenschaften außen und innen, miteinander verbinden. Die Praxis der meisten Mantras ist geheim, um die Übertragung vom Lehrer zum Schüler rein zu halten. Der Lehrer darf die Übertragung nur an Schüler weitergeben, die alle notwendigen Voraussetzungen dafür besitzen. Dadurch wird verhindert, dass Leute mit unreiner Einstellung oder aus purer Neugier Tantra praktizieren. Dies wiederum ist eine der wichtigsten Bedingungen dafür, dass die volle Kraft und die Reinheit der Praxis erhalten bleiben.

Dies ist eine kurze Erklärung des Inhaltes und der allgemeinen Voraussetzungen für die Praxis des Tantra-Fahrzeugs. Die speziellen Voraussetzungen, wie z. B. Einweihung, Übertragung durch Lesen und Erklärung zur Praxis, werden im dritten Teil des Buches (»4. Die Hauptpraxis«) erklärt.

3. Zusammenfassung in Sichtweise und Meditation

Worum geht es nun beim Studium und bei der Meditation im Buddhismus? Um zum einen das volle Potenzial in uns zu entfalten und zum anderen nicht mehr unfreiwillig von unseren Erlebnissen mitgerissen zu werden, ist es notwendig, die Natur unseres eigenen Geistes zu erfahren, den Erleber selbst. Alles andere bedeutet, nur die Bilder im Spiegel des Geistes auszutauschen. Allein die Erfahrung des Spiegels selbst, der Natur des Geistes, ermöglicht es, Befreiung und Erleuchtung zu erreichen. Diese Erfahrung ist das Ziel jeder Beschäftigung mit dem Dharma. Der Begriff »Dharma« bedeutet ja »wie die Dinge sind«, und das Ziel von Buddhas Lehre ist allein diese unmittelbare und ungetäuschte Erfahrung der Wirklichkeit.

Ob man nun den Dharma studiert oder darüber meditiert, ob man immer mehr Zusammenhänge versteht oder das, was man gelernt hat, in der Meditation anwendet, es betrifft immer das eigene Verständnis. Es geht darum, dass man die Dinge mehr und mehr begreift, nachvollzieht und zu einer unmittelbaren Erfahrung macht. Daher sagte der große Gelehrte und Meditationsmeister Topga Rinpoche bei einem Studienkurs: »Man braucht beide Standbeine, einerseits das Standbein des Studiums, des Lernens, denn wenn man nicht weiß, worum es geht, worüber soll man dann meditieren? Und man braucht andererseits das Standbein der Meditation unbedingt, denn wenn man nicht meditiert, wofür sollte man dann studieren?« Es geht also darum, diese beiden Aspekte miteinander zu vereinen, weil sie beide notwendig sind, um eine echte Erfahrung zu ermöglichen.

Hierbei gibt es zwei verschiedene Annäherungsweisen:

1. Auf Grundlage der Erfahrungen in der Meditation wird eine korrekte Sichtweise entwickelt, oder
2. eine korrekte Sichtweise dient als Grundlage für die darauf folgende Meditationspraxis.

Zu 1. Bei der ersten Methode ist ein Lehrer, der selbst Stufen der Verwirklichung erlangt hat und daher den Praktizierenden ohne Fehler anleiten kann, unersetzlich. So können beim Schüler tiefe Einsicht und verschiedene Ebenen der Verwirklichung entstehen. Darauf aufbauend kann er dann die korrekte Sichtweise im eigenen Geiststrom entwickeln. Es gibt zu dem Zeitpunkt keine ungeklärten Fragen, keine Zweifel und kein Zögern mehr. Es entsteht z. B. eine tiefe Überzeugung von der Kraft der Drei Juwelen (Buddha, Dharma und Sangha), einen vor jeder Art von Leiden und Furcht im Kreislauf der Existenz zu schützen. Ebenso wird eine tiefe Gewissheit, ein tiefes Vertrauen in die Einstellung heranwachsen, allen Wesen gegenüber Liebe und Mitgefühl zu entwickeln, einschließlich der Fähigkeit, jede Art von Schwierigkeiten zu ertragen, um anderen zu nützen. Dies sind Resultate der Meditationspraxis.

Zu 2. Die zweite Annäherungsweise beginnt mit der Entwicklung einer korrekten Sichtweise, ebenfalls mit Hilfe eines geeigneten Lehrers. Wenn man den Weg zur Erleuchtung in die drei Aspekte Grundlage, Weg und Frucht einteilt, so bezieht sich die Entwicklung der richtigen Sichtweise hier auf die Grundlage. Der Weg besteht in der Integration des erlangten theoretischen Wissens in die Praxis. Wer durch Hören und Nachdenken alle falschen Vorstellungen und Zweifel beseitigt hat, wird in der richtigen Weise meditieren und so die Frucht erlangen.

Am Anfang steht das Studium verschiedener Artikel, Bücher oder Texte über die richtige Sichtweise. Wir beginnen zu verstehen, dass jedes Phänomen, welches auch immer man sich anschaut, eine relative und eine letztendliche Wirklichkeit beinhaltet, dass beide Aspekte immer in Vereinigung sind. Diese Einheit von relativer und letztendlicher Wirklichkeit ist nichts Geschaffenes, Künstliches, sondern immer spontan gegenwärtig. Man erlangt z. B. durch die eigenen Studien ein theoretisches Wissen der Untrennbarkeit von Erscheinung und Leerheit, d. h. dass die Leerheit in jedem einzelnen Phänomen spontan gegenwärtig ist.

Leerheit ist nicht durch Meditation geschaffen, es ist die wahre Natur der Dinge. Wer denkt, in der Meditation alles in Leerheit auflösen zu müssen, hat eine falsche Vorstellung, denn dies würde eine Leerheit unabhängig von Erscheinungen erschaffen. Tatsächlich sind alle Phänomene von Anfang an schon leer von unabhängiger Existenz. Es geht nur darum, sich vom Festhalten an einer unabhängigen Wirklichkeit der Erscheinungen zu lösen, d. h. sich der wahren Natur der Dinge bewusst zu werden. Mit einer korrekten Sichtweise wird offensichtlich, dass Erscheinung und Leerheit untrennbar sind und sie sich nicht widersprechen.

Wird in der Meditation die Anweisung gegeben: »... Jede Form verschwindet. Nun gibt es nur noch Bewusstheit ...«, so ist dies das Mittel gegen Anhaften an jeglicher Form, um sich der wahren Natur der Dinge bewusst zu werden, die wie der Raum ist. Da wir eine extrem starke Anhaftung an der Wirklichkeit der Dinge haben, ermöglicht diese Meditationsanweisung die Erkenntnis, dass die Dinge jetzt nicht mehr Wirklichkeit haben als in einem Traum. Wenn wir die Erlebnisse, die Bilder im Spiegel des Geistes, loslassen, werden wir die Natur des Erlebers, den Spiegel hinter den Bildern, erfahren, das klare Licht des Geistes, eine Bewusstheit, die jenseits von Mitte und Grenze ist, zeitlos und überall.

Es bedarf also einer korrekten Sichtweise als Grundlage der Meditation, während die verschiedenen Stufen und Wege im Buddhismus durchschritten werden. Letztendlich führt das Studium der Lehren über die korrekte Sichtweise zur Freiheit von allen Begrenzungen begrifflicher Geisteszustände und zur unumstößlichen Gewissheit über die eigentliche Natur der Dinge. Besonders für diejenigen, die viele Jahre auf Schulen und Universitäten verbracht haben und viele Gedanken im Geist haben, ist die zweite Annäherungsweise die bessere.

Es ist natürlich auch möglich, den eigenen Geist zu beobachten und sich nach dem jeweiligen Geisteszustand zu entscheiden. Ist der Geist sehr aufgewühlt und aktiv, ist es besser zu studieren, vielleicht ein Buch oder einen Artikel aus einer buddhistischen Zeitschrift zur Hand zu nehmen. Ist der Geist ruhiger, kann man sich gut zur Meditation hinsetzen. Natürlich möchten wir alle so schnell wie möglich zu Erfahrungen kommen, aber solange noch ungelöste Fragen und Zweifel im Geist vorhanden sind, sind wir noch nicht in der Lage, uns mit voller Kraft zu engagieren. Aus diesen Gründen ist es sehr nützlich, mehr über den Geist zu lernen.

Teil 3

Die Meditationspraxis des Diamantwegs

3. Karmapa Rangjung Dorje

Im folgenden Teil werden die wichtigsten Grundlagen erklärt, die mit jedem einzelnen Abschnitt der Meditation im Diamantweg verbunden sind. In den Anweisungen innerhalb der Meditation ist der Teil, der sich mit der richtigen Sichtweise beschäftigt, meistens sehr stark abgekürzt. Sowohl in der Meditation auf den 16. Karmapa und in anderen kurzen Formen von Meditation als auch in den Grundübungen sind z. B. jeweils nur wenige Sätze für jeden der vier grundlegenden Gedanken zu finden, die uns auf den Weg zur Erleuchtung führen, sowie für die Zuflucht und die Entwicklung des Erleuchtungsgeistes. Mit diesen kurzen Anweisungen ist es nicht möglich, diese Teile der Meditation in allen Einzelheiten zu verstehen. Hier wird vorausgesetzt, dass man die notwendigen Informationen dazu aus anderen Quellen bekommt. Geeignete Quellen sind z. B. *Der kostbare Schmuck der Befreiung* von Gampopa oder die Bücher zu *Mahamudra – Ozean des Wahren Sinnes* vom 9. Karmapa Wangchuk Dorje.

Das gilt auch für die weiteren Teile der Meditation: den Hauptteil und den Übergang in den Alltag einschließlich der Weitergabe der guten Eindrücke zum Wohl der Wesen. Auch hier braucht man jeweils die richtige Sichtweise als Grundlage, um die Meditation zu vertiefen und um Fehler in der Praxis zu vermeiden. Natürlich geht es immer darum, auf möglichst direktem Weg zu einer Erfahrung von der Natur des Geistes zu gelangen, und nicht darum, ein rein intellektuelles Verständnis aufzubauen. Aber für einen erfolgreichen Verlauf der Praxis ist es notwendig, möglichst genau zu wissen, um was es dabei geht. Aus diesem Grund werden nun die einzelnen Schritte in der Meditation genauer erklärt.

1. Die vier grundlegenden Gedanken

Die vier grundlegenden Gedanken sind sowohl für die Meditationspraxis als auch für den Alltag sehr wichtig. Sie ermöglichen eine Art Bestandsaufnahme unserer momentanen Situation. Wer die eigene Lage richtig einschätzt, wird auch die richtigen Konsequenzen daraus ziehen. Nur mit klarem Verständnis der eigenen Situation im Kreislauf der Existenz wird der tiefe Wunsch nach Befreiung von allen Leiden und nach voller Erleuchtung zum

Nutzen der Wesen im Geist entstehen. Viele steife Vorstellungen über das Leben lösen sich auf, und man entwickelt tiefes Mitgefühl mit den Lebewesen im Kreislauf der Existenz.

Die kostbare menschliche Existenz

Kurze Erklärung

Wer sich wirklich bewusst ist, wie kostbar diese menschliche Geburt ist, d. h. wie viele spezielle Voraussetzungen nötig sind, um Buddhas Lehre zu begegnen und sie zu praktizieren, bezieht daraus eine starke Motivation für die Praxis. Man erkennt, dass hierzu starke Wünsche aus früherer Zeit und Unmengen an positiven Eindrücken zusammenkommen müssen. Diese Erkenntnis führt dazu, das eigene Leben sinnvoll zu nutzen und diese einzigartige Gelegenheit nicht zu verschwenden.

Ausführliche Erklärung

In den klassischen Texten des *Abhidharma* wird meistens von acht Freiheiten und zehn Reichtümern gesprochen, die ein kostbarer Menschenkörper besitzen muss, um als kostbar zu gelten. Ohne diese Freiheiten und Reichtümer kann man nicht mit dem Geist arbeiten und die Lehren Buddhas praktizieren. In den niedrigen Daseinsbereichen leidet man zu viel, um mit dem Geist arbeiten zu können, in den höheren Bereichen leidet man zu wenig, um überhaupt einen Antrieb für den Weg zur Befreiung zu haben. Als Mensch liegt man da genau in der Mitte, denn man leidet bei weitem nicht so stark wie in den niedrigen Daseinsbereichen, aber noch genug, um den echten Wunsch zu entwickeln, über alle Leiden hinauszugelangen. Man besitzt eine hoch entwickelte Intelligenz und kann sein Verhalten ändern. Daher ist unter allen Existenzformen die kostbare menschliche Existenz wie das Tor zur Befreiung.

Ein Mensch zu sein allein reicht noch nicht aus, um Befreiung zu erreichen. Es müssen zusätzlich viele körperliche und geistige Bedingungen erfüllt sein, um befreiende Lehren verwenden zu können. Tatsächlich ist eine Geburt als Mensch mit gesundem Geist und funktionierenden Sinnen, ohne falsche Anschauungen sowie mit Zugang und Vertrauen zur Lehre des Buddha, um nur einige der 18 wichtigsten Bedingungen zu nennen, äußerst selten. Der kostbare Menschenkörper wird mit einem kostbaren Edelstein verglichen, der schwer zu erlangen und von großem Nutzen ist. Die folgenden Vergleiche mögen zur Verdeutlichung beitragen.

Stellen wir uns vor, wie zahllos die Lebewesen der verschiedenen Daseinsbereiche sind, einschließlich der Tiere im Ozean, der Insekten usw., so gibt es im Vergleich nur wenige Menschen. Die meisten Menschen müssen hart um ihre Existenz kämpfen. Es ist im Vergleich dazu sehr selten, dass man den Freiraum hat, an der eigenen geistigen Entwicklung zu arbeiten. Unter den wenigen Menschen, die diese Möglichkeit besitzen, sind diejenigen, die eine Verbindung mit befreienden Belehrungen haben, wie sie der Buddha gegeben hat, noch seltener. Unter den wenigen Menschen, die eine solche Verbindung haben, gibt es verschwindend wenige, die diese kostbare Gelegenheit nutzen und die Lehre des Buddha praktizieren. Und was die Art der Praxis betrifft, so können unter diesen wiederum nur extrem wenige die kraftvollen Methoden des Diamantwegs verwenden.

Sind diese Voraussetzungen vorhanden, so sollte man sich sehr glücklich schätzen. Es weist darauf hin, dass man schon in früheren Zeiten entsprechende Ursachen dazu gesetzt hat, wie z. B. gute Wünsche und positives Verhalten. Es bedeutet aber auch, dass man diese fantastische Gelegenheit auf keinen Fall ungenutzt vorbeigehen lassen darf, denn sie kann leicht wieder verloren gehen, und dann gibt es keinerlei Garantie dafür, dass man im nächsten Leben wieder so eine Möglichkeit bekommt. Aus diesem Grund verschieben wir die Dharma-Praxis nicht auf später, sondern nutzen jede Gelegenheit, so gut es geht. Ein klares Verständnis der Vergänglichkeit bringt eine starke Motivation, den kostbaren Menschenkörper jetzt sinnvoll zu verwenden.

Die Vergänglichkeit

Kurze Erklärung

Ein tiefes Verständnis von den groben und subtilen Aspekten der Vergänglichkeit wirkt sich besonders auf die Meditationspraxis aus. Man weiß niemals, wie viel Zeit einem bleibt, um die Natur des eigenen Geistes zu erkennen, und wird deshalb mit Fleiß praktizieren. Vergänglichkeit bedeutet aber auch, dass alle Probleme und Schwierigkeiten vorbeigehen und dass durch die Praxis eine völlige Veränderung zu stabilem Glück hin in unserem Geist möglich ist. Besonders die wachsende Erkenntnis des subtilen Aspektes der Vergänglichkeit führt zu einem tieferen Verständnis der Wirklichkeit. Der große indische Meister Nagarjuna sagt dazu: »Wer den subtilen Aspekt der Vergänglichkeit erkannt hat, kommt sehr nahe an ein Verständnis der Leerheit aller Erscheinungen heran.«

Ausführliche Erklärung

Jede Handlung dieses Lebens hat zum Ziel, in der einen oder anderen Weise Glück oder angenehme Erlebnisse herbeizuführen. Man möchte gerne alle angenehmen Erlebnisse dauerhaft festhalten und alle Schwierigkeiten dauerhaft fern halten. Dabei übersehen wir, dass es in der bedingten Welt kein bleibendes Glück gibt. Alles, was zusammengesetzt ist, fällt zu einer bestimmten Zeit wieder auseinander. Je mehr Energie man aufwendet, um angenehme Erfahrungen beständig zu machen, desto größer ist die Enttäuschung, wenn sie sich doch wieder ändern.

Dieses Gesetz der Vergänglichkeit aller Dinge gilt für alle Bilder im Spiegel des Geistes. Der Geist selbst, der Spiegel hinter den Bildern, ist kein Ding. Er ist nicht zusammengesetzt und kann deshalb auch nicht auseinander fallen. Daher basiert das einzige bleibende Glück auf dem Erkennen des eigenen Geistes. Auch wenn wir uns dessen meistens nicht bewusst sind, haben wir eigentlich schon das Vertrauen, dass unser Geist nicht zerstört werden kann. Jeden Abend, wenn wir den Körper des Tages zurücklassen und die verschiedenen Erfahrungen der Nacht durchlaufen, vertrauen wir darauf, dass der Erleber, die Natur unseres Geistes, weiter besteht und dass wir deshalb auch mit ziemlich großer Sicherheit wieder aufwachen werden. Dieses Vertrauen in die Unzerstörbarkeit des Geistes wird durch Meditation unerschütterlich.

Auch wenn wir uns darauf verlassen können, dass sich der Erleber all der Prozesse der Nacht nicht auflöst, ist doch die Vorstellung, dass wir morgens in genau demselben Körper wieder aufwachen, den wir am Abend zurückgelassen haben, eine Illusion, denn der Körper hat sich ja während der Nacht von Moment zu Moment verändert. Wir wachen nicht in demselben Körper wieder auf, sondern in einem ähnlichen Körper. Aufgrund der Ähnlichkeit der einzelnen Momente bemerken wir die Veränderung vom Abend zum Morgen normalerweise nicht. So geht es das ganze Leben hindurch. Nur dann, wenn wir von Zeit zu Zeit in den Spiegel schauen, stellen wir fest, dass wir uns wohl doch verändert haben müssen.

Genauso ist es am Ende unseres Lebens, wenn sich die einzelnen Bestandteile unserer Existenz auflösen und wir durch die verschiedenen Phasen des Zwischenzustandes zwischen Tod und Wiedergeburt hindurchgehen. Das Einzige, auf das wir uns auch hier wirklich verlassen können, ist unser eigener Geist. Da er kein Ding ist, kann er nicht zerstört werden. Klarheit und Erkenntnisfähigkeit bilden die Kontinuität des Erlebens. Nachdem sich die alten Bilder im Spiegel des Geistes aufgelöst haben, entstehen entsprechend den stärksten Gewohnheitstendenzen wieder neue Bilder, mit denen wir uns identifizieren. Wir gehen durch die verschiedenen Phasen des Zwischenzustandes, der nach Angabe des *Tibetischen Totenbuches* (von Padmasambhava) und der verwirklichten Meister in der Regel 49 Tage dauert, und werden anschließend dort wiedergeboren, wo uns die stärksten Gewohnheitstendenzen hinführen.

Weil es nur der Körper ist, der sich beim Sterben auflöst, die Natur des Geistes jedoch nicht irgendwelchen Auflösungsprozessen unterworfen ist, werden nach dem Tod weitere Erfahrungen gemacht. Genau wie in der Nacht ist auch hier die Kontinuität des klaren und bewussten Erlebens nicht unterbrochen. Das Erkennen des Erlebers oder der Natur des Geistes führt damit zu vollkommener Furchtlosigkeit, denn unserem Geist kann grundlegend niemals Schaden zugefügt werden. Der Raum des Geistes ist unzerstörbar. Um die Natur des Geistes zu erkennen, ist ein Verständnis der Vergänglichkeit in seinen groben und subtilen Aspekten notwendig.

Der grobe Aspekt der Vergänglichkeit bezieht sich einerseits auf die äußere Welt, andererseits auf die Lebewesen darin. Universen kommen und gehen. Das Licht vieler Sterne kommt wegen der riesigen Entfernung zu einem Zeitpunkt zu uns, zu dem der ursprüngliche Stern, vielleicht sogar eine ganze Galaxie, schon lange verloschen ist. Die Elemente der äußeren Welt kommen zusammen und fallen wieder auseinander. Die Jahre, Jahreszeiten, Monate, Tage, Stunden, Minuten und Sekunden befinden sich in einem ununterbrochenen Fluss. Tag und Nacht, Hell und Dunkel, wechseln sich ständig ab. Alles verändert sich von Augenblick zu Augenblick.

Genauso ist es auch mit den Lebewesen in der Welt. Von der Geburt bis zu Alter und Tod steht das Leben nicht einen Augenblick still. Der Zeitpunkt des eigenen Todes ist ungewiss, es steht aber fest, dass er ständig näher rückt. Manche sterben in jungen Jahren, andere später, niemand kann sicher sein, lange zu leben. Der Meister Gampopa sagt im *Juwelenschmuck der Befreiung*: »Wir wissen nicht, was früher eintrifft, der morgige Tag oder (der Übergang in) das nächste Leben. Deshalb ist es weiser, sich um das nächste Leben zu kümmern, statt um die Angelegenheiten von morgen.« Wir sollten uns also bemühen, jetzt durch positives Handeln die Ursachen für zukünftiges Glück zu setzen.

Das gegenwärtige Leben hängt außerdem von vielen Bedingungen ab, die nicht gleich bleiben. Durch Katastrophen, Kriege, Unfälle, Krankheiten oder andere Veränderungen der Lebensumstände können die Lebensgrundlagen leicht verloren gehen. Beim Sterben wird alles, was man in diesem Leben angesammelt hat und an dem man hängt, zurückgelassen. Ruhm, Besitz, Macht, Verwandte und Freunde können einen nach dem Tod nicht begleiten. Was bleibt, sind die Eindrücke, die während dieses Lebens und schon während früherer Leben im Geist angesammelt wurden. Gutes Karma oder Verdienst und die Objekte der Zuflucht sind der einzige Schutz vor Leiden in der Zukunft.

Der große tibetische Meister Milarepa z. B. praktizierte aus Furcht, dass er mit vielen negativen Eindrücken im Geist sterben könnte, unablässig den Dharma. So erlangte er die volle Erleuchtung innerhalb eines Lebens. Mit dem Verständnis der Vergänglichkeit löst sich die Anhaftung an die bedingten Freuden dieses Lebens auf, und man richtet sich auf das einzige beständige Glück aus, das im Erkennen der Natur des eigenen Geistes liegt.

Die Vergänglichkeit bedeutet aber nicht nur, dass alle angenehmen Erlebnisse vergänglich sind, sondern auch, dass alle Schwierigkeiten und Leiden wieder vorbeigehen. Die Veränderung an sich ist weder positiv noch negativ, sondern eine Grundtatsache unseres Lebens. Wir haben nur die Illusion, die Dinge seien beständig. Mit dem wachsenden Verständnis, dass sie sich in einem ständigen Fluss befinden, fällt es uns leichter, davon loszulassen, und dann fühlen wir uns besser. Wir können sowieso nichts festhalten, der Versuch bringt nur Frustration mit sich. Wir können die Veränderung unserer Person und aller Erscheinungen leichter annehmen und werden fähig, besser zu leben, zu sterben und zum Besten anderer wiedergeboren zu werden.

Der subtile Aspekt der Vergänglichkeit bezieht sich auf die Änderung aller Gefühle und Gedanken von Moment zu Moment. Bei genauerer Untersuchung erkennen wir die Abwesenheit von unabhängiger Existenz oder Wirklichkeit darin. Was auch immer über die wirkliche Existenz und Dauerhaftigkeit der Dinge oder geistiger Prozesse gedacht wird, entspricht genau dem Traum. Im Traum denken wir auch, dass alles wirklich ist, was wir erleben. Auch im Traum kann niemand an den Erlebnissen festhalten. Die Träume wechseln sehr schnell, und beim Erwachen weiß man: Es war nur ein Traum, keinerlei Wirklichkeit war darin vorhanden.

Da alle Gedanken und Gefühle ständig kommen und gehen, kann man sie nicht mehr allzu ernst nehmen. Sie können einen nicht mehr einfangen und zu Handlungen verleiten, die man später bereut. Besonders die Meditationspraxis schafft den Abstand, der es ermöglicht, selbst zu entscheiden, was man erleben will und was nicht. Es entsteht Kontrolle über den Geist. Frei zu werden von der Anhaftung an Gedanken und Gefühle bedeutet aber nicht, gegen sie anzukämpfen. Ruhend in einem ausgeglichenen Geisteszustand, der auf das Erkennen der Natur des Geistes ausgerichtet ist, sehen wir klar, dass Entstehen und Vergehen in Wirklichkeit gleichzeitig stattfinden, dass Entstehen in sich selbst bereits Vergehen ist, ohne dass andere Einflüsse eine Rolle spielen müssten.

Wir stellen fest, wie sich die einzelnen Momente des Bewusstseins ständig verändern, da sie ebenfalls keine wahrhafte Existenz besitzen, leer von unabhängiger Existenz sind. Einerseits weist die Tatsache der Vergänglichkeit darauf hin, dass alle Dinge miteinander verbunden sind, und damit auf ihre Leerheit, denn Entstehen und Vergehen finden nur in Abhängigkeit von weiteren Bedingungen statt. Andererseits kann überhaupt nur, weil die Dinge leer sind, eine Veränderung stattfinden. So führt die Erkenntnis des subtilen Aspektes der Vergänglichkeit, wie der Meister Nagarjuna gesagt hat, sehr nahe an ein Verständnis der Leerheit aller Erscheinungen heran. Dabei vollzieht sich die ständige Veränderung nach dem Gesetz von Ursache und Wirkung.

Das Karma – Handlungen und ihre Wirkungen

Kurze Erklärung

Die richtige Sichtweise in Bezug auf Ursache und Wirkung ist äußerst wichtig. Nur wer versteht, dass er selbst früher die Ursachen für die jetzigen Erlebnisse gelegt hat und jetzt durch sein Handeln ständig Ursachen für zukünftige Erfahrungen legt, kann die volle Verantwortung für das eigene

Leben übernehmen. Nur durch konsequentes positives Handeln legen wir die Ursachen für Glück. Ebenso erkennen wir die Abhängigkeit der Handlungen anderer von vielen Ursachen und Bedingungen. So nehmen wir schwierige Umstände nicht mehr so persönlich. Gleichzeitig führt dies zu einem sehr umfassenden Verständnis von Ursache und Wirkung, einem Verständnis des abhängigen Entstehens aller Dinge.

Ausführliche Erklärung

Ursache und Wirkung als Grundlage aller Lehren Buddhas

Das Thema »Karma – Ursache und Wirkung« ist sehr wichtig, denn es bildet die Grundlage für alle anderen Lehren, die der Buddha gegeben hat. Beim ersten Drehen des Dharmarades hat er dies im Zusammenhang mit den »Vier Edlen Wahrheiten« gelehrt:

Bei der **Wahrheit vom Leiden in der bedingten Existenz** ist es wichtig zu verstehen, dass alles, was wir jetzt erfahren, im Vergleich zu Befreiung und Erleuchtung unter die eine oder andere Kategorie von Leiden fällt. Die verschiedenen Formen von Leiden im Kreislauf der Existenz werden im nächsten Abschnitt näher erläutert.

Um zu zeigen, wie Leiden entsteht, hat der Buddha als Nächstes die **Wahrheit von den Ursachen des Leidens** erklärt. Hier gibt es grundlegend zwei Ursachen: einerseits alle Arten von negativen Handlungen und andererseits störende Gefühle. Negative Handlungen bringen ihre jeweils entsprechende Wirkung hervor, die verschiedenen Arten von Leiden und Schwierigkeiten, und sind damit die direkten Ursachen des Leidens. Ursachen für negative Handlungen sind die störenden Gefühle, und unter diesen ist die Hauptursache die grundlegende Unwissenheit.

Allmählich die negativen Gewohnheiten durch positive Gewohnheiten zu ersetzen, bis sich schließlich alle Gewohnheitstendenzen erschöpfen, das ist der Weg zum Ende allen Leidens, den der Buddha gelehrt hat. Sobald wir die Ursachen für die Probleme klar erkennen, können wir allen Schwierigkeiten ein Ende setzen, denn durch die Veränderung der Ursachen bekommt man Kontrolle über die Wirkungen. Der Buddha hat diese grundlegende Belehrung einzig zu dem Zweck gegeben, damit wir fähig werden, alles Leiden endgültig zu überwinden und einen Zustand wirklicher Freiheit zu erlangen. Das ist die **Wahrheit vom Ende des Leidens**.

Aber man muss auch wissen, wie dies zu erreichen ist. Aus diesem Grunde handelt die vierte **Wahrheit vom Weg, der zum Ende allen Leidens führt**. Dieser Weg kann folgendermaßen beschrieben werden: Wer das Gesetz von Ursache und Wirkung besser versteht, wird eine größere Achtsamkeit entwickeln und wahrnehmen, wie verschiedene Ursachen immer wieder zu Schwierigkeiten führen; und er wird die schlechten Gewohnheiten ändern, besonders solche, die ihm oder anderen in irgendeiner Weise schaden. Er entwickelt ein immer stärkeres Vertrauen zum eigenen Geist und macht den Geist stabil und klar. So wird erkannt, dass es die Störgefühle sind, die immer wieder zu negativen Handlungen verleiten.

Durch regelmäßige Meditationspraxis erreichen wir den nötigen Abstand, um nicht mehr von den Störgefühlen mitgerissen zu werden. Wir erkennen, dass wir immer die Wahl haben, ob wir den Störungen folgen oder nicht, und werden dann bewusst nur noch Ursachen setzen, die zu Glück führen, und alle Ursachen vermeiden, die – besonders langfristig – Schwierigkeiten bringen. Dies führt zu einem stabilen, glücklichen Geisteszustand. Die Bewusstheit wächst, und es entstehen ganz natürlich Überschusskräfte, die wir dann zum Nutzen anderer einsetzen. Wir werden die guten Gefühle nicht nur für uns behalten, sondern sie mit anderen auf der Grundlage von Mitgefühl und Weisheit teilen.

Die Voraussetzung dafür ist Kontrolle über die Störgefühle. Dies bedeutet, Achtsamkeit zu entwickeln, sowohl in Bezug auf den eigenen Geist als auch auf die gesamte Umgebung. Durch größere Achtsamkeit oder Bewusstheit erkennen wir die Störungen im eigenen Geist bereits in einem frühen Stadium ihrer Entwicklung und werden daher nicht mehr völlig von ihnen vereinnahmt. Wir entscheiden uns bewusst, keine Energie mehr in die Störgefühle zu investieren, wenn sie erscheinen, sondern sie sich von selbst wieder auflösen zu lassen. Sie können eigentlich niemals länger als zehn Minuten auf der Bühne des Geistes herumspielen, wenn man sie lässt, denn sie leben nur von der Energie, die wir hineinstecken. Ohne unsere Unterstützung haben sie keine Macht über uns und müssen sich schnell wieder auflösen.

Wenn die Achtsamkeit wächst, verstehen wir auch die Situation von anderen viel besser. Da der Geist unbegrenzt ist, ist man immer mit anderen verbunden. Man kann das Glück der anderen nicht vom eigenen Glück trennen. Erkennen wir dies, so entsteht Weisheit durch die Aufgabe der Illusion von einem unabhängigen Selbst. Ich und die anderen, Subjekt und Objekt, sind immer abhängig voneinander. Man öffnet sich für andere und versteht gleichzeitig auch, wie Ursache und Wirkung, wie Karma in ihrem Leben funktioniert. Hier verbinden sich Mitgefühl und Weisheit miteinander. Der Buddha hat auf dieser Ebene die höchsten Weisheitslehren gegeben, wie sie z.B. in den *Prajnaparamita*-Schriften überliefert sind, um ein Verständnis der Natur aller Erscheinungen und unseres eigenen Geistes zu ermöglichen.

Wir entwickeln die Qualitäten von Mitgefühl und Weisheit weiter, sammeln so riesige Mengen an guten Eindrücken im Geist an und überwinden allmählich alle Illusionen. Dies führt zu noch mehr Vertrauen zum eigenen Geist. Auf der Grundlage dieses Vertrauens in die wahre Natur des Geistes kann dann mit der dritten Ebene von Buddhas Lehre gearbeitet werden, mit den Belehrungen über die Buddha-Natur in allen fühlenden Wesen, die ausgestattet ist mit allen perfekten erleuchteten Eigenschaften. Dies zeigt, dass die Arbeit mit Karma die Grundlage für alle anderen Methoden im Buddhismus ist. Nur wer alle Ursachen aufgibt, die zu Schwierigkeiten führen, und stattdessen nur noch Ursachen setzt, die zu bleibendem Glück führen, wird mehr und mehr die Natur des eigenen Geistes erkennen.

Bedeutung der Lehre vom Karma

Wer nicht viel über das Gesetz von Ursache und Wirkung, Karma, wissen will, weil es zu kompliziert wäre, dem genügt die grundlegende Aussage Buddhas, dass positive Handlungen zu Glück führen und negative Handlungen zu Leid. Negative Handlungen zu vermeiden und nur noch positiv zu handeln, bedeutet, wenn es mit Meditationspraxis verbunden wird, die Ursachen dafür zu setzen, einen Zustand frei von allem Leid, einen Zustand bleibenden Glücks zu erlangen. Das ist die Essenz aller Lehren über Karma. Wer dies versteht, kann selbst entscheiden, was er erleben will. Alle Tendenzen, andere für das eigene Leben verantwortlich zu machen, hören auf, und man hat das eigene Leben in der Hand.

Viele Leute glauben, dass die äußeren Umstände, z.B. die Eltern, die Gesellschaft oder die Politiker, für die eigenen Probleme verantwortlich sind. Hier erklärt der Buddha das Prinzip der Eigenverantwortung: Wir bestimmen selbst durch unsere Handlungen, was wir erleben. Wer äußeren Umständen ihren eigenen, unabhängigen Einfluss zuschreibt, sie für nicht vermeidbar hält, hat eine falsche Sichtweise. Das Karma, das sich in den äußeren Umständen manifestiert, haben wir selbst gesät. Tatsächlich schaffen wir die Ursachen für alles, was wir erleben, in unserem eigenen Geist und beeinflussen durch unsere Handlungen die äußere Welt. Unsere Tendenz, andere Personen oder äußere Umstände für unsere Schwierigkeiten verantwortlich zu machen, ist ein großes Missverständnis, weil wir Ursache und Wirkung nicht richtig verstehen.

Verändert man bei einem Problem nur die äußeren Umstände, z. B. durch Wechsel des Partners oder der Umgebung, wird es sich nach kürzester Zeit wieder zeigen, denn die Wurzel, die meistens aus einer alten Gewohnheit besteht, wurde nicht gelöst. Wir nehmen unseren Geist mit in die neue Situation, die nichts anderes ist als ein weiteres Heranreifen alten Karmas. Aus diesem Grund sollten möglichst alle Probleme zuerst im eigenen Geist gelöst werden. Erst danach wird eine dauerhafte Verbesserung in der äußeren Welt zu erreichen sein.

Ein anderes Missverständnis besteht darin zu glauben, Karma würde so etwas wie Schicksal bedeuten. Es entsteht zwar in einem ganz allgemeinen Sinn alles aus Karma, denn es heißt z. B. in der *Schatzkammer des Abhidharma* von Vasubandhu: »Aus Handlungen sind die verschiedenen Welten entstanden.« Aber dies bedeutet nicht, dass alles schon festgelegt wäre. Es bedeutet nur, dass jeder selbst die Ursachen für seine Erfahrungen in dieser Welt legt und dass nichts ohne die entsprechenden Ursachen und Bedingungen geschieht. Ursache und Wirkung arbeiten fehlerlos. Wenn aber alles schon festgelegt wäre, könnten wir die eigenen Gewohnheiten niemals ändern, wären ihnen völlig ausgeliefert. Das ist jedoch nicht der Fall. Es ist genau umgekehrt. Je mehr wir die Funktionsweise von Karma verstehen, desto wirksamer können wir eingreifen und die Gewohnheiten ändern. Wir gewinnen mehr Freiheit.

Nach den Aussagen verschiedener Lehrer sind wir Menschen im Durchschnitt zu 50 % durch unser Karma, die direkten Ursachen für die Erlebnisse, bestimmt und haben zu 50 % Freiraum in unseren Handlungen, d. h. wir können die Gewohnheiten, besonders die Bedingungen für das Heranreifen von Karma, verändern. Solange wir nicht bewusst mit dem Geist arbeiten, sind wir stärker auf alte Gewohnheiten festgelegt. In demselben Maße, wie wir mit dem Geist arbeiten, wird der Freiraum immer größer. Erkennen wir vollkommen die verschiedenen Aspekte des abhängigen Entstehens, sind wir frei von allen karmischen Einflüssen, und die Erkenntnis der Natur aller Erscheinungen, volle Erleuchtung, ist erreicht.

Dabei ist es wichtig, das Zusammenwirken von möglichst vielen Aspekten des abhängigen Entstehens zu verstehen. Hier gibt es immer direkte Ursachen, die unmittelbar zu der ihnen entsprechenden Wirkung führen, und indirekte Ursachen oder mitwirkende Bedingungen, die zwar Einfluss auf das Resultat haben, aber nur eine Nebenrolle spielen. Ein Beispiel ist ein Same, der die direkte Ursache für einen Sprössling und für die weitere Entwicklung einer Pflanze ist. Die mitwirkenden Bedingungen sind die fünf Elemente (Erde, Wasser, Feuer, Luft und Raum), die das Heranwachsen des Samens beeinflussen. Diese Bedingungen sind zwar notwendig, damit eine Pflanze entstehen kann, geben aber einigen Spielraum, da sie nur indirekt an dem Entstehungsprozess beteiligt sind.

Bei Krankheiten zum Beispiel unterscheidet man karmische Ursachen, nämlich Handlungen oder starke Gewohnheiten aus früherer Zeit, die schwer zu beseitigen sind, und mitwirkende Bedingungen wie Umwelteinflüsse, die relativ leicht zu verändern sind. In diesem Zusammenhang ist es wichtig zu wissen, dass das Karma, das zu einer Krankheit führt, bereits beim Ausbrechen der Krankheit vollständig aufgelöst ist. Man braucht also nicht zu denken, dass es gut wäre, weiter zu leiden, um noch mehr Karma zu reinigen, sondern sollte alles unternehmen, um die Krankheit schnellstmöglich zu beseitigen.

Ein Beispiel dafür, dass Ursachen und Bedingungen leicht miteinander verwechselt werden können, ist die Gehirnforschung. Hier denken viele Wissenschaftler, dass der Geist vom Gehirn produziert wird. Wer logisch denkt, erkennt, dass etwas Materielles wie das Gehirn niemals etwas Nicht-Materielles wie den Geist hervorbringen kann, da sie einander entgegengesetzte Naturen besitzen. Ursache und Wirkung müssen aber immer von der gleichen Art sein. Aus einem Weizensamen kann z. B. nur eine Weizenpflanze entstehen und nichts anderes. Tatsächlich ist ein Moment im Kontinuum des klaren und bewussten Geistes immer die direkte Ursache für den nächsten Moment. Das Gehirn ist eine mitwirkende Bedingung von materieller Natur, ein Instrument für den Geist, so wie ein Radioempfänger eine Bedingung für das Hören der Radiowellen ist, aber niemals der Sender selbst.

Einzelne Aspekte von Karma

Zuerst muss das Prinzip von Karma richtig verstanden werden. Um ein klares Verständnis von Handlungen und ihren Wirkungen zu ermöglichen, hat der Buddha äußerst umfangreiche Belehrungen darüber gegeben. Oft reifen die Wirkungen der eigenen Handlungen erst zu einer viel späteren Zeit heran, so dass die Verbindung zwischen der Ursache, die man selbst gesetzt hat, und ihrer entsprechenden Wirkung nicht direkt erkennbar ist. Der für diese Erkenntnis notwendige Zwischenschritt ist das Wissen, dass alle unsere Handlungen Eindrücke im Geist hinterlassen, die im Speicherbewusstsein weiter bestehen. Treffen entsprechende Umstände zusammen, so werden diese karmischen Eindrücke wieder reif und manifestieren sich in der Außenwelt. Dies geschieht in der gleichen Weise, wie Daten in einen Computer eingegeben, auf der Festplatte gespeichert und später aus dem Speicher wieder auf den Bildschirm geholt werden.

Um das Verständnis von Karma zu erleichtern, gibt der Buddha die Erklärung von **zehn negativen Handlungen**, die zu vermeiden, und **zehn positiven Handlungen**, die an ihrer Stelle zu praktizieren sind.

Drei von diesen zehn Handlungen beziehen sich auf den **Körper**:

- Statt andere Lebewesen zu töten, was zu einem kurzen Leben mit vielen Problemen führt, soll man Leben schützen, so gut es geht, selbst wenn es das Leben von kleinen Tieren ist.
- Statt zu stehlen, was dazu führt, den eigenen Besitz zu verlieren, sollte man andere freigebig unterstützen, d. h. ihnen nach Möglichkeit alles geben, was sie brauchen.
- Statt anderen durch sein Sexualverhalten zu schaden, was dazu führt, einen feindseligen Partner zu bekommen, sollte man ein reines Verhalten praktizieren.

Vier Handlungen beziehen sich auf die **Rede**:

- Statt zu lügen, was zu übler Nachrede anderer führt, sollte man sich bemühen, die Wahrheit zu sagen.
- Statt andere zu verleumden, was zur Trennung von Freunden führt, sollte man Leuten gegenüber, die Schwierigkeiten miteinander haben, versöhnlich reden.

- Statt grob oder verletzend zu reden, was dazu führt, selbst viel Unangenehmes anhören zu müssen, sollte man so sprechen, dass es für andere angenehm zu hören ist.
- Statt sinnlos zu reden, was dazu führt, dass die eigenen Worte nicht beachtet werden, sollte man möglichst sinnvoll reden, so dass andere Nutzen davon haben.

Und noch einmal drei Handlungen beziehen sich auf den **Geist**:
- Statt habgierig zu sein, was zu ständiger Unzufriedenheit und Enttäuschung von Erwartungen führt, sollte man zufrieden sein mit dem, was da ist, und wenig Bedürfnisse haben.
- Statt böswillig zu sein, was zu Angst und Ablehnung führt, sollte man Geduld und Mitgefühl mit anderen entwickeln.
- Statt falsche Sichtweisen zu haben, was zu Dummheit und vielen weiteren Schwierigkeiten führt, sollte man die grundlegenden Wahrheiten, wie die von Ursache und Wirkung oder die relative und die absolute Wahrheit, verstehen.

Von diesen zehn Handlungen sind die des Geistes die wichtigsten, denn aus ihnen gehen die Handlungen der Rede und des Körpers hervor. Daher sagt man auch: »Was wir heute denken, das sagen wir morgen und tun wir übermorgen.« Weiterhin spielt eine große Rolle, welches Störgefühl die stärkste Ursache für die jeweilige Handlung ist, ob sie z. B. aus Begierde, aus Hass oder aus Unwissenheit geschieht. Je nachdem ist auch das Resultat unterschiedlich. Das Resultat kann eine bestimmte Form der Existenz in einem der Daseinsbereiche des Kreislaufs der Existenz sein oder sich auf die jeweilige Umgebung beziehen. Hier können dann je nach Handlung positive oder negative Bedingungen auftreten, die die Umgebung angenehm oder unangenehm gestalten. Dabei spielt auch die Häufigkeit einer Handlung eine Rolle.

Handlungen können entweder stark oder schwach sein. Starke Handlungen werden schneller zu ihrer Wirkung heranreifen, meistens noch in demselben Leben, schwache Handlungen entfalten ihre Wirkung langsamer, meistens erst in den nachfolgenden Leben. Dabei ist natürlich zu klären, was eine Handlung stark oder schwach macht. Hier gibt es insgesamt vier Aspekte, die eine Handlung ausmachen:

- die Grundlage (z. B. der Ort) oder das Objekt der Handlung,
- die Absicht oder Planung der Handlung,
- die persönliche Ausführung der Handlung oder ob man sie durch andere ausführen lässt,
- das Einverständnis, dass man am Ende mit der Handlung zufrieden ist.

Kommen alle vier Aspekte zusammen, so ist die Handlung stark und reift entsprechend schnell zu ihrem Resultat heran, positiv oder negativ. Fehlt ein Aspekt oder sogar mehrere Aspekte, dann wird die Handlung dadurch schwächer und reift langsamer. Dabei kann ein besonderes Objekt die Handlung erheblich verstärken, wie z. B. der eigene Lehrer, die eigenen Eltern, hilfsbedürftige Menschen oder die eigenen Feinde. Ebenso kann auch der Ort der Handlung einen Einfluss haben, wenn es z. B. ein Ort ist, an dem ein Verwirklichter gelebt hat, oder ein Ort, an dem viele Leute meditieren, wie z. B. ein buddhistisches Zentrum.

Um dies zu veranschaulichen, gibt es die folgende kleine Geschichte. Der historische Buddha Shakyamuni ging eines Tages zu einem Bettelgang in die Stadt. Dort sah ihn ein kleiner Junge und war von seiner strahlenden Erscheinung äußerst beeindruckt. Er wollte dem Buddha ein Geschenk machen, besaß aber nichts, was er ihm hätte geben können. Daraufhin nahm er eine Hand voll Sand und gab sie dem Buddha als Geschenk in seine Bettelschale. Dann lief er schnell davon.

Ananda, der Vetter und Begleiter des Buddha, fragte diesen: »Vor kurzem hast du über Karma gelehrt, das Gesetz von Handlungen und ihren Wirkungen. Würdest du bitte erklären, was das Resultat aus dieser Handlung des Jungen sein wird?« Der Buddha antwortete: »Weil das Objekt dieser Handlung der Freigebigkeit ein Buddha ist, wird das Resultat sein, dass dieser Junge in 200 Jahren als König wiedergeboren wird, der den ganzen indischen Kontinent regieren wird.« Diese Vorhersage traf ein, und der Junge wurde der große Dharma-König Ashoka. So kann also ein besonderes Objekt eine Handlung erheblich verstärken.

Eine andere Unterteilung von Karma kennt einerseits das Existenz-Karma und andererseits das Umstände-Karma. Hierbei besteht die Möglichkeit, dass beides sehr gut ist, wie bei einem Menschen in guten Lebensverhältnissen, oder beides sehr schlecht, wie bei einem Tier, das ständig in Angst und Panik leben muss, von seinen Kollegen aufgefressen zu werden. Aber auch die Mischung ist möglich, wie bei einem armen Menschen, der zwar ein gutes Existenz-Karma hat, aber ein schlechtes Umstände-Karma. Oder es könnte auch umgekehrt sein, wie bei den Schoßhunden von Gyalwa Karmapa, die zwar ein schlechtes Existenz-Karma haben, aber ein hervorragendes Umstände-Karma.

Weiterhin erreicht man normalerweise immer ein bestimmtes Resultat aus einer Handlung, wie z. B. Reichtum durch die Praxis der Freigebigkeit; einen menschlichen Körper durch ein gutes Verhalten; eine angenehme Umgebung mit vielen Freunden durch die Praxis der Geduld usw. Es besteht jedoch auch die Möglichkeit, dass man ein Resultat erlangt, ohne direkt selbst eine Handlung zu tun. Dies geschieht z. B., wenn man sich an den positiven Handlungen anderer erfreut. Wie der indische Meister Atisha gesagt hat, ist die Wirkung des Sich-Erfreuens an den guten Handlungen anderer, dass genauso viele gute Eindrücke im Geist angesammelt werden, als hätte man die Handlungen selbst getan. Der Grund dafür ist, dass dies ein starkes Gegenmittel gegen Neid und Eifersucht und gegen alle Formen von Ich-Bezogenheit ist. Es ist also eine sehr wirkungsvolle und wichtige Praxis.

Ursache und Wirkung in der Meditation

Eine andere Möglichkeit ist, Handlungen zu setzen, ohne irgendein Resultat daraus zu erlangen. Wenn man z. B. eine bestimmte Meditationspraxis ausführt, der Geist jedoch vollkommen abgelenkt ist, kann das entsprechende Resultat nicht eintreten. Sosehr man sich auch bemüht – wenn man während der Meditation ausschließlich an gestern und morgen denkt, aber nicht wirklich in dem gegenwärtig ist, was gerade geschieht, ist alle Anstrengung umsonst. Natürlich kann man, besonders am Anfang, nicht immer voll auf die Praxis konzentriert sein. Aber das Resultat aus nur fünf Minuten konzentrierter Meditation ist stärker, als wenn man eine Stunde lang mehr oder weniger geistesabwesend praktiziert. Daher sind kürzere Sitzungen anfangs sinnvoller. Durch die Übung verbessert sich die Konzentrationsfähigkeit von selbst, so dass die einzelnen Sitzungen langsam ausgedehnt werden können.

Ablenkungen in der Praxis sind kein Problem, wenn wir sie rechtzeitig bemerken. Wir können dann den Geist auf sanfte Art zum Objekt der Meditation zurückbringen. Solange man sich noch mit der Meditation allgemein oder mit der Lehre Buddhas beschäftigt, bedeutet dies keine Unterbrechung der Meditation. Wir können direkt dort weitermachen, wo die Ablenkung eintrat. Wenn der Geist völlig abgleitet und sich mehr auf andere Dinge ausrichtet, ist die Meditation unterbrochen. Dann ist es sinnvoller, eine Pause zu machen und mit frischem Geist neu anzufangen.

Es hat sich bewährt, Zettel und Stift in Reichweite zu haben. So geht kein wichtiger Gedanke verloren, und die Meditation kann fortgeführt werden. Gerade, wenn wir den Geist frei machen, kommen oft Gedanken, die Antworten auf Fragen des Tages enthalten, für die vorher kein Raum war. Das Gleiche gilt auch für kurze äußere Störungen. Auch diese bilden kein Problem, solange der Geist die Verbindung zur Meditation halten kann. Es heißt, die Praxis ist nicht völlig unterbrochen, solange das Meditationskissen noch warm ist. Manchmal kann auch ein sichtbarer Zettel nützlich sein, auf dem z. B. steht: »Diamantgeist sitzt über meinem Kopf.« Dann führt bei einer Ablenkung ein Blick auf diesen Zettel den Geist zurück zum Objekt der Konzentration (in diesem Fall zu Diamantgeist, dem reinigenden Aspekt aller Buddhas). Praxis im Tibetischen Buddhismus beinhaltet immer Körper, Rede und Geist gleichzeitig. Wenn der Geist abgelenkt ist, können Rede und Körper weiter gute Eindrücke ansammeln.

Schon auf allgemeiner Ebene ist Achtsamkeit den eigenen Handlungen gegenüber eine wichtige Voraussetzung für Meditation. Solange das äußere Verhalten nicht unter Kontrolle ist, kann tiefgründigere Arbeit mit dem Geist nicht funktionieren. Wenn auch alle gerne sofort die fortgeschrittensten Meditationen machen möchten, ist ein angemessenes Verhalten stets die notwendige Grundlage, d. h. Schaden für andere und sich selbst zu vermeiden und stattdessen nützliches Verhalten zu entwickeln. Auch aus diesem Grund ist das Verständnis der Funktionsweise des Karma für die Meditation sehr wichtig.

Auf einer subtilen Ebene können starke negative Eindrücke im Geist ein großes Hindernis für die Meditation auf die Natur des Geistes sein, da der Geist unter diesen Umständen nicht genug Vertrauen zu seiner eigenen Natur entwickeln kann. Erst nachdem man viele positive Eindrücke angesammelt hat, fühlt sich der Geist wohl mit sich selbst. Er wird stabiler, und es entsteht leicht die Einsicht in die Natur des Geistes. Die Ansammlungen von Verdienst und Weisheit wechseln sich in dieser Weise ständig ab und arbeiten dabei sehr eng zusammen. Vernachlässigt man das Ausführen positiver

Handlungen, so kann diese Wechselwirkung niemals stattfinden. Man wird auch nicht fähig sein, langfristig den Wesen in großem Umfang zu helfen, von Leiden frei zu werden. Die Handlungen der Bodhisattvas werden im Kapitel »3. Die Entwicklung des Erleuchtungsgeistes« erklärt.

Reinigung von Karma

Wenn wir ein klares Verständnis von den Handlungen und ihren Wirkungen erlangt haben, ist es wichtig, negative Eindrücke aus dem Geist zu entfernen. In diesem Zusammenhang haben wir gesehen, wie es im Menschenbereich möglich ist, Gewohnheiten zu ändern und Bedingungen für das Heranreifen von Karma zu beeinflussen. Die Voraussetzung für Reinigung ist, sich darüber bewusst zu sein, dass wir seit anfangsloser Zeit immer wieder negative Handlungen ausgeführt haben. Wir sehen dies vollkommen klar und wünschen, es zu ändern. Wir entscheiden, keine negativen Handlungen mehr auszuführen und möglichst nur noch positiv zu handeln. Damit sind alle Ursachen für zukünftiges Leid abgeschnitten, und wir schaffen nur noch Ursachen für Glück.

Allgemein wirkt jede positive Handlung als Gegenmittel gegen negative Handlungen. Zusätzlich hat der Buddha besondere Mittel gegeben, die in kraftvoller Weise gespeicherte Eindrücke aus dem Geist entfernen. Bezogen auf den zweiten Lehrzyklus ist die Meditation über die Leerheit oder die Raumnatur aller Erscheinungen ein solches Mittel, das nach den *Prajnaparamita*-Schriften ganze Weltzeitalter an Negativität im eigenen Geist reinigt. Abhängiges Entstehen, das ganze Geflecht von Ursachen, Bedingungen und Wirkungen, sowie die Leerheit von unabhängiger, für sich bestehender Existenz sind die beiden untrennbaren Merkmale aller Erscheinungen. Ein echtes Erkennen dieser Natur der Dinge dehnt einerseits das Verständnis von Ursache und Wirkung immer weiter aus und löst gleichzeitig die Gewohnheit des Anhaftens an der Wirklichkeit der Erfahrungen immer mehr auf. Nur die vollkommene Erkenntnis des abhängigen Entstehens aller Dinge bringt wirkliche Freiheit.

Im Diamantweg erscheint die reinigende Kraft aller Buddhas in der Form von Diamantgeist (skt. Vajrasattva, tib. Dorje Sempa). Diese Reinigungspraxis wirkt wie ein Industriestaubsauger, der alle negativen Eindrücke aus dem Speicher des Geistes entfernt. Auf der Grundlage des Mitgefühls der Buddhas und der eigenen Offenheit wird hierbei das Heranreifen des Karmas so stark abgeschwächt, dass nur noch die Schatten der negativen Eindrücke erlebt werden, die nun weggereinigt werden. Wie Lama Ole Nydahl es ausdrückt: »Wir sehen die Tiere nur noch von hinten, die den Zoo verlassen.« Deutliche Reinigungsträume oder andere Erfahrungen zeigen, dass die karmischen Samen entfernt werden, die wie kleine Atombomben im Geist gelagert waren und sonst zu irgendeiner Zeit beim Heranreifen großes Leid gebracht hätten. Diese spezielle Reinigungspraxis ist die zweite der vier »Grundübungen« (tib. ngöndro), die später noch genauer erklärt werden.

Die Art und Weise, wie die Meditation auf Buddha-Aspekte allgemein die karmischen Eindrücke und Schleier im Geist reinigt, wird im Zusammenhang mit dem Hauptteil der Meditation erklärt. Erst wenn alle Schleier, selbst die feinsten Gewohnheitstendenzen, entfernt sind, ist vollkommene Buddhaschaft erlangt. Erst wenn die Wolken, die die Sonne verdecken, abziehen, kann die Sonne durchstrahlen. Ebenso manifestieren sich die perfekten Qualitäten der Erleuchtung genau in demselben Maß, wie die Schleier gereinigt werden. Diese Entfaltung der Qualitäten des Geistes ist der eigentliche Sinn der Meditation, die Reinigung ist nur eine notwendige Voraussetzung dafür. Wenn Praktizierende in der Meditation viel Klarheit und Freude erleben, während gleichzeitig Störgefühle und einengende Vorstellungen abnehmen, so sind dies Anzeichen dafür, dass die Praxis in die richtige Richtung geht.

Damit haben wir einige der wichtigsten Aspekte von Karma behandelt, ohne Anspruch auf Vollständigkeit. Das ganze Gebiet ist sehr umfassend und tiefgründig, auch weil über die Erfahrungen von Ursache und Wirkung im eigenen Geiststrom hinaus eine ständige gegenseitige Beeinflussung zwischen den Lebewesen stattfindet. Dieses Zusammenwirken von Karma wird auch als Netz karmischer Bedingtheit bezeichnet. Ein spezieller Aspekt dieses Zusammenwirkens ist z. B., dass Lebewesen aufgrund der Ähnlichkeit ihrer Handlungen später unter gleichen Lebensumständen wiedergeboren werden. Dies wird dann »kollektives Karma« genannt. Das Erleben gleichartiger Umstände bleibt aber trotzdem immer individuell.

Nur ein voll verwirklichter Buddha kann alle Aspekte von Karma verstehen. Besonders im Mahayana, dem Großen Fahrzeug, werden alle Aspekte des abhängigen Entstehens der Dinge erklärt, wie sie der Buddha z. B. im *Reissprößling-Sutra* (Kanjur) dargelegt hat. Hier zeigt er, dass die Dinge einerseits nach dem Gesetz des abhängigen Entstehens erscheinen und andererseits leer von unabhängiger Existenz sind. Entwickeln wir ein gutes Verständnis von Karma, Ursache und Wirkung, so nähern wir uns der eigentlichen Natur aller Erscheinungen an.

Karma kann in drei Arten unterteilt werden: negative, positive und unbewegte Handlungen. Diese drei Arten führen zu einer Wiedergeburt in einem der »drei Bereiche« der Existenz. Negative Handlungen verursachen eine Wiedergeburt in den drei niedrigen Daseinsbereichen: den Paranoia-Zuständen, Geister- und Tierbereichen. Positive Handlungen führen zu einer Wiedergeburt in den drei höheren Daseinsbereichen: den Menschen-, Halbgötter- und Götterbereichen. Diese sechs Bereiche werden unter dem Begriff »Begierdebereich« zusammengefasst. Die so genannten unbewegten Handlungen, die darin bestehen, den Geist in bestimmten Konzentrationszuständen zu halten, führen, wenn sie nicht mit tiefer Einsicht verbunden werden, zu einer Wiedergeburt im »formhaften« oder im »formlosen Bereich«. Zusammen machen diese drei Bereiche den gesamten Kreislauf der Existenz aus, der immer mit der einen oder anderen Art von Leiden einhergeht.

Das Leiden im Kreislauf der Existenz

Kurze Erklärung

Wer an den Erfahrungen dieses Lebens festhält oder glaubt, dass in irgendeinem der verschiedenen Daseinsbereiche bleibendes Glück zu erlangen ist, hat die Natur des Kreislaufs der bedingten Existenz nicht wirklich verstanden. In welcher Form und unter welchen Umständen auch immer in dem einen oder anderen Daseinsbereich geboren, erlebt man überall verschiedene

Arten von Leiden und Schwierigkeiten. Selbst die höchsten Freuden in unserem Leben sind im Vergleich zur Befreiung und Erleuchtung reines Leid. Je mehr wir uns anstrengen, angenehme Erfahrungen festzuhalten, desto stärker ist die Frustration, wenn sie sich wieder ändern. Nur die offene, klare Unbegrenztheit des Geistes, des Erlebers all der verschiedenen Projektionen des Geistes, bedeutet dauerhafte Freude, während alle noch so angenehmen, bedingten Zustände wieder vorbeigehen.

Die Grundlage für alles Leiden ist die Vorstellung von einem wahrhaft existenten Selbst der Person, die Ich-Illusion, die darin besteht, die verschiedenen Bestandteile der Person für eine Einheit zu halten. Aus alter Gewohnheit heraus haften wir an den begrenzten Projektionen des Geistes an und werden so im Kreislauf der bedingten Existenz wiedergeboren. Weil der Erleber der Projektionen selbst kein Ding ist, kann er von den Erlebnissen, die kommen und gehen, nicht gestört werden. Seine Natur ist Raum und Freude untrennbar und geht über alle Begrenzungen hinaus. Die unmittelbare Erfahrung dieser Natur des Geistes ist das Einzige, was wirklich Befreiung von allem Leid bedeutet.

Ausführliche Erklärung

In den drei niedrigen Daseinsbereichen wird extremes Leiden erlebt, dem sich die Wesen nicht entziehen können. Das ist leicht zu verstehen, denn dieses Leiden entsteht aus negativen Handlungen, die auf verschiedenen Störgefühlen basieren. Ein bestimmtes Störgefühl ist immer die hauptsächliche Ursache. Für die Paranoia-Zustände oder die Höllenbereiche ist dies Zorn, für den Geisterbereich Gier oder Geiz und für den Tierbereich Dummheit. Das so genannte **Leid des Leides** besteht aus all den unbeschreiblichen Schmerzen, Krankheiten und Leiden in diesen Bereichen, die auf der Grundlage dieser Störungen erlebt werden.

Es ist viel schwieriger zu verstehen, dass auch die höheren Daseinsbereiche Leid beinhalten, da es den Wesen in diesen Bereichen vergleichsweise gut geht. Viele Leute denken, ein Menschen- oder ein Götterzustand sei etwas sehr Erstrebenswertes, da ja viele Freuden in diesen Bereichen erfahren werden. Doch auch die angenehmsten Erfahrungen können niemals dauerhaft sein. Das **Leid der Veränderung** ist für die höheren Daseinsbereiche charakteristisch. Obwohl positive Handlungen zur Wiedergeburt in diesen Bereichen führen, gibt es auch hier ein starkes Störgefühl, das die hauptsächliche Ursache für den jeweiligen Bereich bildet. Der Menschenbereich ist gekennzeichnet durch Begierde und den damit verbundenen Stress, der Halbgötterbereich durch Neid und Eifersucht, da es den Göttern noch besser geht, und der Götterbereich basiert auf Stolz.

Eine dritte Art ist das **existenzielle** oder **alles durchdringende Leid**, auch **Leid der Bedingtheit** genannt. Es betrifft zwar alle Wesen der drei Daseinsbereiche, wird aber im vollen Umfang nur von verwirklichten Wesen erkannt, da es sehr subtil ist. Es bedeutet, dass allein die Tatsache der Existenz in einem der Bereiche bereits Leiden beinhaltet. Über die natürlichen Abläufe des eigenen Lebens haben wir sehr wenig Kontrolle. Ob wir wollen oder nicht – einmal im Menschenbereich geboren, werden wir älter, irgendwann krank und sterben unweigerlich. Was entstanden ist, wird wieder vergehen. Wer glaubt, sein Körper zu *sein*, handelt sich dadurch Krankheit, Alter und Tod ein. Wer dagegen erkennt, dass er diesen Körper *hat*, gewinnt ein bewusstes Werkzeug, um anderen zu nützen. Weil dem Geist selbst grundlegend niemals Schaden zugefügt werden kann, wird man furchtlos.

Auf die oft gestellte Frage, ob es die sechs Daseinsbereiche wirklich gibt oder ob sie vielleicht nur verschiedene psychologische Zustände der Menschen sind, lautet die Antwort: Die Beschreibungen der Erfahrungen in diesen Bereichen müssen auf unsere menschliche Erlebnisweise bezogen sein, damit wir uns eine ungefähre Vorstellung davon machen können. Aber tatsächlich hat jedes einzelne Wesen in einem dieser Bereiche sein eigenes Erleben davon. Wir Menschen können im Normalfall nur einen anderen Bereich wahrnehmen, den Tierbereich, und selbst das Erleben der Tiere beziehen wir meistens sehr stark auf unsere menschliche Erfahrung. Im Vergleich zu Menschen leiden Tiere sehr stark. Sie leben in ständiger Panik, gequält oder gefressen zu werden, und haben einen sehr geringen Freiraum, ihr Verhalten zu ändern.

Wenn wir uns nun den großen Abstand in der Intensität des Leidens zwischen Menschen und Tieren vorstellen und dann den gleichen Abstand auf den Unterschied zwischen Tieren und Geisterzuständen beziehen und zwischen Geister- und Höllenwelten, dann bekommen wir eine Ahnung von extremem Leid. Natürlich kann diesen Bereichen, wenigstens nach den Lehren des Großen Fahrzeugs, keine unabhängige Existenz zugeschrieben werden.

Sie sind nichts als Projektionen des Geistes der jeweiligen Wesen. Aber wer die eigene Projektion für wirklich hält, ist in dem jeweiligen Erleben gefangen. Das gilt auch für die höheren Bereiche.

Alle diese Zustände haben ihre Wurzelursache in der grundlegenden Unwissenheit. Das bedeutet, an den verschiedenen Projektionen des Geistes anzuhaften und sich mit einem Ich oder Selbst zu identifizieren, das als von anderen getrennt erlebt wird. Das Ich muss all diese Leiden ertragen, wenn die Projektionen des Geistes für wirklich gehalten werden, d. h. solange noch Ursachen für Leiden vorhanden sind. Das funktioniert wie im Kino, wenn wir uns mit dem Hauptdarsteller im Film identifizieren und alles als wirklich erleben, bis der Film zu Ende ist. So sind wir von der Wirklichkeit der Erfahrung in unserem Daseinsbereich so lange vollkommen überzeugt, bis wir andere Erfahrungen machen. Im Menschenbereich ist dies jeden Tag vom Moment des Aufwachens bis zum Moment des Einschlafens der Fall. Danach werden Träume und andere Zustände für wirklich gehalten.

Das Festhalten an einem wirklichen Ich basiert darauf, dass wir die verschiedenen Bestandteile der Persönlichkeit für eine Einheit halten. Tatsächlich besteht die Person grundlegend bereits aus zwei Aspekten, aus Geist und Körper. Diese werden weiter in die **fünf Ansammlungen** (skt. skandhas) unterteilt. Der Buddha beschreibt die beiden Aspekte von Geist und Körper mit den Begriffen »Name« und »Form«. »Name« steht für die vier geistigen Bestandteile der Person, also Gefühle, Unterscheidungen, Geistesaktivität und Bewusstsein. Der fünfte Bestandteil, die »Form«, ist hauptsächlich der eigene Körper, auf den sich die Identifikation mit einer Person stützt, aber auch andere Formen, von denen sich das Ich zur Definition abgrenzt.

Im Zusammenhang mit den zwölf Gliedern des abhängigen Entstehens stehen »Name und Form« als viertes Glied in der Kette von allen Ursachen und Wirkungen, die eine Geburt im Kreislauf der Existenz hervorbringen. Auf der Grundlage von Unwissenheit und geistiger Aktivität wendet sich der Geist in eine bestimmte Richtung. Bewusstsein entsteht, die Funktion des Geistes, sich auf Objekte auszurichten. Die Vorstellung von jemandem, der sich einer Sache bewusst ist, bringt dann die Identifikation mit Name und Form hervor. Das ist die Grundlage für weitere begrenzte Funktionsweisen des Geistes, wie Störgefühle, Handlungen und deren Resultate, also eine Geburt im Kreislauf der Existenz mit allen damit verbundenen Erfahrungen.

Ganz speziell bezeichnet »Name und Form« auch den Moment, in dem sich das Bewusstsein – aus dem Zwischenzustand zwischen Tod und Wiedergeburt kommend – mit einer neuen Form verbindet, die Empfängnis. Hier steht Form für Ei und Samen, das Erbgut der Eltern, das die materielle Grundlage, d. h. die wesentliche Bedingung für die neue Existenz, bildet. Name, das Kontinuum des Bewusstseins mit all den darin gelagerten Tendenzen, ist die hauptsächliche Ursache für die neue Identifikation mit einer Person in dem beginnenden Leben. Das ist auch der Grund dafür, dass dies Kontinuum »Name« genannt wird.

Das unter dem Begriff Name Zusammengefasste hat zwei Facetten: 1. Das grundlegende Bewusstsein ist die Tatsache des Erlebens selbst. 2. Die verschiedenen Färbungen oder Zustände dieses Bewusstseins werden auch geistige Ereignisse, Geistesfaktoren oder Geistesaktivität genannt. Dabei ist sich das grundlegende Bewusstsein der Gegenwart der Objekte bewusst, die Geistesaktivität unterscheidet die besonderen Merkmale der Objekte.

Die dabei entstehenden Gefühle sind für uns normalerweise sehr wichtig. Sie bestimmen meistens sehr stark unser Verhalten. Sie werden noch einmal von der allgemeinen geistigen Aktivität abgetrennt, denn oft sind sie Anlass zu Auseinandersetzungen. Ebenso werden Unterscheidungen durch bestimmte Sichtweisen oft sehr wichtig genommen und deswegen hervorgehoben. Aus diesen Gründen sprechen wir von den vier nichtmateriellen Bestandteilen der Person – Gefühle, Unterscheidungen, geistige Aktivität und Bewusstsein. Zusammen mit Form bilden sie die fünf Ansammlungen oder »Skandhas«.

Sie werden Ansammlungen genannt (oder »Haufen«, was der tibetische Begriff für die Ansammlungen »phungpo« wörtlich bedeutet), weil jeder einzelne dieser fünf Bestandteile einer Person aus unzähligen weiteren Facetten besteht. Die Grundlage für die Identifikation mit einer Person ist das Zusammenwirken von verschiedensten Formen, Gefühlen, Unterscheidungen, Geistesaktivitäten und Funktionen des Bewusstseins, die sich in ständiger Veränderung befinden.

Das folgende Beispiel illustriert das Zusammenwirken dieser fünf Ansammlungen: Eine Person kommt uns von weitem auf der Straße entgegen. Zunächst erkennen wir eine Form, groß oder klein, weiblich oder männlich. Dann kommt die Person näher, und es entstehen verschiedene Gefühle, sobald wir genauere Merkmale wahrnehmen können. Wir erleben die Person als angenehm, unangenehm oder neutral – kennen vielleicht sogar den Namen. Die genauere Unterscheidung ermöglicht es, angemessen zu reagieren, d.h. eine geistige Aktivität findet statt. Wir begrüßen die Person oder gehen stur an ihr vorbei. Die Grundlage für diesen Prozess ist das Erleben selbst, also Bewusstsein. So arbeiten diese fünf Faktoren ständig zusammen.

Ein klares Erkennen möglichst vieler Facetten wirkt vor allem der Gewohnheit entgegen, die Person auf ein gleich bleibendes, auf ein bestimmtes Bild festgelegtes Ich einzuschränken. Diese Gewohnheit bringt zahllose weitere falsche Anschauungen und Störungen mit sich. Und das klare Erkennen ermöglicht, bei einem selbst und bei anderen den riesigen Reichtum anzunehmen, den diese vielen Facetten ausmachen. In einer Person ist ein unendlicher Schatz an Möglichkeiten enthalten, aus dem wir zu schöpfen lernen. Wir nehmen die Dinge eher so an, wie sie wirklich sind, und werden uns selbst und anderen gegenüber offener.

Der Glaube an ein wirkliches, einheitliches und gleich bleibendes Ich ist eine grobe Täuschung, auf die wir aus alter Gewohnheit immer wieder hereinfallen. Diese Gewohnheit führt immer wieder zu einer neuen Existenz, wenn sich auch die materiellen Bestandteile der Person beim Sterben auflösen. Genauso wie wir im Traum an der Ich-Vorstellung festhalten und sich am nächsten Morgen die Identifikation mit der Persönlichkeit fortsetzt, haften wir auch im Zwischenzustand zwischen Tod und Wiedergeburt an der Wirklichkeit eines Ichs an. So werden wir auf Grundlage dieser Gewohnheit in eine neue Existenz hineingetrieben.

Der 7. Karmapa Chödrak Gyamtso schreibt in den *Ozean-der-Logik-Texten:* »Spricht man von den Skandhas, so muss man sagen ›leidhafte Skandhas‹, da sie für alle Schwierigkeiten verantwortlich sind, solange wir sie als wirklich existent ansehen.« Wir halten dieses Kontinuum durch unsere Unwissenheit aufrecht. Die Skandhas an sich sind nicht negativ, sondern Ausdruck der Klarheit unseres Geistes. Nehmen wir sie jedoch als Grundlage für unser »Selbst«, wird Leid daraus. Rein logisch gesehen kann es ja auch keine wirkliche, d.h. unabhängig existente Einheit geben, denn Einheit ist immer von Vielheit abhängig, so wie Vielheit wiederum von Einheit abhängt. Ob »Ich« genannt oder anders, es ist in keinem Fall wahrhaft existent.

Die Vorstellung von einem wahrhaft existenten, individuellen Selbst ist zwar nur ein Gedanke, der die Eigenbewusstheit oder den inneren Raum des Geistes missversteht, aber dieser Gedanke ist die Ursache für jede Wiedergeburt in den verschiedenen Daseinsbereichen. Auch auf dem Weg zur Befreiung müssen wir zunächst von einem Ich ausgehen, das Befreiung erlangt, sonst würde ja niemand befreit werden. Dann aber besteht die individuelle Erfahrung der Befreiung darin, dass die Illusion von einem Ich aufgelöst wird. Die falsche Vorstellung von dem begrenzten Ich fällt weg, und der Geist verwirklicht mehr und mehr seine offene, klare Unbegrenztheit.

Befreiung bedeutet nicht, dass sich das Ich auflöst, denn was nie da war, kann auch nicht verschwinden. Unbegrenztheit bedeutet auch nicht, dass man auf dieser letztendlichen Ebene mit allen durch irgendetwas verbunden ist, so wie die verschiedenen Teile eines großen Pfannkuchens. Vom Weg aus gesehen ist auch Erleuchtung eine individuelle Erfahrung. Jedes Individuum erreicht einzeln den Buddha-Zustand. Wenn Erleuchtung eine kollektive Erfahrung wäre, müssten wir warten, bis alle anderen mit uns zur Erleuchtung kommen. Das ist mit Sicherheit eine falsche Auffassung.

Der Begriff Individualität ist immer mit Abgrenzung verbunden. Vom Ziel aus gesehen, auf der höchsten Ebene der Buddhaschaft, kann man auch nicht mehr von einer abgegrenzten, individuellen Erfahrung sprechen. Man hat die Natur von allen Erscheinungen verwirklicht, den Zustand der Allwissenheit jenseits von allen Begrenzungen. Diese Verwirklichung geht über alle Begriffe und Beschreibungen hinaus. Alle Gegensätze der bedingten Welt, so wie »eins« und »viele«, »individuell« und »kollektiv«, sind immer abhängig voneinander. Sie gelten niemals für die letztendliche Wirklichkeit. Die Erfahrung davon ist allein der Meditationspraxis vorbehalten, die über alle begrifflichen Geisteszustände hinausgeht.

Sprechen wir über die bedingte Welt, so sammelt jedes Individuum sein eigenes Karma an und muss auch die jeweiligen Resultate, die unterschiedlichen Leiden und Schwierigkeiten, selbst erfahren. Die detaillierten Beschreibungen von allen verschiedenen Arten von Leiden im Existenzkreislauf wollen wir hier nicht betrachten. Dies ist nur sinnvoll, wenn im Zusammenhang damit genau erklärt wird, welche Störgefühle und Handlungen zu diesen Wirkungen führen. Um die Resultate zu vermeiden, ist Verständnis für die Ursache der Leiden wichtiger als das Resultat. Aus einer sachlichen Beschreibung von Ursache und Wirkung könnte außerdem leicht der Eindruck einer moralisch gefärbten Lehre entstehen. Die Beschreibung von Leiden wird in anderen Religionen oft als Druckmittel zur Aufrechterhaltung der Moral verwendet.

Wer die verschiedenen Arten von Leid genau verstehen will, kann alle Einzelheiten auch in anderen Büchern und Artikeln nachlesen. Dies sollte jedoch möglichst mit zusätzlichen mündlichen Erklärungen über die Bedeutung dieser Lehren verbunden sein. Das ist sehr sinnvoll, um den letzten Rest der Illusion aufzulösen, irgendwo in den Daseinsbereichen des Kreislaufs der Existenz sei dauerhaftes Glück zu finden, und um das Mitgefühl mit den Lebewesen in diesen Bereichen zu stärken.

Auf dem Weg zu Befreiung und Erleuchtung geht es um Entfernung aller Ursachen für Leid. Nur so ist wirklich bleibendes Glück zu erlangen. Von den groben Störungen bis hin zu den feinsten Gewohnheitstendenzen der grundlegenden Unwissenheit werden dabei alle Schleier im Geist gereinigt. Gleichzeitig werden die dem Geist innewohnenden perfekten Qualitäten entfaltet. Besonders im Diamantweg hat der Buddha sehr kraftvolle Methoden gelehrt, damit man die Natur des Geistes unmittelbar zu erkennen lernt. Hier richtet man sich von Anfang an auf die reine Essenz der Störungen aus und identifiziert sich auf diese Weise mit den Qualitäten im eigenen Geist.

Damit haben wir einige der wichtigsten Aspekte der vier grundlegenden Gedanken untersucht. Mit dem Verständnis, das aus der Verinnerlichung dieser Kernpunkte von Buddhas Lehre hervorgeht, wird jede Arbeit mit dem Geist sehr kraftvoll. Außerdem liegt der hauptsächliche Grund für Schwierigkeiten mit der Meditationspraxis, z. B. mit den Grundübungen, darin, dass man die vier grundlegenden Gedanken noch nicht wirklich verinnerlicht hat. Die wörtliche Übersetzung dieser vier Gedanken aus dem Tibetischen lautet: »die vier Aspekte, die den Geist umwenden«. Sie wenden den Geist von der Suche nach beständigem Glück in der bedingten Welt ab und richten ihn auf Befreiung und Erleuchtung aus, denn man möchte vor allen Leiden geschützt sein.

2. Die Zuflucht

Kurze Erklärung

Das tibetische Wort für Zuflucht heißt »kyab« und bedeutet wörtlich »Schutz«, Schutz vor dem Leid der bedingten Existenz. Diejenigen, die einen vor allem Leid schützen können, müssen selbst jenseits vom Leid sein. Nur dann können sie uns bleibendes Glück bringen. Dies sind die so genannten »Drei Juwelen«: Buddha, der erleuchtete Zustand unseres Geistes; Dharma, die Lehren, die uns dahin führen; und Sangha, die Bodhisattvas, unsere Freunde auf dem Weg. Speziell im Tibetischen Buddhismus gibt es darüber hinaus noch eine vierte Zuflucht: den Lehrer oder Lama, der Segen, Mittel und Schutz in sich vereint.

Ausführliche Erklärung

Nachdem man die vier grundlegenden Gedanken sorgfältig durchdacht und richtig verstanden hat, entsteht der starke Wunsch, hier und jetzt bewusst mit dem Geist zu arbeiten und alle Schwierigkeiten zusammen mit ihren Ursachen von der Wurzel her zu beseitigen. Mit dem Verständnis, dass im gesamten Kreislauf der Existenz kein beständiges Glück erlangt werden kann und keinerlei Wirklichkeit darin zu finden ist, bekommt der Geist eine klare Ausrichtung. Vorher hat er überall nach Glück gesucht und seine Zuflucht zu vergänglichen Dingen wie Reichtum, Ruhm, Schönheit und Gesundheit genommen. Nun konzentriert er sich auf bleibende Werte, auf Befreiung und Erleuchtung.

Am Anfang ist immer noch eine starke Anhaftung an äußere Dinge vorhanden, daher brauchen wir zunächst äußere Zufluchtsobjekte, die aber tatsächlich Ausdrucksformen der Erleuchtung, der wahren Natur des eigenen Geistes, sind. Der Geist ist kein Ding, und es ist daher sehr schwierig, sich direkt auf die Natur des Geistes auszurichten. Durch die Zufluchtsobjekte wird die Verbindung zur Erleuchtung, zwischen der Wahrheit innen und außen, hergestellt. Dies bedeutet, sein Vertrauen zu Weg und Ziel der buddhistischen Praxis auszudrücken, d. h. dies ist der Startpunkt für den Weg zur Erleuchtung. Durch die Zufluchtnahme wird man Buddhist. Vom Moment der Zufluchtnahme an sind wir niemals mehr von der mitfühlenden Aktivität der Buddhas ausgeschlossen, es sei denn, wir wenden uns aktiv dagegen.

Diejenigen, die vor allem Leid schützen können, müssen selbst jenseits vom Leid sein. Hier lohnt es sich, mehr über die Qualitäten der Zuflucht zu erfahren, um echtes Vertrauen entwickeln und sich öffnen zu können. Dies Vertrauen sollte niemals blind sein, sondern auf einer tiefen Überzeugung von den Qualitäten der Zuflucht beruhen, die es einem ermöglichen, Befreiung und Erleuchtung zu erreichen. Außer in *Der kostbare Schmuck der Befreiung* von Gampopa kann man auch in vielen anderen Büchern und Texten mehr darüber erfahren. Weitere Quellen sind z.B. der *Gyü Lama* von Maitreya/Asanga oder das *Sutra der Erinnerung an die Drei Juwelen.*

Allgemein spricht man von einer äußeren und einer inneren Zuflucht. Die äußere Zuflucht sind die so genannten »Drei Juwelen«: Buddha, der erleuchtete Zustand unseres Geistes; Dharma, die Lehren, die uns dahin führen; und Sangha, die Freunde und Helfer auf dem Weg. Dies ist die gemeinsame Zuflucht aller buddhistischen Traditionen. Die innere Zuflucht sind die so genannten »Drei Wurzeln« oder »Quellen«: Der Lehrer oder Lama, die Wurzel des Segens, der die Verbindung zur Erleuchtung herstellt; die Buddha-Aspekte oder Yidams, die Wurzeln der Verwirklichung, die die Entwicklung der gewöhnlichen und außergewöhnlichen Qualitäten ermöglichen; sowie die Schützer, die Wurzeln der Aktivität, die alle Hindernisse auf dem Weg beseitigen und die perfekte Buddha-Aktivität ausführen. Zu diesen Drei Wurzeln nimmt man nur im Tibetischen Buddhismus zusätzlich Zuflucht.

Kurz zusammengefasst steht **Buddha** zum einen für den historischen Buddha Shakyamuni, der auf der Grundlage von Mitgefühl und Weisheit zwölf besondere Taten gezeigt und damit das perfekte Beispiel dafür gegeben hat, wie Erleuchtung erlangt wird. Zum anderen steht Buddha für den erleuchteten Geisteszustand, das vollkommene Erwachen vom Schlaf der Unwissenheit, das Entfernen aller Schleier im Geist und die Verwirklichung der ursprünglichen Weisheit, das Wissen von der Natur und der Erscheinungsweise aller Phänomene, den Zustand der Allwissenheit.

Dharma ist die Lehre des Buddha davon, wie die Dinge sind. Sie wird in den Sutras und Tantras dargelegt und durch das Training des richtigen Verhaltens, der Meditation und der Weisheit in die Praxis umgesetzt. Sie ist damit der Weg zum Ende allen Leides, die Befriedung der dualistischen Vorstellung von Subjekt und Objekt als unabhängig existent, das Mittel zur Überwindung aller verschleierten Geisteszustände. **Sangha** ist hier die verwirklichte Gemeinschaft der Praktizierenden, die sich durch ihr Wissen von den Methoden auf das Ziel ausrichtet und dadurch hilft, dieses Ziel auch zu verwirklichen.

Unter diesen Drei Juwelen ist der wichtigste Aspekt der Buddha, denn ein Buddha hat den Wahrheitszustand (skt. dharmakaya) verwirklicht. Darin ist sowohl die Lehre, der Dharma, enthalten, als auch das letztendliche Ziel der Gemeinschaft der Praktizierenden. Die höchste Zuflucht besteht daher in der Ausrichtung auf die eigentliche Natur aller Erscheinungen, frei von der Anhaftung an die extremen Vorstellungen von Existenz und Nicht-Existenz.

In dem *Sutra der Erinnerung an die Drei Juwelen* wird erklärt: Wahrhaft Zuflucht zum Buddha zu nehmen heißt, Ursache und Wirkung ohne Fehler zu verstehen. Wahrhaft Zuflucht zum Dharma zu nehmen heißt, die beiden Aspekte des Erleuchtungsgeistes, den relativen und absoluten Erleuchtungsgeist, zu entwickeln und niemals anderen Wesen zu schaden. Wahrhaft Zuflucht zur Sangha zu nehmen heißt, sich von negativen Einflüssen, Sichtweisen usw. abzuwenden.

Zu dem ersten Aspekt, der Zuflucht zum Buddha, sagt der 8. Karmapa Mikyö Dorje: »Wenn die Wirklichkeit erkannt wird, erscheinen Ursache und Wirkung als Leerheit. Wenn die eigentliche Seinsweise der Erscheinungen erkannt wird, erscheint die Leerheit als Ursache und Wirkung.« Ähnlich lehrt der Buddha im *Reissprößling-Sutra*: »Wer das abhängige Entstehen der Dinge versteht, versteht den Dharma. Wer den Dharma versteht, versteht Buddha, den erleuchteten Geisteszustand.« Dies bedeutet, wie zuvor bereits erklärt, dass Erscheinung und Leerheit immer untrennbar sind. Die volle Verwirklichung dieser Natur aller Dinge bedeutet, letztendliches, bleibendes Glück zu erfahren.

Aus der Verwirklichung des Wahrheitszustandes heraus, der zum eigenen Nutzen erlangt wird, kann ein Buddha verschiedene Formzustände ausstrahlen, die eine perfekte Buddha-Aktivität zum Nutzen der Wesen ausführen. Durch diese Aktivität der Formzustände schützt der Buddha die Wesen vor Leid und führt sie zur vollkommenen Erleuchtung. Über die äußere und innere Zuflucht hinaus werden die drei Zustände (wörtl. Körper) eines Buddha manchmal auch als die geheime Zuflucht bezeichnet. Genaue Beschreibungen dieser drei Zustände eines Buddha werden im *Gyü Lama* von Maitreya/Asanga sowie in den *Prajnaparamita*-Schriften gegeben.

Der wichtigste Aspekt unter den Drei Wurzeln ist der **Lehrer**, welcher Segen, Mittel und Schutz, d. h. alle Drei Wurzeln, in sich vereint. Es wird gesagt, dass aus dem Herzen des Lehrers die Buddha-Aspekte oder Yidams ausstrahlen und dass aus den Herzen der Buddha-Aspekte die Schützer ausstrahlen. Damit sind sowohl die Buddha-Aspekte als auch die Schützer Ausdrucksformen des Lehrers oder Methoden, die der Lehrer jeweils für einen bestimmten Zweck gibt. Tatsächlich vereinigt der Lehrer nicht nur die Drei Wurzeln in sich, sondern auch die Drei Juwelen, denn als Ausdrucksform der Erleuchtung ist er ein Buddha. Was er lehrt, ist der Dharma, und in seiner Person verkörpert er ebenfalls die Sangha. Aus diesem Grund ist der Lehrer auch der zentrale Aspekt im so genannten »Zufluchtsbaum«, der alle sechs Zufluchtsobjekte, die Drei Juwelen und die Drei Wurzeln, zusammenfasst. Die Meditation auf den Lehrer und genauere Einzelheiten zum Zufluchtsbaum werden im vierten Teil des Buches bei den Grundübungen erklärt.

In der Zeremonie der **Zufluchtnahme**, die ein qualifizierter Lehrer durchführt, öffnet man sich für die buddhistische Zuflucht. Man ist sich der Gegenwart der Buddhas und Bodhisattvas sowie des Lamas bewusst und denkt daran, wie sehr man selbst und alle Wesen Glück erreichen wollen. Dann spricht man dem Lehrer nach, dass man von jetzt an bis zur Erleuchtung zum Wohle aller Lebewesen Zuflucht nimmt zu Buddha, Dharma, Sangha und Lama. Anschließend werden ein paar Haare von der Spitze des Kopfes abgeschnitten. Dies geht symbolisch auf Buddha Shakyamuni zurück, der seine Haare abschnitt, als er das Leben im Palast zurückließ und den Weg zur Erleuchtung betrat.

Anschließend gibt der Lama einen Zufluchtsnamen, der einen auf dem Weg zur Erleuchtung inspiriert. Dieser Name kann im Laufe des Weges je nach der Ebene des Verständnisses immer wieder eine neue, tiefere Bedeutung bekommen. Er kann auch auf die Verbindung mit einer oder mehreren der »Fünf Buddha-Familien« hinweisen. Wenn z.B. ein Teil des Namens »Dorje« (Diamant) oder »Pema« (Lotus) ist, dann besteht eine klare Verbindung mit der Dorje-Familie des Buddha Akshobya oder mit der Lotus-Familie des Buddha Amitabha. Ebenso können bestimmte Weisheiten oder Aktivitäten diese Verbindung zeigen. Die Fünf Buddha-Familien werden später bei den Wegen nach den Grundübungen in Teil 4 genauer erklärt.

Auch wenn der Zufluchtsname die Verbindung mit dem Weg zur Erleuchtung bestärkt, ist es wichtig, keine zu festen Vorstellungen zur Bedeutung dieser Verbindung im Einzelnen zu entwickeln – Buddhaschaft geht über alle

Begriffe und Vorstellungen hinaus. Auch wenn ein intellektuelles Verständnis am Anfang sehr nützlich ist, geht es eigentlich um die unmittelbare Erfahrung jenseits von Begriffen. Der Kernpunkt ist, weniger feste Vorstellungen über die Welt und sich selbst zu entwickeln und damit echte Freiheit zu erfahren. Buddhaschaft bedeutet, dass alle Schleier im Geist gereinigt und alle Qualitäten vollkommen entfaltet sind. Nur auf dem Weg dahin gibt es unterschiedliche Schwerpunkte, das Ziel geht über alle Begrenzungen hinaus.

Der Wunsch nach wirklichem Schutz vor Leid ist der Kern der Zufluchtnahme. Wer die Qualitäten der Zufluchtsobjekte erkennt, nimmt mit seinem ganzen Sein Zuflucht in der Gewissheit, dass es keine bessere Quelle des Schutzes gibt. Bei den Ratschlägen in Verbindung mit der Zufluchtnahme wird daher gesagt, es sei nun nicht mehr nötig, weltliche Kräfte sowie bestimmte Götter um Schutz zu bitten. Denn da sie selbst verschiedenen Störungen von Stolz, Eifersucht oder Zorn unterworfen sind, können sie keine stabile Zuflucht sein.

Wer die Verbindung zur Zuflucht nicht aufgibt, ist selbst dann geschützt, wenn er sich später lieber in einer anderen Richtung weiterentwickelt. Nur in extremen Sekten oder in Schulen des Islam, die die allgemeinen Menschenrechte missachten, verliert man den Segen. Man behält die Zuflucht auch dann, wenn man später ein guter Christ wird oder einem Hindu-Guru folgt. Buddha ist niemals eifersüchtig, er will nur, dass es einem gut geht.

Zu Ratschlägen, die mit der Zufluchtnahme verbunden sind, gehört auch, die Zuflucht möglichst täglich im Geist zu halten und alles, was die Zuflucht repräsentiert, zu respektieren, seien es Buddha-Statuen, Bilder von Buddhas, Texte, Stupas (Bauwerke, die die Erleuchtung ausdrücken), Gaus (Reliquienbehälter) oder andere Symbole der Erleuchtung. Man respektiert sie, weil sie die Hilfsmittel sind, die einem ermöglichen, Erleuchtung zu erreichen.

Weiterhin spielt die Motivation für die Zuflucht eine große Rolle. In der Meditation auf den 16. Karmapa heißt es: »Um alle Wesen befreien zu können, nehmen wir Zuflucht …« Man wünscht also nicht nur, sich selbst von allem Leid zu befreien, sondern alle Wesen. Diese große Einstellung, die auf das Wohl aller Wesen ausgerichtet ist, unterscheidet, wie schon erklärt, die Praxis des Großen Fahrzeugs von der des Fahrzeugs der Älteren in der Gemeinschaft. Auch im *Kostbaren Schmuck der Befreiung* von Gampopa wird gesagt, die besondere Motivation für die Zufluchtnahme bestehe darin, das Leid von anderen nicht ertragen zu können. Hierdurch wird ausgedrückt, dass die Zuflucht möglichst immer mit der erleuchteten Geisteseinstellung verbunden sein sollte. So wird sie automatisch zu einer Zuflucht im Großen Fahrzeug. Diese Einstellung wirkt gleichzeitig der Gefahr entgegen, als Praktizierender eines niedrigeren Fahrzeugs Zeit zu verschwenden oder in einem Geisteszustand bloßer Ruhe stecken zu bleiben.

Auch ganz allgemein ist die richtige Einstellung für die Meditationspraxis und für das Leben im Alltag sehr wichtig, denn wer die besonders wirkungsvollen Methoden des Diamantwegs verwendet, muss eine gute Motivation haben, sonst könnten die auf dem Weg entstehenden Fähigkeiten eventuell falsch verwendet werden. Daher behandelt das nächste Kapitel ausführlicher die Entwicklung des kostbaren Erleuchtungsgeistes.

3. Die Entwicklung des Erleuchtungsgeistes

Kurze Erklärung

Mit der Ausrichtung auf Befreiung und Erleuchtung sollte eine reine Einstellung, eine große Motivation, die auf das Wohl aller Lebewesen gerichtet ist, verbunden werden. Dies ist die erleuchtete Geisteseinstellung: der Wunsch, auf der Grundlage von Liebe und Mitgefühl so schnell wie möglich Buddhaschaft zu erlangen, um alle Lebewesen vom Leid zu befreien. Erst wer die Natur des eigenen Geistes mehr und mehr erkennt, entfaltet die Fähigkeiten, anderen in größtem Umfang zu helfen, ganz natürlich. Auch auf dem Weg dorthin handelt man so viel wie möglich zum Nutzen anderer. Diese Einstellung macht sowohl die Meditationspraxis als auch das Handeln im Alltag sehr kraftvoll. Jede Aktivität wird zur Handlung eines Bodhisattva und damit zu einem Schritt auf dem Weg zur Erleuchtung.

Ausführliche Erklärung

Mitgefühl und Weisheit sind die Grundlagen des Erleuchtungsgeistes. Im Abschnitt über den Inhalt des Sutra-Fahrzeugs (Teil 2) wurden sie bereits in allgemeiner Form erklärt. Diese beiden Qualitäten sind untrennbar voneinander. Der Wunsch, die Erleuchtung zu erlangen, entspricht letztendlich der Vollendung der Weisheit. Das Ziel, alle Lebewesen vom Leid zu befreien, entspricht letztendlich der Vollendung von Mitgefühl. Da der Geist von seiner Natur her unbegrenzt ist, ist das Glück anderer nicht vom eigenen Glück zu trennen. Wer dies erkennt, fühlt sich dem Glück anderer genauso verpflichtet wie dem eigenen, und wer weiß, wie wirkliche Freiheit von allen Schwierigkeiten erlangt werden kann, wird dieses Wissen zum Wohl der Lebewesen nützen.

Wenn wir eine selbstlose Haltung entwickeln, bedeutet dies, Verantwortung für uns selbst zu übernehmen, denn Mitgefühl und Weisheit entsprechen der Natur des eigenen Geistes. Weil Erleuchtung nichts anderes ist als die vollkommene Erkenntnis der Natur des Geistes, kann ohne diese Einstellung die Erleuchtung nicht erreicht werden. Alle Buddhas der Vergangenheit konnten nur Buddhas werden, weil sie mit erleuchteter Geisteseinstellung für andere nützlich waren. Die erdberührende Geste von Buddha Shakyamuni zeigt dies sehr deutlich. Als seine Erleuchtung in Frage gestellt wird, ruft er damit symbolisch die Erdgöttin als Zeugin dafür an, dass er drei Weltzeitalter hindurch die erleuchtete Geisteseinstellung entwickelt hat und den Bodhisattva-Weg gegangen ist. Damit hat er die Ursache für die Erleuchtung gelegt und nun das volle Recht, die Buddhaschaft zu manifestieren. Er zeigt mit dieser Geste also Weg und Ziel.

Der indische Meister Chandrakirti sagt in dem Text *Eintritt in den Mittleren Weg* (1. Vers): »Hörer und Einzelverwirklicher entstehen durch Buddhas.

Buddhas entstehen aus Bodhisattvas. Die Ursachen für Bodhisattvas sind Mitgefühl, ein nichtdualer Geist und die erleuchtete Geisteseinstellung.« Der 8. Karmapa Mikyö Dorje erklärt dazu in seinem Kommentar, dass es drei Stufen von Mitgefühl gibt (die bereits im zweiten Teil im Abschnitt über den Inhalt des Sutra-Fahrzeugs erklärt wurden), weiterhin dass ein nichtdualer Geist gleichzusetzen ist mit der Weisheit, die frei von den Extremen von Existenz und Nicht-Existenz ist, und dass der Erleuchtungsgeist gemeinsam mit den beiden anderen Aspekten besteht.

Weiterhin sagt er über die erleuchtete Geisteseinstellung:

> »Diese wird als die Einstellung erklärt, die allen Wesen sowohl zeitlich bedingten Nutzen als auch letztendliche Freude bringt. Es ist eine unübertreffliche Geisteseinstellung, eine Einstellung, die die Wesen durch eine Liebe unterstützt, die frei ist von Neid und Hass, eine Einstellung von stabilem Mitgefühl, eine Einstellung, die niemals etwas bedauert aufgrund von höchster Freude, selbst wenn es große Schwierigkeiten gibt, eine Einstellung, die in ihrem Gleichmut ohne Fehler ist, denn sie beurteilt andere nicht als Feinde und Freunde …«

Damit beschreibt er die erleuchtete Geisteseinstellung durch die vier unermesslichen Qualitäten von Liebe, Mitgefühl, Freude und Gleichmut.

Auf der Grundlage dieser vier Qualitäten legt man das eigentliche Bodhisattva-Versprechen nach dem Text *Eintritt in das Verhalten der Bodhisattvas* (Kapitel 3, Verse 23 u. 24) des indischen Meisters Shantideva in folgender Form ab: »So wie die früheren Buddhas den Erleuchtungsgeist entwickelt haben und der Bodhisattva-Praxis stufenweise gefolgt sind, in derselben Weise werde auch ich, um den Lebewesen zu nützen, den Erleuchtungsgeist entwickeln und ebenso die Übungen stufenweise praktizieren.« Es sind aber auch kürzere Formen gebräuchlich, wie z. B. bei der Liebevolle-Augen-Meditation, wo die Zufluchtnahme und der Erleuchtungsgeist zusammen entwickelt werden, eine Form, die von dem Meister Atisha gegeben wurde.

Der Erleuchtungsgeist des Wunsches

Zunächst gibt es die Einteilung in den relativen und absoluten Erleuchtungsgeist. Diese wurden bereits im Abschnitt über den Inhalt des Sutra-Fahrzeugs (in Teil 2) erklärt. Weiterhin wird nach Shantideva der relative Erleuchtungsgeist in zwei Teile unterteilt, nämlich den Erleuchtungsgeist des

Wunsches und den der Anwendung. Dies kann man mit der Absicht vergleichen, irgendwo hinzugehen, und mit dem eigentlichen Gehen. Die Einstellung, die Erleuchtung zum Wohl aller Wesen zu erlangen, ist der Erleuchtungsgeist des Wunsches. Und der Bodhisattva-Praxis stufenweise zu folgen, ist der Erleuchtungsgeist der Anwendung.

Indem man den Erleuchtungsgeist vollkommen in sein Leben integriert und zur Grundlage der eigenen Handlungen macht, bleibt man auf dem Weg zur Erleuchtung. Mit dem Verständnis, dass man mit allen Lebewesen durch zahllose Leben hindurch eine enge Verbindung entwickelt hat, und dem daraus hervorgehenden Wunsch, sie vom Leid zu befreien, ist man zu einem großen, unerschöpflichen Schatz für alle geworden. Shantideva sagt im Text *Eintritt in das Verhalten der Bodhisattvas:* »Wird diese Einstellung von einer Person entwickelt, so wächst der Nutzen von dieser Zeit an ununterbrochen, selbst wenn die Person unachtsam ist oder schläft. Die Kraft der Verdienste wird so immens wie der Himmelsraum.«

In diesem Hauptwerk Shantidevas wird in den ersten drei Kapiteln erklärt, wie der Erleuchtungsgeist bei denen entsteht, die ihn noch nicht entwickelt haben. Anfangs wird der unermessliche Nutzen beschrieben, der mit dieser Einstellung verbunden ist. Danach zeigt Shantideva, wie man auf dieser Grundlage jede Negativität aufgibt und was es bedeutet, den Erleuchtungsgeist wirklich anzunehmen. Die nächsten drei Kapitel befassen sich damit, den Erleuchtungsgeist nicht wieder abnehmen zu lassen, wenn er einmal entstanden ist, hauptsächlich durch Achtsamkeit und Geduld. Der dritte Teil des Textes handelt davon, wie man durch Fleiß, Meditation und Weisheit den Erleuchtungsgeist mehr und mehr anwachsen lässt. Im letzten Kapitel schließlich werden die angesammelten guten Eindrucke dem Wohl aller Wesen gewidmet.

Es gibt drei verschiedene Arten, diese Einstellung zu entwickeln. Die erste Art wird verglichen mit einem König, der zuerst selbst die Position und die Macht haben muss, um dann seinem Volk helfen zu können. Die zweite Art ähnelt einem Fährmann, der zusammen mit den Leuten in seinem Boot den Fluss überquert und ihnen auf diese Weise hilft. Die dritte Art entspricht dem Schäfer, der sich um all seine Tiere kümmert, bevor er an sich selbst denkt. Große Bodhisattvas wie z. B. Liebevolle Augen (skt. Avalokiteshvara, tib. Chenresig) denken ausschließlich daran, wie sie anderen Wesen zur Erleuchtung verhelfen können. Obwohl die dritte Einstellung die beste ist, sollte man einfach versuchen, eine dieser drei Arten zu entwickeln, so gut es möglich ist.

Wer das Bodhisattva-Versprechen – möglichst bei einem qualifizierten Lehrer – abgelegt hat, sollte sich immer wieder daran erinnern. Das ist für die weitere Entwicklung sehr wichtig. Wenn es in einer ausführlichen Form gegeben wird oder bei besonderen Anlässen kann es sogar sein, dass man einen Bodhisattva-Namen bekommt. Dies ist dann eine zusätzliche Inspiration auf dem Weg zur Erleuchtung. Vor allem in kritischen Situationen, in denen die Gefahr besteht, die liebevolle Einstellung allen Wesen gegenüber einzuschränken oder sogar völlig aufzugeben, sollte man sich an das Versprechen und den unvorstellbar großen Nutzen dieser Einstellung erinnern. Dann hat man wieder die volle Kraft, zum Wohl der Wesen zu handeln. Manche Leute denken, dass ihr eigener Vorteil immer zu kurz kommen muss, wenn sie mehr an andere denken als an sich selbst. Aber ein alter Lama hat einmal dazu gesagt: »Den Erleuchtungsgeist kann man mit der Schnauze eines Hundes vergleichen und den eigenen Vorteil mit dem Schwanz des Hundes. Wohin der Hund auch läuft, sein Schwanz folgt ihm immer nach, d.h. wenn diese Einstellung vorhanden ist, kommt der eigene Vorteil immer hinterher. Man kann es gar nicht vermeiden.« Gutes zu tun ist einfach natürlich.

Auch wenn die Einstellung gelegentlich schwächer wird, sollte man niemals mutlos werden, sondern die Probleme als Gelegenheit erkennen, negative Eindrücke aus dem Geist zu entfernen und die Qualitäten eines Bodhisattva zu entwickeln. Bodhisattva bedeutet wörtlich »Held des Erleuchtungsgeistes«. Er ist ein mutiger Mensch, weil er niemals abgeschreckt wird durch die Schwierigkeit seiner Aufgabe, alle Lebewesen aus dem Kreislauf der Existenz zu befreien. Wir verlieren tatsächlich erst dann das Bodhisattva-Versprechen, wenn wir andere bewusst aus dem Geist ausschließen, d.h. wir ihnen auch dann nicht helfen, wenn wir ihnen helfen könnten. Aber auch in diesem Fall kann es wiederhergestellt werden.

Der Erleuchtungsgeist der Anwendung

Der zweite Teil, der Erleuchtungsgeist der Anwendung, die eigentliche Praxis eines Bodhisattva, ist viel bedeutender als der des Wunsches, auch wenn es ohne diesen Wunsch gar nicht zu entsprechendem Handeln kommen würde. Die Praxis der Bodhisattvas besteht hauptsächlich aus den sechs oder zehn befreienden Handlungen, die in vielen Texten und Büchern ausführlich erklärt werden. Hier werden einige der wichtigsten Aspekte dieser Handlungen in kurzer Form dargestellt.

Meistens werden sechs befreiende Handlungen (skt. paramitas) genannt: **Freigebigkeit**, **richtiges Verhalten**, **Geduld**, **Fleiß**, **meditative Konzentration** und **unterscheidende Weisheit**. Die sechste befreiende Handlung der Weisheit kann jedoch durch vier weitere Unterteilungen ergänzt werden. So entstehen die zehn befreienden Handlungen. Dies ist zum Beispiel der Fall, wenn die Vollendung der zehn befreienden Handlungen auf den zehn Bodhisattva-Stufen beschrieben wird. Die weiteren vier befreienden Handlungen sind **Methoden**, **Wünsche**, **Kraft** und **ursprüngliche Weisheit**.

Für die Praxis ist es wichtig, zunächst geeignete Bedingungen für die Meditation zu schaffen. Die ersten drei befreienden Handlungen erfüllen diesen Zweck auf allgemeiner Ebene. Freigebigkeit führt dazu, Reichtum zu erlangen und damit die materielle Grundlage für die Meditation. Richtiges Verhalten ist die Ursache für das Erlangen eines guten Körpers, im besten Fall des kostbaren Menschenkörpers mit all den bekannten Vorteilen. Auch dies ist eine notwendige Voraussetzung für die Meditation. Geduld führt zu einer guten Umgebung, zu Freunden, die einen unterstützen, usw. Dies zählt ebenso zu den wichtigen Bedingungen für die Arbeit mit dem Geist.

Um Befreiung zu erlangen, brauchen wir neben guten Lebensbedingungen auch Fleiß oder freudige Ausdauer, damit sich die Qualitäten eines Bodhisattva entwickeln können. Weiterhin benötigen wir meditative Konzentration, um den Geist ungestört in sich ruhen lassen zu können, und schließlich ist Weisheit notwendig, um tiefe Einsicht zu erlangen. Diese Handlungen bauen aufeinander auf, die ersten sind leichter, die letzten schwieriger zu praktizieren. Sie lassen sich in die drei Arten von Training zusammenfassen: das Training des richtigen Verhaltens, was Freigebigkeit, gutes Verhalten und Geduld beinhaltet; das Training der Meditation, das sich auf meditative Konzentration bezieht; sowie das Training der Weisheit. Freudige Ausdauer ist für alle drei wichtig.

Ein weiterer Nutzen dieser Handlungen besteht in ihrer Wirksamkeit als Gegenmittel gegen die verschiedenen Störungen im Geist. Freigebigkeit und gutes Verhalten helfen gegen Anhaftung; Geduld und Fleiß schwächen hauptsächlich Abneigung; meditative Konzentration und Weisheit lösen Unwissenheit auf. Auch hier gibt es eine direkte Wechselwirkung mit der Meditationspraxis. Sie dient der Entfernung aller Störungen aus dem Geist. Die einzelnen Methoden, wie man mit Störungen im Geist umgeht, werden später – im Zusammenhang mit der meditativen Konzentration – dargestellt.

Jede befreiende Handlung hat drei Aspekte, die in verschiedenen Büchern nachzulesen sind, wie z. B. im *Kostbaren Schmuck der Befreiung* von Gampopa oder *Eintritt in das Verhalten der Bodhisattvas* von Shantideva. Am Anfang ist **Freigebigkeit** sehr wichtig. So kann man z. B. materielle Dinge, Schutz vor Schwierigkeiten oder die Lehre weitergeben. Auch ganz allgemein Liebe zu geben, sich also liebevoll anderen gegenüber zu verhalten, ist eine Form der Freigebigkeit. Die Essenz von Freigebigkeit ist eine Geisteshaltung, die frei von Anhaftung alles gibt, was nötig ist. Dazu gehört auch, frei von jeder Erwartung von Gegenleistung zu sein. Materielle Dinge oder Schutz zu geben, hat einen unmittelbaren Nutzen in diesem Leben. Die wichtigste Form der Freigebigkeit, das Geben von Buddhas Lehre, hat einen langfristigen Nutzen, der sogar bis in spätere Leben hineinreicht.

Zu der Essenz von Freigebigkeit gibt es eine kleine Geschichte von Milarepa, dem großen Verwirklicher und Dichter im Tibet des 11. Jahrhunderts: Eines Abends kehrte er von einem Gang ins Dorf in seine Höhle zurück und traf dort auf drei Räuber, die versucht hatten, etwas aus der Höhle zu stehlen, aber dort nichts gefunden hatten. Er war voller Mitgefühl für die drei und fragte sie: »Wenn ich schon am Tage nichts in meiner Höhle finden kann, wie wollt ihr dann etwas in der Nacht finden?« Einer von ihnen antwortete: »Wir haben gehört, dass du ein Yogi bist, und ein Yogi muss freigebig sein. Wie willst du denn Freigebigkeit üben, wenn du nichts besitzt? Du musst also hier etwas versteckt haben. Gib es heraus.« Milarepa antwortete: »Wenn Freigebigkeit bedeuten würde, alle Wünsche der Wesen zu befriedigen, so könnte das selbst der Buddha nicht, denn die Wünsche der Wesen sind unerschöpflich. Tatsächlich bedeutet Freigebigkeit, eine Geisteseinstellung zu haben, die frei von jeder Anhaftung ist.« Die Räuber waren davon so beeindruckt, dass sie später seine Schüler wurden.

Die dritte Art der Freigebigkeit, das Geben von Buddhas Lehre, muss nicht in jedem Fall bedeuten, dass man Erklärungen oder Vorträge über den Dharma gibt. Sie kann z. B. auch darin bestehen, auf der Grundlage eines guten Verständnisses der Lehre ein gutes Vorbild für andere zu sein, durch das sie etwas lernen und schließlich Vertrauen zur Lehre entwickeln. Sie kann auch ganz praktisch darin bestehen, ein Video oder Buch, das Buddhas Lehre enthält, an andere zu verschenken. Damit können sie dann selbst ein Bild von der Sache bekommen und eventuell eine Verbindung zur befreienden Lehre Buddhas aufbauen.

Die befreiende Handlung der Ethik oder des **richtigen Verhaltens** bedeutet, Achtsamkeit darauf zu entwickeln, dass man anderen in keiner Weise schadet, sondern ihnen so viel wie möglich nutzt. Selbstverständlich sollten auch hier keine Erwartungen bezüglich guter Resultate gehegt werden, auch nicht die, eine Wiedergeburt in einem kostbaren Menschenkörper zu erlangen. Die drei Arten des richtigen Verhaltens beziehen sich hauptsächlich auf das richtige Geben und Halten der verschiedenen Versprechen auf dem Weg. Der wichtigste Aspekt bei dieser befreienden Handlung ist, anderen durch seine eigene Meditationspraxis nützlich zu sein.

Man legt drei Arten von Versprechen ab und bemüht sich nach Kräften, sich entsprechend zu verhalten. Die Versprechen schützen vor dem Zurückfallen in alte, negative Gewohnheiten. Das erste Versprechen ist auf die eigene Befreiung ausgerichtet und gibt alles schädliche Handeln auf. Das zweite ist das Bodhisattva-Versprechen, das die auf das Wohl aller Wesen ausgerichtete erleuchtete Geisteseinstellung beinhaltet. Das dritte ist das Versprechen, das mit dem Diamantweg, mit den Übertragungen der buddhistischen Tantras, verbunden ist. Es hat hauptsächlich das Halten der Verbindungen zum Lehrer, zu dem jeweiligen Buddha-Aspekt und zu den Mitpraktizierenden zum Inhalt.

Zu den schlechten Gewohnheiten, die man mit richtigem Verhalten aufgibt, gehören neben Töten, Stehlen und Lügen auch Manipulationen des Geistes durch Einnahme von Drogen oder berauschenden Mitteln. Wer die Verantwortung für sein Glück an die chemische Industrie, an die Brauereien oder an die Tabakindustrie abgibt und den Geist ständig abstumpft, schädigt sich selbst und andere. Verantwortung für sein eigenes Leben zu übernehmen heißt, Liebe und Mitgefühl für andere zu entwickeln und zu ihrem Nutzen zu handeln. Dazu ist man unter dem Einfluss von solchen Mitteln nicht mehr in der Lage.

Ein weiterer Punkt, der zu beachten ist: dass das eigene Verhalten auf sexuellem Gebiet keinen Schaden für andere verursacht. Dies bezieht sich natürlich zunächst darauf, den eigenen Partner niemals zu verletzen, auch keine Versprechungen zu machen, die man nicht halten kann. Aber man kann auch anderen Personen schaden, indem man eine intakte Beziehung zerstört. Liebe ist der Wunsch, dass andere glücklich werden. Handeln in einer Weise, die wirklichen Nutzen für andere bringt, führt sowohl zu Glück für andere als auch für einen selbst.

Üben von **Geduld** bedeutet, jede Tendenz zu Ärger oder Zorn aufzugeben und sich durch nichts aus der Ruhe bringen zu lassen. Wer es schafft, einen entspannten Geist voller Mitgefühl zu behalten, kann durch nichts gestört werden. Dies ist die Essenz der Geduld. Zorn hat ein großes zerstörerisches Potenzial, welches Menschenleben, Gesundheit oder wertvolle Dinge in kürzester Zeit vernichten kann. Manchmal sind es Dinge, für deren Entwicklung, Herstellung oder Beschaffung Jahre an Arbeit nötig waren. Auch auf den Geist selbst wirkt Zorn in einer Weise, dass die positiven Eindrücke, die über lange Zeit hin angesammelt wurden, in wenigen Momenten zerstört werden. Daher sagt der Meister Shantideva: »Es gibt nichts, was negativer ist als Hass, und es gibt nichts, was kraftvoller ist als Geduld.«

Wer wütend ist, zeigt deutliche Anzeichen einer heftigen Krankheit. Das Gesicht ist rot und völlig verzerrt. Es entsteht ein verkrampftes Gefühl, als wäre man von einem Pfeil im Bauch aufgespießt. Appetitlosigkeit und Schlaflosigkeit kommen. Die volle Kontrolle über eigenes Verhalten geht verloren. Zornige schaden anderen Personen, die sie oft sogar gerne mögen. Niemand kann es in der Nähe einer zornigen Person lange aushalten. Kurz, der Zorn ist unser ärgster Feind, und wir müssen Geduld trainieren, um nicht länger von der zerstörerischen Kraft des Zorns beeinflusst zu werden.

Wir müssen lernen, alles anzunehmen, was auch immer an Schwierigkeiten auftreten mag, und es für die eigene Entwicklung zu nutzen. Wer ertragen lernt, dass andere Personen ihm schaden wollen, oder dass er verschiedene Arten von Leid erfährt, dem gibt die Überwindung dieser Schwierigkeiten und Widerstände auf dem Weg große Kraft. Dies bedeutet natürlich nicht, alles mit sich machen zu lassen, sondern sich am größten Nutzen für andere zu orientieren. Man kann andere aus Mitgefühl heraus auch stoppen, um ihnen klarzumachen, dass sie zu weit gehen, wenn es ihnen wirklich hilft. Dies sollte jedoch auf jeden Fall ohne Zorn geschehen. Solange noch Zorn vorhanden ist, muss man weiter Geduld üben.

Dabei können einige Überlegungen zu den Ursachen für diese Störungen sehr hilfreich sein. Meistens sind viele verschiedene Umstände zusammengekommen, und plötzlich ist diese Situation da: Zorn entsteht. Hat man selbst Anlass zu dem Ärger gegeben, so sollte man sich entschuldigen und sein Verhalten ändern. Die Person gegenüber hat es auch nicht gewollt und ist außer Kontrolle. Sie kann nicht anders denken, reden und handeln, weil sehr starke Gewohnheiten vorhanden sind, in bestimmten Situationen unweigerlich zornig zu werden. Wir können schon deswegen nicht auf so jemanden ärgerlich werden, weil die Person nicht wirklich bewusst ist und keinen Spielraum für Handeln besitzt. Es wäre das Gleiche, auf einen Gegenstand ärgerlich zu werden, der auf uns herunterfällt und uns verletzt – dieser ist auch nicht bewusst. Ein wirklicher Grund, darauf aggressiv zu reagieren, besteht nicht.

Die momentane Situation ist außerdem ein Resultat aus altem Karma. Dies bezieht sich einerseits auf Handlungen von Körper, Rede und Geist, die wir früher anderen gegenüber ausgeführt haben und deren Resultat wir jetzt erfahren. Andererseits erleben wir viele Schwierigkeiten, weil wir an unserem physischen Körper anhaften, der den verschiedenen Prozessen der Vergänglichkeit unterworfen ist. Auch dies ist ein Resultat alter Gewohnheiten. Es lässt sich nicht vermeiden, manchmal krank zu werden oder dass andere Komplikationen auftreten. Es ist dann wichtig, kein neues Karma, keine neuen Ursachen für Schwierigkeiten mehr zu schaffen, sondern die schlechten Gewohnheiten für immer zu stoppen. Dies geschieht durch die Übung der Geduld, wobei man möglichst kein einziges Wesen ausschließen sollte.

Schließlich ist Geduld im Annehmen der Schwierigkeiten in der Dharma-Praxis sehr wichtig. Solange man noch unter dem Einfluss der störenden Gefühle steht, ist man wie ein Kranker und muss einiges durchmachen, um wieder gesund zu werden. Man weiß, dass am Ende ein gutes Resultat daraus entstehen wird, wenn man durch die Praxis der Meditation alle Störungen überwindet. Die Arbeit mit dem Geist ist tatsächlich das einzige Mittel, um alle Störungen von der Wurzel her zu beseitigen. Daher ist auch die wichtigste Form der Geduld, alles anzunehmen, was der Erkenntnis der Natur des Geistes, der Verwirklichung seiner offenen, klaren Unbegrenztheit, dient. Manche Lehren Buddhas sind sehr tiefgründig und können nicht sofort verstanden werden. Hier ist es klug, unverstandene Dinge nicht sofort abzulehnen, sondern sie in einer Art Grauzone abzulegen, damit solche Informationen zu einem späteren Zeitpunkt nützlich werden können.

Dann folgt der **Fleiß** oder die **freudige Ausdauer**. Die eigentliche Bedeutung dieser befreienden Handlung ist, mit Freude ausschließlich positive Handlungen auszuüben und dadurch alle Qualitäten anwachsen zu lassen. Wenn man nicht gezwungen ist, etwas zu tun, sondern von sich aus motiviert ist, einfach Lust hat, etwas Positives zu tun, so entsteht spontan freudige Ausdauer. Man versteht die Qualität von positiven Handlungen und möchte anderen wirklichen Nutzen bringen. Ein Beispiel dafür aus Indien sind die Elefanten in der heißen Mittagssonne, die von selbst so schnell wie möglich zum nächstgelegenen Teich laufen und dort hineinspringen, um sich abzukühlen. So wie diese Elefanten soll man von sich aus so schnell wie möglich in die nächste Aktivität zum Wohl der Wesen hineinspringen.

Fleiß bedeutet auf der einen Seite, die drei Arten der Faulheit aufzugeben, nämlich das gewöhnliche Nichtstun, die Faulheit der Mutlosigkeit und das Festhalten an Handlungen, die kein wirkliches Glück bringen. Das beste Mittel gegen Faulheit ist dabei ein tiefes Verständnis von der Vergänglichkeit aller Dinge. Man erkennt, wie wichtig es ist, jede Gelegenheit zu positivem Handeln zu nutzen. Auf der anderen Seite bedeutet Fleiß, eine unerschöpfliche Ausdauer zu entwickeln und dadurch Handlungen, die man begonnen hat, auch zu Ende zu führen. Man unternimmt ohne Unterbrechung Anstrengungen in der Dharma-Praxis zum Wohl der Wesen und entfernt alle Schleier restlos aus dem Geist. Dabei ist man niemals zufrieden mit dem, was man schon erreicht hat, sondern entwickelt sich immer weiter.

Bezogen auf die Meditation ist natürlich freudvolle Ausdauer eine der wichtigsten Voraussetzungen. Das Geheimnis des Erfolgs liegt in der Kontinuität der Praxis. Am Anfang ist man oft sehr extrem. Man möchte so schnell wie möglich starke Erlebnisse haben und praktiziert sehr viel. Dann kommen Widerstände, die ja eigentlich ein Zeichen für die Wirksamkeit der Mittel sind. Sie können einen aber so stark abschrecken, dass man fast gar nicht mehr praktiziert. Nach kurzer Zeit kommt wieder neue Motivation, und man geht in das andere Extrem usw. Leider endet – wie Gampopa am Anfang des *Kostbaren Schmucks der Befreiung* lehrt – der Daseinskreislauf nicht von selbst. Erleuchtung ist nur mit Bemühung zu erreichen.

Hier ist es ratsam, das richtige Maß zu finden und vor allem regelmäßig zu praktizieren. Man sollte lernen, auf eine gute Weise mit den eigenen Gewohnheiten zu arbeiten. Wir müssen ja den schlechten Gewohnheiten von unzähligen Leben gute Gewohnheiten entgegensetzen. Falls ab und zu die Motivation nicht so stark sein sollte, folgt man einfach den guten Gewohnheiten, und so kommen die Resultate auf jeden Fall. Es gibt Situationen, in denen man einfach zu sehr mit anderen Dingen beschäftigt ist oder wo zu starke Störgefühle vorhanden sind, um sich überhaupt auf Meditation konzentrieren zu können. In diesem Fall kann man die Meditation auch einfach ablesen oder von einer Kassette hören. So werden trotzdem die guten Eindrücke in den Geist gepflanzt, die später wirkungsvolle Arbeit mit dem Geist ermöglichen.

Wenn dann die ersten wirklichen Erfahrungen in der Meditation gemacht werden, geht alles wie von selbst. Ein altes Beispiel dafür ist ein Segelschiff, das aus dem Hafen hinaus ins offene Meer befördert wird. Am Anfang wird noch große Anstrengung dazu gebraucht, bis die Kraft des Windes mehr und mehr den Antrieb übernimmt und keine Mühe mehr nötig ist. Wenn der Geist nach und nach mehr Vertrauen zu sich selbst entwickelt, erkennt er mühelos seine eigene Natur.

Wie bereits im Kapitel über Sutra und Tantra erklärt, werden zwei Dinge gebraucht, um die Natur des Geistes zu erkennen: meditative Konzentration und Einsicht. Die befreiende Handlung der **meditativen Konzentration** geht der Entwicklung von Einsicht oder Weisheit voraus. Zuerst müssen wir den Geist beruhigen, damit er stabil wird. Dann können wir die Aufmerksamkeit mehr auf die Natur des Geistes selbst richten. Meditative Konzentration bedeutet vollkommen einsgerichtete geistige Ruhe, frei von allen Störungen. Hier werden zunächst die allgemeinen Beschreibungen zur Meditation gegeben. Im folgenden Kapitel über die Hauptpraxis geht es dann speziell um die Diamantweg-Meditation.

Zunächst sollten wir für eine Atmosphäre sorgen, in der wir so weit wie möglich frei von Ablenkungen meditieren können. Dies kann ein ruhiger Platz in der eigenen Wohnung sein oder ein anderer ruhiger Ort, nach einiger Zeit vielleicht sogar ein Zentrum für Zurückziehungen. Um den Übergang vom hektischen Alltag in die Meditation zu erleichtern, können wir eine kurze Zwischenphase einschalten, in der wir für angenehme Sinneseindrücke sorgen. Ein guter Geruch, angenehmes Licht oder etwas Musik, die wir gerne hören, sorgen für ein allgemeines Wohlgefühl. Dies führt zu einem gewissen Abstand vom Alltag und zu einer allgemeinen Zufriedenheit, die wiederum die gute Konzentration unterstützt.

Dann setzen wir uns zur Meditation hin. Die Stellung des Körpers wird in verschiedenen Texten über Meditation genau (meistens in sieben Punkten) beschrieben. Wir versuchen, so gut, wie es geht, zu sitzen. 1. Die Beine sollten gekreuzt sein, das rechte auf oder vor dem linken. 2. Der Rücken sollte gerade sein, 3. die Hände im Schoß, die rechte auf der linken. Die Daumen berühren sich leicht. Die Hände können aber auch auf den Beinen liegen, wenn dies angenehmer ist. 4. Die Schultern sind auf einer Höhe und entspannt. 5. Das Kinn ist leicht angezogen. 6. Die Augen sind entweder geschlossen oder halb geöffnet. Wenn sie geöffnet sind, fixieren sie einen Punkt vor uns im Raum auf der Höhe der Nasenspitze. 7. Die Zunge liegt oben am Gaumen, der Mund ist leicht geschlossen, ohne dass sich die Zähne berühren. Wir lassen den Atem ganz natürlich fließen.

Dann bringen wir auch den Geist mehr und mehr zur Ruhe. Die verschiedenen Methoden der Konzentration und der Einsicht wurden im zweiten Teil bereits kurz erläutert. Es gibt Meditationen mit und ohne Objekt. Wichtig ist, all den Gedanken an Vergangenheit und Zukunft nicht zu folgen, sondern in der Frische des unmittelbaren Erlebens zu bleiben. Meditation bedeutet »müheloses Verweilen in dem, was ist«. Dies ist ein einsgerichteter, entspannter und offener Geisteszustand, frei von Aufgewühltheit und Dumpfheit. Hier müssen wir lernen, mit Störungen in der richtigen Weise umzugehen. Grobe Störungen sind die so genannten »Störgefühle«, wie Begierde, Zorn, Stolz, Neid und Dummheit. Subtilere Störungen sind die festen Vorstellungen über uns und die Welt, das Festhalten an begrifflichen Geisteszuständen.

Fasst man es in kurzer Form zusammen, so gibt es drei Arten, wie man mit Störgefühlen umgehen kann. Hat man vor allem am Anfang noch nicht sehr viel Kraft, dann ist es klug, Personen oder Situationen zu vermeiden, die immer wieder Störgefühle auslösen. Dadurch kann man vor allem negatives Handeln verhindern, das aus den Störgefühlen entsteht. Die Störungen werden allerdings dadurch nicht beseitigt, sondern nur für eine Weile beiseite geschoben.

Wird der Geist stabiler, so kann eine zweite Methode verwendet werden. Man beginnt, sich mit den Störungen auseinander zu setzen und wendet jeweils das entsprechende Gegenmittel an. Dies wird in den allgemeinen Erklärungen zum Großen Fahrzeug in allen Einzelheiten dargestellt. Praktiziert man schließlich die kraftvollen Meditationsformen des Diamantwegs, so lernt man, nicht mehr die geringste Energie in die Störungen hineinzustecken, sondern im Gegensatz dazu ihre Essenz als Rohmaterial für die Erleuchtung zu verwenden.

Die befreienden Handlungen der Bodhisattvas wirken, wie bereits erklärt, als Gegenmittel gegen die hauptsächlichen Störgefühle. Hier befinden wir uns auf der allgemeinen Mahayana-Ebene. Bei Anhaftung gibt es über die Freigebigkeit und achtsames Handeln hinaus ein spezielles Gegenmittel, nämlich die Meditation darüber, dass die Beurteilung von etwas als anziehend immer relativ ist und sich unter bestimmten Umständen umkehren kann. Macht man sich die Schwierigkeiten, die mit Besitz verbunden sind, oder die Vergänglichkeit der Dinge klar, so löst sich die Anhaftung daran auf. Bei Abneigung gibt es über die Geduld und freudige Ausdauer hinaus ebenfalls ein spezielles Gegenmittel, nämlich die Entwicklung von Liebe und Mitgefühl. Man wünscht allen Wesen ohne Ausnahme allgemeines Wohlergehen und bleibendes Glück.

Bei Stolz oder Neid meditieren wir über die grundlegende Gleichheit aller Wesen oder versetzen uns in ihre Lage. Ist die Unwissenheit das stärkste Störgefühl, dann ist das wichtigste Gegenmittel das Verständnis von Zusammenhängen, ein Verständnis des abhängigen Entstehens aller Dinge. Dies lehrte der Buddha in allen Einzelheiten im *Reissprößling-Sutra*. Erkennt man mehr und mehr, wie innere und äußere Ursachen und Bedingungen zusammenwirken, um entsprechende Resultate hervorzubringen, so löst sich die grundlegende Unwissenheit auf. Man erkennt, dass alle Dinge, während sie nach dem Gesetz von Ursache und Wirkung funktionieren, leer von unabhängiger Existenz sind. Dies führt bereits zur letzten befreienden Handlung hin, zur Weisheit.

Es bleibt allerdings vorher noch zu erklären, wie man mit den subtileren Störungen umgeht, zu viele Gedanken im Geist zu haben oder an festen Vorstellungen anzuhaften. Hier ist es nützlich, auf den Atem zu meditieren, der an der Nasenspitze kommt und geht. Der Atem und die Gedanken sind sehr eng miteinander verbunden. Man kann die Atemzüge zählen oder einfach spüren, wie der formlose Luftstrom an der Nasenspitze kommt und geht, wobei man alle Gedanken und Geräusche einfach vorbeiziehen lässt, ohne sie zu beurteilen. Diese Form der Meditation ist ein wirksames Mittel, um den Geist zu beruhigen, und wird daher auch zu Beginn der meisten Meditationen des Diamantwegs verwendet.

Das Maß für die Entwicklung einer guten Konzentration ist, wie weit man in der Lage ist, frei von Dumpfheit oder Aufgewühltheit zu ruhen, ungehindert durch äußere oder innere Ablenkung, mit einer ganz natürlich stabilen und klaren Konzentration. Dies führt zu einem ruhigen, freudvollen Geisteszustand, der auch viele besondere Qualitäten zeigen kann, wie z. B. außersinnliche Wahrnehmung, Freiheit von Gedanken usw. Durch diese Qualitäten kann man dann auch anderen wesentlich größeren Nutzen bringen, denn es geht nicht darum, für sich selbst Frieden im Geist zu erreichen, sondern die vollkommene Buddhaschaft zum Wohl aller Lebewesen. Daher ist der wichtigste Aspekt der meditativen Konzentration, dass sie immer mit Mitgefühl verbunden ist.

Die befreiende Handlung der **Weisheit** bedeutet, ein genau unterscheidendes Verständnis aller Erscheinungen zu entwickeln. Zunächst geschieht dies auf allgemeiner, nicht befreiter Ebene. Es gibt verschiedene Einteilungen der Wissensgebiete, die man an fast allen Schulen und Universitäten studieren kann. Diese so genannte »weltliche« Weisheit hat überwiegend mit äußeren Dingen zu tun. Sie macht das Leben in vieler Hinsicht leichter, gesünder und freudvoller. In den alten Kulturen des Ostens hat man in diesem Zusammenhang hauptsächlich die fünf Wissensgebiete Heilkunde, Sprachen, Logik, Künste und Philosophie studiert.

Die Art von Weisheit, die wirklich befreiend ist, führt über die bedingte Welt hinaus. Sie besteht im Hören, Nachdenken und Meditieren über die Lehren des Theravada und des Mahayana und führt zur Erkenntnis der Selbstlosigkeit oder Leerheit der Person und aller Erscheinungen. So lehrt der Buddha in den *Prajnaparamita*-Schriften, den Weisheitslehren, dass die befreiende Weisheit darin besteht, sich der ungeborenen Natur aller Erscheinungen bewusst zu sein.

Zunächst geht es um die Weisheit, die die **Selbstlosigkeit der Person** erkennt. Das Festhalten an einer wirklichen, unabhängigen Existenz der Person ist die Wurzelursache für alle Schleier, Störungen und Leiden im Kreislauf der Existenz. Erkennen wir durch genaue Untersuchung, dass die Vorstellung von einem wirklichen Ich nur eine Illusion ist, die auf der Grundlage des Festhaltens an den fünf Ansammlungen als einer wirklichen Einheit besteht, so können wir diese Täuschung vollkommen überwinden und Befreiung erlangen. Nähere Einzelheiten zu den fünf Ansammlungen oder Skandhas wurden bereits im Kapitel »1. Die vier grundlegenden Gedanken« im Abschnitt über das Leiden im Kreislauf der Existenz erklärt.

Bei der Ich-Illusion werden der erlernte Aspekt und der angeborene Aspekt voneinander unterschieden. Der erlernte Aspekt besteht aus verschiedenen falschen Anschauungen über die Persönlichkeit, die im Laufe des Lebens z.B. durch Beschäftigung mit Religionen und Weltanschauungen gebildet werden. Diese können bereits durch sorgfältiges Studieren und Nachdenken entfernt werden. Der angeborene Aspekt, der als Gewohnheit aus vielen früheren Leben auch die Grundlage für diese Wiedergeburt ist, ist sehr subtil und kann nur durch Meditation überwunden werden.

Dabei braucht man das Ich nicht aufzulösen, wie viele denken, sondern muss erkennen, dass es niemals wahrhaft existiert hat. Es ist nur eine Täuschung, eine alte Gewohnheit, eine fehlerhafte Vorstellung. Wer diese Täuschung durchschaut, löst die grundlegende Unwissenheit auf, die für alle weiteren Schwierigkeiten verantwortlich ist. Die Natur einer Illusion ist, dass sie niemals wirklich war. Die Erkenntnis ihrer Unwirklichkeit löst die Illusion auf. Dies ist, wie aus einem Traum aufzuwachen und zu erkennen, dass es nur ein Traum war und niemals die geringste Wirklichkeit darin enthalten war.

Wenn wir verstehen, dass das, was wir unser Ich nennen, nur ein Strom von Bedingungen ist, die sich ununterbrochen verändern, können wir natürlich das Ich trotzdem noch konventionell verwenden. Da es da niemals etwas Gleichbleibendes, Wirkliches gegeben hat, stehen wir aber nicht mehr unter dem Einfluss dieser festen Vorstellung und glauben nicht mehr, dass sie wirklich ist. Der Geist kann sich praktischerweise bei Bedarf als ein Ich vorstellen, um bestimmte Aktivitäten auszuführen. Er wird aber dabei keine absolute Trennung mehr zwischen Ich und Du erleben, sondern den Erleber und das Erlebte als Teile derselben Ganzheit betrachten. Dann ist das Ich eine Möglichkeit des Geistes, die seinen Reichtum zeigt, und nicht mehr die Einengung, die besteht, solange das Ich noch für wirklich gehalten wird.

Darüber hinaus entwickelt sich auch die Weisheit, die die wahre Natur, die **Selbstlosigkeit aller Phänomene** erkennt. Der Meister Nagarjuna beschreibt diese Natur als frei von allen extremen Vorstellungen. Spricht man von den zwei Extremen, so bedeutet dies, sie – die Natur – ist frei von Existenz oder Nicht-Existenz. Vier Extreme bedeutet, sie ist frei von Existenz oder Nicht-Existenz, von einer Kombination dieser beiden oder frei davon, keines von beiden zu sein. Oder sie ist jenseits der acht Extreme von Existenz und Nicht-Existenz, von Samsara und Nirvana, von Kommen und Gehen (oder Anfang und Ende) sowie von Einheit und Vielheit. Dazu gibt Nagarjuna weitere Begründungen:

Wenn etwas wahrhaft existierte, müsste es an einem bestimmten Punkt entstanden sein. Untersuchen wir aber, wie Dinge überhaupt entstanden sein können, so stellen wir fest, dass sie nicht aus sich selbst entstehen können, denn dann wären sie bereits da und bräuchten erst gar nicht zu entstehen. Entstünden sie aus sich selbst, so gäbe es auch keine Veränderung, denn es könnte niemals etwas anderes entstehen als die Ursache selbst.

Ebenso können die Dinge auch nicht aus etwas anderem entstehen, was völlig verschieden von der Wirkung wäre, denn sonst gäbe es keine Verbindung zwischen Ursache und Wirkung. Die Konsequenz wäre, dass alles aus allem entstehen könnte. Die Kombination von Entstehen aus sich selbst und aus anderem ist ebenfalls unmöglich, denn wenn beide bereits widerlegt wurden, kann auch die Kombination niemals richtig sei. Und die letzte Möglichkeit, Entstehen ohne Ursache, widerspricht der Tatsache, dass jede Wirkung von einer Ursache abhängt. Wenn aber Entstehen nicht existiert, gibt es auch kein Verweilen und kein Vergehen.

Durch solche logischen Untersuchungen lösen sich alle festen Vorstellungen, alles Anhaften an der Wirklichkeit der Dinge, auf und man erkennt, dass das abhängige Entstehen der Dinge und ihre Leerheit von unabhängiger Existenz die zwei Seiten der gleichen Münze sind. Die höchste Form der Weisheit besteht darin, über alle begrifflichen Geisteszustände hinauszugehen. Man könnte, nachdem wahrhafte Existenz widerlegt wurde, leicht an Nicht-Existenz festhalten. Das aber würde bedeuten, Ursache und Wirkung zu leugnen, d.h. man könnte auch keine Ursachen mehr für Befreiung und Erleuchtung aufbauen. Tatsächlich ist der Glaube an die Existenz der Nicht-Existenz schon ein Widerspruch in sich selbst, und man kann über Nicht-Existenz auch nur im Verhältnis zu Existenz sprechen. Also hat keines von beiden eine unabhängige Wirklichkeit.

Nun noch einige generelle Erklärungen zur Weisheit. Weisheit macht die Handlungen der Bodhisattvas erst zu befreienden Handlungen. Würden die ersten fünf Paramitas ohne Weisheit praktiziert, so wären es nur positive Handlungen, die nicht aus dem Existenzkreislauf hinausführen. Praktizierte man dagegen die Weisheit ohne die anderen Paramitas, so bestünde die Gefahr, im friedvollen Zustand der Befreiung stecken zu bleiben, wie es im Theravada geschieht. Methode oder Mitgefühl und Weisheit müssen immer zusammenkommen, um die volle Erleuchtung zu erreichen. Dies wurde auch schon im Kapitel über Sutra und Tantra gezeigt.

In diesem Zusammenhang werden oft die Begriffe »relative« und »absolute Wahrheit« verwendet. Die relative Wahrheit bildet die Methoden, um die absolute Wahrheit, die eigentliche Natur der Phänomene, zu erkennen. Auf relativer Ebene braucht man ein Verständnis von Ursache und Wirkung, vom abhängigen Entstehen aller Dinge. Wird aber die wirkliche Bedeutung der absoluten Wahrheit, die offene, klare Unbegrenztheit des Geistes, jenseits von allen begrifflichen Zuschreibungen erkannt, so ist man nicht mehr durch die äußere Welt begrenzt. Besondere Fähigkeiten stellen sich ein, wie z. B. Kontrolle über die Elemente usw. Man kann viele Dinge tun, die über die Grenzen des Gewöhnlichen hinausgehen.

Wie zeigt sich die Weisheit in Verbindung mit den anderen Paramitas? Wenn jede Paramita mit dem Verständnis, dass Subjekt, Objekt und Handlung Teile derselben Ganzheit sind, leer von wahrhafter Existenz, praktiziert wird, so macht man sie zu wirklich befreienden Handlungen. Wer z. B. einem Bettler etwas gibt, sollte nicht hochmütig auf ihn herabschauen, sondern dankbar sein für die Möglichkeit, Freigebigkeit zu praktizieren und damit Ursachen für Erleuchtung zu schaffen. Bei genauerem Nachdenken kann man erkennen, dass man leicht auch in seiner Lage sein könnte, da sich alles ständig ändert. Schließlich wird die gesamte Situation als abhängiges Entstehen gesehen, bei dem es niemals eine wirkliche Trennung zwischen Subjekt, Objekt und Handlung gibt. So wird Weisheit mit Freigebigkeit verbunden. Das Gleiche gilt auch für alle anderen befreienden Handlungen.

Wenn es möglich ist, sollte nicht nur die Weisheit mit den anderen Paramitas verbunden werden, sondern gemäß den *Prajnaparamita*-Schriften sollte jede Paramita auch die Praxis aller anderen einschließen. Richtiges Verhalten soll mit Freigebigkeit verbunden werden, d. h. Geben ohne selbstbezogene Motive wie Verachtung, Erwartung einer Belohnung usw. Geben ohne Bedauern und mit Inspiration schließt die Praxis der Geduld mit ein. Ohne Unterlass zu geben und wünschend, zukünftig noch mehr zu geben, ist freudige Ausdauer. Wer ohne Ablenkung, mit einsgerichteter Konzentration gibt, schließt die Paramita der meditativen Konzentration mit ein.

Das Resultat der Praxis der Weisheit ist wachsende Intelligenz und die Entwicklung von Wohlergehen und Glück auf allen Ebenen.

4. Die Hauptpraxis

Kurze Erklärung

Wer eine Verbindung mit dem Tibetischen Buddhismus hat, kann die höchste Ebene der Meditation verwenden, die der Buddha gegeben hat, den Diamantweg. Der Hauptteil der Meditation sollte in diesem Fall eine Praxis des Diamantwegs sein. Wir identifizieren uns hier mit verschiedenen Ausdrucksformen der Erleuchtung: mit dem Lehrer, den Buddha-Aspekten oder Yidams und den Schützern. Wie bereits im Zusammenhang mit der Zuflucht erklärt, teilt der Lehrer die mit seiner Verwirklichung verbundene Erfahrung mit uns und gibt uns den Segen für die Praxis. Die Buddha-Aspekte drücken die perfekten erleuchteten Eigenschaften aus, wie Furchtlosigkeit, Freude, Mitgefühl, Weisheit usw. Ihre Funktion ist, gewöhnliche und außergewöhnliche Fähigkeiten in uns entstehen zu lassen. Die Schützer beseitigen äußere und innere Hindernisse auf dem Weg und führen die spontane Buddha-Aktivität zum Nutzen der Wesen aus.

Sind alle Voraussetzungen für die Diamantweg-Praxis erfüllt, so wendet man die drei Aspekte der Praxis an, die »Mudra«, »Mantra« und »Samadhi« genannt werden. Dies sind 1. die Entstehungsphase der Meditation, bei der wir uns auf die Form des Buddha konzentrieren, dann 2. die Mantraphase, bei der der Name des Buddha, also die Schwingung verwendet wird, die äußere und innere Wahrheit miteinander verbindet, und schließlich 3. die Vollendungsphase, bei der wir mit dem Buddha verschmelzen und untrennbar eins werden. So reinigen wir jeweils Körper, Rede und Geist von allen oberflächlichen Schleiern.

Ausführliche Erklärung

Wie bereits im Kapitel über Sutra und Tantra (im zweiten Teil) ausgeführt wurde, identifiziert man sich im Tantra-Fahrzeug, dem Diamantweg, mit den Buddha-Eigenschaften des eigenen Geistes. Dies geht weit über die Methoden des Sutra-Fahrzeugs hinaus, in dem durch analytische Methoden die Ursachen für Erleuchtung aufgebaut werden. Die Grundlage für die Diamantweg-Praxis sind die Belehrungen über die Buddha-Natur in allen fühlenden Wesen. Die Sichtweise ist hier folgende: Die Natur des Geistes ist von Anfang an rein. Die Schleier, die uns im Augenblick davon abhalten, die reine Natur unseres Geistes zu erkennen, sind oberflächlich und betreffen nicht die Essenz des Geistes. In den Tantras heißt es daher: »Alle Wesen sind schon Buddhas, ob sie es erkannt haben oder nicht.«

Im Diamantweg besteht die Übung darin, sich auf der Grundlage des Vertrauens in die Natur des eigenen Geistes so direkt wie möglich auf die dem Geist innewohnende Buddhaschaft auszurichten. Wir selbst sehen uns als Buddhas und die Welt mit allen Lebewesen darin als den Kraftkreis des Buddha, auf den wir meditieren. Diese reine Sicht entspricht, wie ebenfalls im Kapitel über Sutra und Tantra gezeigt wurde, der eigentlichen Natur der Dinge. Da aber die Gewohnheiten besonders am Anfang noch sehr stark sind, ist zunächst ein Training erforderlich, das Schritt für Schritt die dem Geist innewohnenden Qualitäten freisetzt.

Die Praxis des Diamantwegs lässt sich in drei Teile unterteilen, die Vorbereitung, den Hauptteil und den Abschluss. Die allgemeine Vorbereitung besteht darin, sich für diese Form der Meditationspraxis so gut wie möglich zu qualifizieren. Vor Beginn der eigentlichen Praxis sollten wir möglichst von einem qualifizierten Lehrer eine Übertragung und damit die Erlaubnis für die Praxis bekommen. Die spezielle Vorbereitung besteht aus den vier grundlegenden Gedanken, Zuflucht und Erleuchtungsgeist. Der Hauptteil ist die Diamantweg-Praxis selbst, die in zwei oder drei Phasen unterteilt ist. Der abschließende Teil stellt die Verbindung zum Alltag her. Hier geben wir die guten Eindrücke aus der Meditation an alle Wesen weiter und üben, die Frische der Erfahrung auch nach der Meditation beizubehalten. Diese drei Abschnitte werden in der Folge genauer erklärt.

Der Beginn

Wer neu zu einem Zentrum oder einer Meditationsgruppe der Karma-Kagyü-Linie des Tibetischen Buddhismus kommt, kann bereits nach einer kurzen Einführung eine Meditation des Diamantwegs mitmachen. Der Schutz, der immer notwendig ist, wenn besonders kraftvolle Mittel verwendet werden, ist durch die Reife und Erfahrung des Leiters der Meditation und der gesamten Gruppe gewährleistet. Die Mitglieder halten die Verbindung zu ihren Lehrern und geben damit den Segen für ein erstes Kennenlernen der Meditation weiter. Im Tibetischen wird hierfür der Begriff »Gomlung« verwendet, was »Übertragung durch gemeinsame Meditation« bedeutet.

Wem der Geschmack der Arbeit mit dem Geist den Appetit geweckt hat und wer eine regelmäßige, vielleicht sogar tägliche Praxis machen möchte, der hat nach der Zufluchtnahme zwei Möglichkeiten: Die erste ist, sich auf eine bestimmte Meditation zu konzentrieren, ohne einem stufenweisen Aufbau durch verschiedene Meditationsformen zu folgen. Dies könnte z. B. die Meditation auf den 16. Karmapa sein. Die zweite Möglichkeit besteht in diesem stufenweisen Aufbau, der zur Praxis der höchsten Meditationsform befähigt, die der Buddha gegeben hat, der Praxis des »Großen Siegels« (skt. mahamudra).

Auf jeder Stufe dieser Entwicklung gibt es eine andere Hauptpraxis. Durch die besondere Kraft der Reinigung alten Karmas und der Entfaltung der Qualitäten im Geist schaffen die vier Grundübungen (tib. ngöndro) erst die Voraussetzung für die sehr fortgeschrittene Meditation des Großen Siegels. Ohne eine gute Grundlage wäre man nicht genügend qualifiziert für diese Praxis. Der stufenweise Weg der Kagyü-Linie wird im vierten Teil genauer erklärt.

Einweihung, Übertragung durch Lesen und Erklärung der Meditation

Obwohl wir viele Formen der Praxis bereits in Erwartung der Übertragung durch einen qualifizierten Lehrer beginnen können, entfaltet sich der volle Nutzen der Meditation im Diamantweg erst durch eine solche Übertragung. Für manche Meditationen genügt eine genaue Erklärung, für andere sollten wir wenigstens die Übertragung durch Lesen bekommen haben. Eine vollständige Übertragung im Diamantweg beinhaltet jedoch außer diesen beiden den Erhalt einer Einweihung oder Ermächtigung. Eine solche Einweihung ist im klassischen Sinn der Eintritt in den Diamantweg. Im Folgenden werden alle drei Aspekte von Übertragungen im Einzelnen erklärt.

Einweihung

Der Begriff »Einweihung« oder »Ermächtigung« bedeutet wörtlich übersetzt »Einweihung, indem Wasser gesprenkelt wird« (skt. abhisheka) oder »Kraftübertragung« (tib. wang). Es ist eine schnelle Methode, um den Geist des Schülers zur Reife zu bringen. Der Lehrer, der die Einweihung gibt, meditiert auf einen bestimmten Buddha-Aspekt und verbindet uns mit diesem. Er überträgt seine Erfahrung dieser erleuchteten Qualität auf uns, indem er uns schrittweise in den Kraftkreis des jeweiligen Buddha-Aspektes einführt und damit den Samen für die Entwicklung dieser Qualität in unseren Geist einpflanzt. Die Schleier von Körper, Rede und Geist werden gereinigt, und die regelmäßige Meditationspraxis bringt dann die uns innewohnenden Qualitäten zur Entfaltung. Das führt schließlich zur Verwirklichung der drei Zustände eines Buddha.

Der Ablauf der Einweihung – also die Anzahl der Stufen –, die Funktion der einzelnen Stufen und auch die Form der damit verbundenen Meditationspraxis hängen von der Tantra-Klasse ab, zu der der jeweilige Aspekt gehört. Nach der meistverwendeten Einteilung gibt es insgesamt vier Tantra-Klassen. Diese vier Tantra-Klassen sollen zunächst in kurzer Form dargestellt werden. Die Tantras sind vom Buddha selbst gelehrt worden. Sie sind in der Sammlung der direkten Lehren Buddhas (tib. kanjur) der Gruppe der Meditationsbelehrungen zugeordnet und bilden den Hintergrund für die gesamte Diamantweg-Praxis.

Die vier Tantra-Klassen

Die vier Klassen sind Kriya-, Carya-, Yoga- und Anuttarayoga-Tantra. Sie unterscheiden sich nach der Art der Praktizierenden, für die sie gegeben wurden. Die beiden ersten, das Kriya- und das Carya-Tantra, legen ihren Schwerpunkt auf das äußere Verhalten. Bestimmte Rituale und die Reinlichkeit bei der Praxis spielen hier eine große Rolle. Sind diese Aspekte für einen Praktizierenden wichtig, so sollte er in erster Linie diese Tantra-Klassen verwenden. In den beiden höheren Klassen, dem Yoga- und dem Anuttarayoga-Tantra, sind die äußeren Verhaltensweisen weniger wichtig. Hier arbeiten wir so direkt wie möglich mit der Natur des Geistes selbst.

Im **Kriya-Tantra**, was mit »Handlungs-Tantra« übersetzt werden kann, betrachtet man den Buddha-Aspekt als höher gestellt, so wie einen König oder Chef in der Firma. Man bringt ihm zahlreiche Geschenke dar, um ihm seinen Respekt auszudrücken. Diese Gaben dürfen niemals unreine Substanzen sein in dem Sinne, wie sie im alten Indien betrachtet wurden, nämlich Fleisch, Alkohol, Zwiebeln oder Knoblauch usw. Bevorzugt werden Dinge gegeben, die eine weiße Farbe haben, wie Reis, Joghurt, Milch und bestimmte Süßigkeiten. Im Allgemeinen hat eine Einweihung in dieser Tantra-Klasse zwei Stufen, die so genannte »Vasen-Wasser-« und »Kronen-Einweihung«. Typische Beispiele sind die Fastenpraxis auf den tausendarmigen Liebevolle Augen (skt. Avalokiteshvara, tib. Chenrezig) und das Mandala-Ritual der Grünen Befreierin (skt. Tara, tib. Dölma).

Im **Carya-Tantra**, wörtl. »Verhaltens-Tantra«, beziehen wir uns auf den Buddha-Aspekt wie auf einen guten Freund, der uns selbst gleichgestellt ist und uns hilft. Das äußere Verhalten ist hier zwar noch sehr ähnlich wie das im Kriya-Tantra – Achten auf Reinlichkeit usw. –, aber in der Sichtweise nähert man sich bereits der nächsten Tantra-Klasse, dem Yoga-Tantra, an. Die eigentliche Natur der Dinge wird als frei von inhärenter Existenz betrachtet und ihre Erscheinungsweise als das reine Land oder Kraftfeld des Buddha-Aspektes, in den man eingeweiht wird. Alle Wesen erscheinen in der Form dieses Buddha. Zusätzlich zu den »Wasser-« und »Kronen-Einweihungen« gibt es hier die »Vajra-«, »Glocken-« und »Namen-Einweihungen«. Ein Beispiel für diese Tantra-Klasse ist eine bestimmte Form von Grenzenloses Leben (skt. Amitayus, tib. Tsepame).

Die dritte Tantra-Klasse ist das **Yoga-Tantra**, auf Deutsch »Vereinigungs-Tantra«. Hier gibt es kaum noch spezielle Regeln für das Verhalten, wir legen den Schwerpunkt auf innere Aspekte, auf den Geist selbst. Auch das Verhältnis zu dem Buddha-Aspekt, auf den wir uns beziehen, ist anders. Wir betrachten hier den Buddha-Aspekt als untrennbar von uns selbst, wir sind der Buddha. Durch die Meditationspraxis wird dies Schritt für Schritt verwirklicht. Zusätzlich zu den fünf Stufen der Einweihung in der Carya-Tantra-Klasse gibt es hier als sechste Stufe die so genannte »Vajrameister-Einweihung«. Der Buddha Vairocana (Der Strahlende, tib. Nampar Nangdse) ist der wichtigste Aspekt des Yoga-Tantras. Ein weiteres Beispiel für diese Klasse ist eine bestimmte Form von Diamantgeist (skt. Vajrasattva, tib. Dorje Sempa).

Die vierte und höchste Tantra-Klasse ist das **Anuttarayoga-Tantra** oder das »höchste Vereinigungs-Tantra«. Die Tantras dieser Klasse hat der Buddha immer im Freudenzustand (skt. sambhogakaya) gelehrt, d. h. er ist selbst in der jeweiligen Form erschienen, in die er seine Schüler, z. B. den König Indrabhuti, eingeweiht hat. Wir entwickeln die Bewusstheit, von Anfang an niemals verschieden von dem jeweiligen Buddha-Aspekt gewesen zu sein. Die Buddha-Aspekte sind Ausdrucksformen der erleuchteten Eigenschaften des eigenen Geistes. Es geht um die Manifestation der Buddha-Natur mit diesen Qualitäten. Wir richten uns auf die reine Natur des Geistes aus und wandeln alle Hindernisse und Störungen in höchste Weisheit um.

Die vier Tantra-Klassen

Tantra-Klasse	Übersetzung	Schwerpunkt der Praxis	Verhältnis zum Buddha	Zentraler Buddha-Aspekt
Kriya-Tantra	Handlungs-Tantra	äußeres Verhalten	wie König oder Chef	tausendarmiger Liebevolle Augen
Carya-Tantra	Verhaltens-Tantra	äußeres Verhalten	guter Freund	Grenzenloses Leben
Yoga-Tantra	Vereinigungs-Tantra	liegt mehr innen, im Geist	wir selbst	Der Strahlende
Anuttarayoga-Tantra	höchstes Vereinigungs-Tantra	die reine Natur des Geistes mit erleuchteten Eigenschaften	von Anfang an niemals getrennt	Höchste Freude in Vereinigung mit Rote Weisheit

Eine Einweihung der Anuttarayoga-Tantra-Klasse besteht grundlegend aus vier Stufen, die noch weiter unterteilt sein können. Diese vier Stufen sind die »Vasen-Einweihung«, die »Geheime Einweihung«, die »Weisheits-Bewusstheits-Einweihung« und die »Wort-Einweihung«. Hier wird die schnelle Methode übertragen, Körper, Rede und Geist einzeln und dann alle drei zusammen von Anhaftung und anderen Schleiern zu reinigen. Wir können unsere gewöhnliche Weise, die Welt wahrzunehmen, so völlig umwandeln. Wir erhalten die Inspiration des jeweiligen Buddha-Aspektes und damit die Erlaubnis, auf die Form des Aspektes, sein Mantra und die Natur des Geistes selbst zu meditieren.

Das Anuttarayoga-Tantra wird weiter unterteilt in Vater-, Mutter- und nichtduales Tantra, je nachdem auf welcher der vorher genannten vier Stufen und auf welcher damit speziell verbundenen Meditation der Schwerpunkt liegt. Liegt die Betonung auf der zweiten Stufe, der Geheimen Einweihung, so handelt es sich um das Vater-Tantra. Die Meditation arbeitet hier hauptsächlich mit dem Energiesystem im Körper. Ein Beispiel für einen Buddha-Aspekt dieser Tantra-Klasse ist Machtvoller Ozean (skt. Jinasagara, tib. Gyalwa Gyamtso) in Vereinigung.

Wird die dritte Stufe, die Weisheits-Bewusstheits-Einweihung, hervorgehoben, so ist es das Mutter-Tantra. Hier wird in der Meditation das gleichzeitige Entstehen von Raum und Freude besonders praktiziert. Ein Beispiel ist Höchste Freude (skt. Chakrasamvara, tib. Khorlo Demchok) in Vereinigung mit Rote Weisheit (skt. Vajravarahi, tib. Dorje Phagmo). Liegt der Schwerpunkt auf der vierten Stufe, der Wort-Einweihung, so ist es das nichtduale Tantra, und in der Meditation wird das Große Siegel (skt. mahamudra, tib. chag chen) praktiziert. Hier ruht man unmittelbar in der Natur des Geistes, jenseits von allen Begriffen. Der wichtigste Buddha-Aspekt dieser Tantra-Klasse ist Rad der Zeit (skt. Kalachakra, tib. Dükyi Khorlo) in Vereinigung. In der Alten Tantra-Tradition (tib. Nyingma) werden diese drei Tantra-Klassen Mahayoga-, Anuyoga-, und Atiyoga-Tantra genannt.

Die Anuttarayoga-Tantra-Klasse

Stufen der Einweihung	**Tantra-Klasse nach Stufe**	**Schwerpunkt der Praxis**	**Reinigung, Verwirklichung**	**Zentrale Buddha-Aspekte**
Vasen-Einweihung		Umwandlung der fünf Störgefühle in fünf Weisheiten	Körper, Ausstrahlungszustand	Fünf Buddha-Familien
Geheime Einweihung	Vater-Tantra (Mahayoga T.)	Energiesystem	Rede, Freudenzustand	Machtvoller Ozean
Weisheits-Bewusstheits-Einweihung	Mutter-Tantra (Anuyoga-T.)	Raum und Freude, höchste Einsicht	Geist, Wahrheitszustand	Höchste Freude und Rote Weisheit
Wort-Einweihung	nichtduales T. (Atiyoga-T.)	Großes Siegel	Körper, Rede u. Geist, Essenzzustand	Rad der Zeit

Nun gibt es noch eine einfache Form der Einweihung, die vergleichsweise oft gegeben wird, die so genannte »Erlaubnis-Einweihung« (tib. dje nang). Sie besteht aus mindestens fünf Stufen, wobei jeweils ein Segen für Körper, Rede, Geist, Qualitäten und Aktivitäten übertragen wird. Zum Abschluss wird hier meistens noch eine »Torma-Einweihung« gegeben, die alle vorherigen Stufen zusammenfasst. Wie der Name »Erlaubnis-Einweihung« sagt, ist mit dieser Einweihung die Erlaubnis verbunden, die vollständige Praxis des jeweiligen Buddha-Aspektes auszuführen. Es handelt sich aber eher um einen Segen für die Praxis, und es bleibt einem freigestellt, ob man die entsprechende Praxis regelmäßig verwendet oder nicht.

Es wurden viele komplizierte Fachbegriffe genannt, die eigentlich weitere, umfangreiche Erklärungen benötigen. Das ist in diesem Zusammenhang nicht möglich, weil es hier mehr um die praktische Ausführung der Meditation geht und die Tantras geheim sind. Wie bereits am Anfang gesagt wurde, sind Buddhas Lehren äußerst tiefgründig und immer mit praktischer Erfahrung verbunden. Die jeweiligen Erklärungen werden im Diamantweg nur für die Praxis gegeben. Wenn jeder ohne die notwendigen Voraussetzungen diese Erklärungen bekommen und verwenden könnte, würden sie keinen Nutzen mehr bringen, und es würde die Kraft der Praxis sogar schwächen. Auch die Resultate wären nicht mehr sichergestellt. Wer sich in der Meditation weiterentwickelt, erhält die notwendigen Informationen zum richtigen Zeitpunkt.

Nun noch einige praktische Erklärungen im Zusammenhang mit Einweihungen: Für die Teilnahme an einer Einweihung ist es gut, vorher ein Reinigungs-Mantra wie vom Buddha Diamantgeist zu verwenden und sich damit für die Übertragung zu öffnen. Während der Einweihung ist es wichtig, den Lama, der die Einweihung gibt, so gut wie möglich als den betreffenden Buddha-Aspekt zu sehen. Dadurch wird man aufnahmefähiger für den Segen. Am Ende der Einweihung erfolgt vom Lama persönlich der Segen durch die verschiedenen Attribute, die während der Einweihung verwendet wurden. Hier ist es auch möglich, dem Lama aus Dankbarkeit ein Geschenk zu machen.

Wir versprechen, die Verbindung zum Lama, zu dem Buddha-Aspekt und zu den Mitpraktizierenden zu halten, denn durch die Einweihung ist ein besonderes Band zwischen Lehrer und Schülern entstanden. Der Lama, der eine außergewöhnlich hohe Qualifikation besitzt, um überhaupt eine Einweihung geben zu können, hat seine Erfahrung von der Erleuchtung mit den

Schülern geteilt. Die Schüler sind im Verlauf der Einweihung durch einen Reifeprozess hindurchgegangen, der sie nun vollkommen für die Meditation auf dem Diamantweg qualifiziert.

Übertragung durch Lesen

Die Übertragung durch Lesen (tib. lung) besteht darin, dass der tibetische Text für die Meditationspraxis vorgelesen wird. Die mündliche Übertragung, die damit verbunden ist, geht auf den historischen Buddha Shakyamuni zurück, der alle seine Lehren mündlich an seine Schüler weitergegeben hat. Der Buddha hat dabei nach Meinung der meisten Historiker hauptsächlich den Dialekt von Magadha innerhalb der mittelindischen Umgangssprache Prakrit gesprochen. Seine Lehren wurden dann sowohl in Pali, einem anderen dem Sanskrit ähnlichen mittelindischen Dialekt, als auch in Sanskrit selbst, der alten »Götter- und Gelehrtensprache« Indiens, niedergeschrieben.

Auch nach dem Tod des Buddha spielten die verschiedenen mündlichen Übertragungslinien eine wichtige Rolle. Im Theravada wurden sie von den »sieben Regenten des Buddha« weitergegeben. Ebenso geschah es bei der Übertragung durch die Patriarchen des Zen-Buddhismus. Besonders aber für die Tantras ist die mündliche Übertragung zentral. Beginnend mit den direkten Schülern des Buddha wird bei der Übertragung durch Lesen der Segen der Worte Buddhas in einer ungebrochenen Linie an uns weitergegeben.

Zusätzlich hat jeder Meister, der auf der Grundlage dieser Übertragung Verwirklichung erlangt hat, die Kraft seiner Verwirklichung der Übertragung hinzugefügt. So ist ein äußerst kraftvoller Segensstrom entstanden. In dem für die Übertragung durch Lesen verwendeten tibetischen Begriff »Lung« sind weiterhin die Bedeutungen »Autorisation« und »Versprechen« enthalten. Diese Übertragung autorisiert dazu, selbst die Meditationspraxis auszuführen. Das Versprechen besagt: So wie die früheren Meister auf der Grundlage dieser Übertragung Verwirklichung erlangt haben, wird jeder, der entsprechend praktiziert, Verwirklichung erlangen.

Dabei spielt es keine Rolle, dass man die tibetischen Worte normalerweise nicht versteht. Das Entscheidende dabei ist, dass der Klang unmittelbar ans Ohr dringt. Der 16. Karmapa, Rangjung Rigpe Dorje hat gesagt, es finde keine direkte Übertragung mehr statt, wenn der Klang der Stimme von einer Kassette oder von einem Videoband kommt. Er müsse direkt vom Mund eines Halters dieser Übertragung zum Ohr des Schülers gelangen. Die Übertragungslinie, die darin besteht, dass eine Übertragung über Jahrhunderte immer direkt vom Lehrer zum Schüler weitergegeben wurde, ist eigentlich ein eigenes wichtiges Thema, auf das später bei den Grundübungen im Zusammenhang mit der Meditation auf den Lehrer (skt. guru-yoga) noch einmal genauer eingegangen wird.

Wie wichtig die Übertragung durch Lesen ist, konnten vor einigen Jahren mehrere Praktizierende feststellen, die die vier Grundübungen ohne eine solche Übertragung gemacht hatten. Sie hatten zwar allgemeine Erklärungen zur Praxis bekommen, konnten aber aufgrund des Fehlens einer Übertragung durch Lesen während und am Ende der Grundübungen nicht die entsprechenden Resultate der Praxis erreichen. S. E. Künzig Shamar Rinpoche, der derzeitige Leiter der Karma-Kagyü-Linie, gab ihnen die Übertragung und ließ sie dann die gesamten Grundübungen wiederholen. Erst dann stellten sich die Resultate der Praxis ein.

Erklärung der Meditation

Als dritte Voraussetzung für die Diamantweg-Praxis erhalten wir eine genaue Erklärung der Meditation auf den jeweiligen Buddha-Aspekt. Eine solche Erklärung variiert je nach Form der Meditation von der kürzestmöglichen Art über mittlere Formen bis zu äußerst detaillierten Erklärungen. Sie hängen weitgehend von der Fähigkeit des Schülers ab, die verschiedenen Formen der Meditation zu verwenden. Die speziellen Erklärungen für eine bestimmte Form der Praxis werden nur gegeben, wenn diese Praxis auch gemacht wird. In seltenen Fällen, z. B. wenn jemand in einem Land wohnt, in dem es schwierig ist, die Erklärung für den nächsten Schritt in seiner Praxis zum genau passenden Zeitpunkt zu bekommen, werden die Erklärungen auch schon wesentlich früher gegeben, als sie in der Praxis verwendet werden.

Diese Erklärungen sind eine Art Gebrauchsanweisung und geben den vollen Zugang zur jeweiligen Meditation. Sie werden daher auch als Methoden bezeichnet, um Befreiung zu erlangen. Es ist wichtig, eine solche Erklärung wenigstens einmal persönlich von einem Lehrer zu erhalten, der eine Erfahrung von dieser Praxis besitzt. So kann man sich mit den jeweils aktuellen Anweisungen vertraut machen und dabei Fragen oder unklare Punkte persönlich klären. Der Diamantweg arbeitet ganzheitlich, d. h. alle Aspekte der

Persönlichkeit werden einbezogen. Natürlich können ergänzende Quellen wie Mitschriften, Bücher oder Kassetten herangezogen werden, um das Verständnis zu vertiefen.

Die drei Hauptphasen der Diamantweg-Meditation

Nach einer klaren Anleitung, wie die jeweilige Meditation richtig ausgeführt wird, geht es darum, dieses Wissen in Erfahrung umzusetzen. Wir wenden uns der eigentlichen Praxis zu. Wir beginnen mit dem einleitenden Teil, der die spezielle Vorbereitung in der Meditation auf einen Buddha-Aspekt bildet. Wir sitzen so angenehm wie möglich. Die Hände ruhen im Schoß, die Rechte auf der Linken, die Daumen berühren sich leicht. Der Rücken ist gerade und das Kinn leicht eingezogen.

Wir beginnen mit einer kurzen Beruhigungsmeditation auf den Atem, der an der Nasenspitze kommt und geht, konzentrieren dadurch den Geist und schaffen Abstand zu den vielfältigen Alltagsgedanken. Dann folgen die vier grundlegenden Gedanken, die den Geist auf Befreiung und Erleuchtung ausrichten. Die Zufluchtnahme schützt uns vor allen Arten von Leid und richtet auf bleibendes Glück aus. Die Entwicklung der erleuchteten Geisteseinstellung schafft die richtige innere Einstellung für die Praxis. Wir führen diese Praxis aus, um so schnell wie möglich Erleuchtung zum Wohl aller Wesen zu erreichen.

Dann lassen wir einen Buddha im Geist entstehen. Es folgen also die Hauptphasen der Diamantweg-Praxis selbst. Sie besteht aus zwei oder drei Phasen. Bei zwei Phasen unterscheidet man die aufbauende oder Entstehungsphase und die Vollendungs- oder Verschmelzungsphase. Bei drei Phasen wird die Mantraphase noch einmal von der Entstehungsphase abgetrennt. Die Fachbegriffe für diese drei Phasen heißen »Mudra«, »Mantra« und »Samadhi«. Auf der Grundlage der Buddha-Natur, die mit allen perfekten Qualitäten der Erleuchtung ausgestattet ist, werden diese Phasen als Methoden verwendet, um Körper, Rede und Geist von allen oberflächlichen Schleiern zu reinigen. Dadurch wird die Manifestation der drei Zustände eines Buddha erlangt: des Wahrheitszustandes, des Freudenzustandes und des Ausstrahlungszustandes.

Diese Funktionsweise der Meditation auf Buddha-Aspekte wird nun noch einmal systematisch dargestellt:

- Die Grundlage ist die Buddha-Natur mit allen perfekten Qualitäten.
- Das Objekt der Praxis ist die Reinigung der oberflächlichen Schleier.
- Die Methoden sind die Entstehungs- und die Vollendungsphase.
- Die Frucht der Praxis ist die Verwirklichung der drei Zustände eines Buddha.

Die drei Phasen der Praxis werden im Folgenden genauer erklärt.

Entstehungsphase

Die allgemeine Bedeutung des Begriffs »Mudra« ist »Zeichen« oder »Symbol, Ausdrucksform«. Spezielle Bedeutungen können auch »Körperhaltung, Geste, Siegel, Form, Gefährtin, Versprechen« oder »Wesensmerkmal« sein. Für den Meditierenden bedeutet es zunächst, dass die richtige Körperhaltung sehr wichtig ist. Nur wenn der Rücken einigermaßen gerade und das Kinn leicht eingezogen ist, können die Energien in den zentralen Energiekanal eintreten, was die Entwicklung tiefer Meditationserfahrungen fördert. Die Hauptbedeutung des Begriffs Mudra bei der Meditation auf Buddha-Aspekte bezieht sich auf deren Erscheinungsform und Umgebung.

Vergegenwärtigen wir uns eine solche Erscheinungsform in der Entstehungsphase der Meditation, so wird hier hauptsächlich die Konzentration und die Klarheit des Geistes geübt. Im Zusammenhang mit den Meditationen im Sutra-Fahrzeug haben wir bereits viele verschiedene Methoden gesehen, den Geist zu beruhigen und eine gute Konzentration zu entwickeln. Im Diamantweg wird zu diesem Zweck die Form eines Buddha-Aspektes verwendet. In der Meditation auf den 16. Karmapa z. B. erscheint vor uns aus dem Raum die goldene, durchsichtige Form eines Buddha in der Form des 16. Karmapa, eine Gestalt aus Licht und Energie. Diese Form wird in allen Einzelheiten beschrieben, von der Schwarzen Krone bis zur vollen Meditationsstellung und dass er von einem Kraftfeld aus Regenbogenlicht umgeben ist.

Wir gehen diese Einzelheiten mit der Beschreibung durch und versuchen, sie im Geist zu vergegenwärtigen. Wir bauen ein Bild von dem Buddha-Aspekt im Geist auf und konzentrieren uns darauf. Zunächst stellen wir uns die Teile der Form von oben nach unten einzeln vor, dann mehr und mehr die ganze Form. Üben wir alleine, ist es sinnvoll, zunächst auf das Bild zu schauen, um uns die Einzelheiten leichter zu vergegenwärtigen. Nach einiger Zeit funktioniert es ohne Bild, allein anhand der Beschreibung.

Klappt es trotz Übung nicht, so ist wahrscheinlich die Kraft der Konzentration noch nicht stark genug. In diesem Fall lohnt es sich, als Vorübung einfachere Formen zu verwenden, z. B. einige Zeit die Licht-Atem-Meditation zu machen, bei der man sich zusammen mit dem Atem auf drei verschiedenfarbige Lichter konzentriert und nach einer Weile auch drei Klänge dazu hört. Wird der Geist ruhiger und konzentrierter, gehen wir zu schwierigeren Formen über. So baut sich die Konzentrationsfähigkeit stufenweise auf, und wir können schließlich komplexe Buddha-Aspekte vergegenwärtigen.

Gelegentlich sagen Leute: »Ich kann mir in der Meditation überhaupt nichts vorstellen, so sehr ich mich auch bemühe.« Hier gibt es einen einfachen Test, der Aufschluss darüber gibt, ob der Geist sich überhaupt gewohnte Bilder vergegenwärtigen kann oder nicht. Versuchen wir, uns das Haus oder Wohnzimmer unserer eigenen Eltern vorzustellen. Meist erscheint das Bild sofort klar im Geist, d. h. die Fähigkeit der Vergegenwärtigung ist vorhanden, aber wir müssen erst eine Weile neue Gewohnheiten entwickeln. Genau darin besteht das Training der Entstehungsphase. Es ist einfach Übung. Könnten wir es am Anfang schon perfekt, so brauchten wir nicht weiter zu trainieren.

Es kann auch vorkommen, dass kein konkretes Bild vom Haus oder Wohnzimmer der Eltern im Geist erscheint, obwohl wir wissen, wie es aussieht. Es ist bei vielen abstrakt denkenden Menschen im Westen möglich, dass der Geist nicht gewohnt ist, mit konkreten Formen zu arbeiten. In diesem Fall soll man ihn nicht dazu zwingen, sondern einfach das Vertrauen haben, dass der Buddha da ist, sobald man an ihn denkt, ob man ihn klar sehen kann oder nicht. Er ist der Ausdruck für die Wahrheit des Raumes, und wir öffnen uns für ihn so gut wie möglich. In diesem Fall ist die Konzentration im Geist schon weitgehend entwickelt, aber es gibt Schwierigkeiten, sich auf die Erscheinungsform eines Buddha einzustellen. Letztendlich ist der Erfolg der Meditation nicht eine Sache von inneren Vorstellungen, sondern von unmittelbarer Erfahrung der Natur des Geistes.

Für den allgemeinen Praktizierenden genügt es, wenn er sich die Meditationsform klar im Geist vergegenwärtigen kann. Wollen wir in dieser Hinsicht ein vollständiges Training durchlaufen, geschieht dies erst nach den vier Grundübungen. Hier werden die Entstehungs- und Vollendungsphase der

Meditation noch wesentlich genauer geübt. Vor allem in der so genannten Yidam-Praxis geht man durch viele Einzelheiten hindurch. Diese Wege werden im Anschluss an die Grundübungen erklärt. Um aber einige Anhaltspunkte zu geben, was das Training der Entstehungsphase beinhaltet, sollen hier kurz die wichtigsten Merkmale genannt werden. Sie ermöglichen die Entwicklung der jeweiligen Qualität im Geist und haben eine entsprechende Rückwirkung auf den Geist. Daher sollte man bei der Konzentration auf einen Buddha-Aspekt folgende vier Punkte im Bewusstsein halten:

- Klarheit: Alle Einzelheiten des jeweiligen Aspektes sollten vollkommen klar vergegenwärtigt werden, möglichst bis hin zu den feinsten Härchen der Augenbrauen.
- Vajrastolz: Dies ist die Gewissheit, von anfangsloser Zeit an der Buddha zu sein, auf den wir meditieren.
- Bedeutung der Symbole: Jede Einzelheit ist ein Symbol für eine bestimmte Qualität des Geistes. Das Verständnis davon gibt der Praxis tiefen Sinn.
- Leerheit oder ohne feste Substanz zu sein: Dies zeigt die eigentliche Natur des Buddha-Aspektes und damit auch des eigenen Geistes. Die Erscheinung hat keine Existenz an sich. Erscheinung und Leerheit sind immer untrennbar.

Der erste Punkt der **Klarheit** bedeutet, dass die meditative Konzentration sehr klar und lebendig sein sollte, auch in den Details. Am besten ist es natürlich, wenn man eine augenblickliche Vergegenwärtigung der gesamten Form zustande bringt. Dies sollte nach einiger Übung möglich sein.

Der **Vajrastolz** ist natürlich kein gewöhnlicher Stolz, denn alle Lebewesen haben die Buddha-Natur, das Potenzial für Erleuchtung. Es ist eher eine tiefe Freude und Dankbarkeit, jetzt diese Meditation machen zu können. Wir sind uns dessen bewusst, dass unser eigener Geist die Qualität bereits besitzt, die durch diesen Buddha-Aspekt symbolisiert wird. Sie muss nur noch erkannt werden.

Zu der **Bedeutung der Symbole** brauchen wir neben allgemeinen Erklärungen eine spezielle Erklärung für den jeweiligen Buddha-Aspekt. Diese wird nur direkt für die Praxis gegeben. Die einzige Ausnahme sind die Buddha-Aspekte der Lotus-Familie des Buddha Grenzenloses Licht (skt. Amitabha, tib. Öpame), dessen außerordentlich kraftvolle Wünsche einen leichten Zugang zu ihm und den anderen Aspekten seiner Familie ermöglichen. Eine allgemeine Erklärung der Symbole wird in Teil 4 bei der Yidam-Praxis gegeben (Kapitel »2. Die Wege der Praxis von Energie, Bewusstheit und Einswerdung«).

Die letzten beiden Punkte, der dritte und vierte, werden manchmal auch zusammengefasst, und es werden dann nur die ersten drei Merkmale genannt. Der Grund dafür ist, dass die **Nicht-Substanzialität des Buddha-Aspektes** auch eines der Symbole ist, ein Symbol für die Raumnatur oder Leerheit des Geistes. Während die Form klar erscheint, ist sie völlig ohne Substanz, durchscheinend, wie ein Hologramm, eine Form aus Licht und Energie. Damit weist sie unmittelbar auf die Natur des Geistes hin. Der Geist ist ohne Substanz, kein Ding. Die Meditation entfaltet ihre Wirkung genau aus diesem Grund: weil ein Buddha-Aspekt perfekt die Natur des Geistes symbolisiert und der Geist dadurch seine eigene Natur erkennen kann.

Wird der vierte Punkt extra aufgeführt, dann wird das Merkmal der Leerheit oder Raumnatur besonders betont, denn es ist schwierig zu verwirklichen, solange wir noch eine starke Anhaftung daran haben, die Welt mit allen Formen als solide und wahrhaft existent zu betrachten. Erscheinung und Leerheit sind untrennbar. Fehlt diese Sichtweise in der Meditation, so könnte der Buddha-Aspekt leicht wie eine äußere Gottheit gesehen werden, so wie z. B. einer der Hindu-Götter, dem eine unabhängige Existenz zugeschrieben wird. In diesem Fall kann die Meditation nicht als Mittel wirken, die Natur des eigenen Geistes zu erkennen.

Bei der Erklärung der Funktionsweise der Meditation auf Buddha-Aspekte wurde als zweiter Punkt genannt, dass das Objekt der Praxis die Reinigung der oberflächlichen Schleier ist. Unter diesen Schleiern ist es vor allem die Anhaftung, die uns im Kreislauf der Existenz festhält. Normalerweise haben wir eine starke Anhaftung an unseren Körper, unseren Besitz, die Umgebung, Nationalität usw. Die Meditation auf Buddha-Aspekte löst diese verschiedenen Formen von Anhaftung wirkungsvoll auf.

Dabei wird durch das Einswerden mit den Buddha-Aspekten die Anhaftung an die fünf Ansammlungen gereinigt – an die Bestandteile der Persönlichkeit, auf deren Grundlage wir unsere Person für eine Einheit und unser Ich für wirklich existent halten. Die Anhaftung an den Körper wird durch die Vergegenwärtigung der Form des Buddha-Aspektes gereinigt. Die Anhaftung an Kleidung und anderen Besitz wird durch die Vergegenwärtigung der Gewänder, des Schmucks und der verschiedenen Attribute des Buddha-Aspektes überwunden. Die Anhaftung an die Wohnung und die Umgebung wird durch die Vergegenwärtigung des Buddha-Palastes gereinigt, falls es eine komplexere Form der Praxis ist. Die Anhaftung an die weitere Umgebung, das Land und die Nationalität wird durch die Meditation auf das reine Land oder Kraftfeld (skt. mandala) des Buddha-Aspektes gereinigt.

Auch die einzelnen Phasen der Praxis dienen der Reinigung, in diesem Fall der verschiedenen Phasen unseres Lebens. So reinigt die Entstehung des Aspektes als Form aus Licht und Energie die Anhaftung an Geburt. Die Entstehungsphase insgesamt reinigt die Anhaftung an dieses Leben. Die Auflösung des Buddha-Aspektes reinigt die Prozesse des Sterbens, und das Wiedererscheinen in der Form des Aspektes nach der Auflösung reinigt die Erfahrungen des Zwischenzustandes. Damit reinigt eine vollständige Praxis den gesamten Zyklus der Existenz. Dies zeigt, wie tiefgründig die Meditation auf Buddha-Aspekte tatsächlich wirkt.

In der Meditation auf den 16. Karmapa strahlen innerhalb der aufbauenden Phase ein klares, ein rotes und ein blaues Licht erst nacheinander und dann gleichzeitig in Stirn, Kehle und Herzzentrum. Gleichzeitig hört man die innere Schwingung der Silben OM, AH und HUNG. Die Funktion dieses Teils der Meditation ist die Übertragung der vier Stufen der Einweihung, wie sie als zum Anuttarayoga-Tantra gehörig erklärt wurden. Dabei werden Körper, Rede, Geist sowie alle drei zusammen von störenden Gefühlen und einengenden Vorstellungen gereinigt und die gewöhnliche Weise, die Welt wahrzunehmen, wird völlig umgewandelt. Der Same für die Verwirklichung des Wahrheitszustandes, Freudenzustandes und Ausstrahlungszustandes sowie die Erfahrung des Großen Siegels wird in den Geist eingepflanzt.

Mantraphase

Als nächstes folgt die Mantraphase, bei der der Name des Buddha-Aspektes rezitiert wird, die Schwingung, die äußere und innere Wahrheit miteinander verbindet. Es ist eine kurze, mehrfach wiederholte Formel, die die Verbindung mit einer bestimmten Qualität des Geistes herstellt und diese Qualität aktiviert. So erreichen wir, wenn wir z.B. das Karmapa-Mantra KARMAPA TSCHENNO rezitieren, die Tatkraft der Buddhas zum Besten aller. Gleichzeitig werden die Schleier der Rede gereinigt, und alle Störungen gleiten wie auf einem Ölfilm vom Geist ab.

Dies zeigt auch die Bedeutung des Begriffs »Mantra«. Das Wort besteht aus zwei Teilen. Der erste Teil »man« bedeutet »Geist«. Er bezieht sich hier auf die Natur des Geistes, die frei von Täuschungen seit anfangsloser Zeit allen fühlenden Wesen innewohnt. Sie ist niemals geschaffen worden und enthält alle perfekten Buddha-Qualitäten. Der zweite Teil »tra« ist wie der erste ein Sanskrit-Begriff und bedeutet »schützen«. Geschützt werden muss der Geist, wenn er getäuscht ist und seine wahre Natur nicht erkennt, vor allen möglichen Störgefühlen und negativen Handlungen. Die Bedeutung des Begriffs Mantra ist daher, dass die reine Natur des Geistes vor allen Schleiern und Störungen geschützt wird.

Die meisten Mantras beginnen mit der Silbe OM, die für die Erscheinungsform des jeweiligen Buddha steht und dadurch die Verbindung zu ihm herstellt. Sie ist gleichzeitig auch ein Symbol für alle Fünf Buddha-Familien. Dann folgt der Name, z. B. MANI PEME, was den Buddha-Aspekt Liebevolle Augen anhand seiner Attribute bezeichnet. »Mani« bedeutet »Edelstein« und »Peme« bedeutet »Lotus«. Er hält diese beiden Attribute in den Händen und zusätzlich die Mantra-Kette, die die besondere Kraft seines Mantras zeigt, alle Wesen aus dem Kreislauf der Existenz zu befreien.
Die Silbe HUNG am Ende des Mantras steht für seine Aktivität zum Wohl der Wesen. Diese Aktivitätssilbe enthält den Wunsch an den jeweiligen Buddha-Aspekt, so schnell wie möglich die gewöhnlichen und außergewöhnlichen Fähigkeiten zu gewähren. Gewöhnliche Fähigkeiten sind z. B. außersinnliche Wahrnehmung oder Wunderfähigkeiten. Außergewöhnliche Fähigkeiten sind die Qualitäten, die zur Natur des Geistes gehören, wie Furchtlosigkeit, Freude und hier besonders Mitgefühl.

Man wiederholt das Mantra, in diesem Fall das Mantra von Liebevolle Augen OM MANI PEME HUNG, so oft wie möglich in der Art, wie ein Kind seiner Mutter ununterbrochen in den Ohren liegt. Irgendwann kann die Mutter nicht mehr anders, als dem Kind das zu geben, was es haben will. Obwohl es im absoluten Sinn niemanden gibt, der einem die Wünsche erfüllen könnte, erlangt man doch durch die ständige Bitte unweigerlich die Verwirklichung aller perfekten Eigenschaften.

Neben diesem authentischen Mittel, das Buddha gegeben hat, und der eigenen Offenheit ist Folgendes der Hauptgrund dafür, dass dies möglich ist: Der Bodhisattva, wie z. B. Liebevolle Augen, hat auf seinem Weg zur Erleuchtung äußerst kraftvolle Wünsche zum Wohl der Wesen gemacht. Sein Name und damit auch sein Mantra trägt diese wunscherfüllende Kraft. Sie wird von der achten Bodhisattva-Stufe an vollendet. Auch bei einem Meditationsmeister, der diese Kraft hat, dass sich seine Wünsche zum Wohl der Wesen spontan erfüllen, kann man daher davon ausgehen, dass er mindestens auf einer hohen Bodhisattva-Stufe ist.

Zu der Art, wie man ein Mantra wiederholt, gibt es viele verschiedene Anweisungen. Besonders am Anfang ist es wichtig, das Mantra klar und richtig betont auszusprechen, ohne eine Silbe auszulassen, denn es reinigt hauptsächlich die Rede. Später, wenn wir schon viel Erfahrung haben, ist es nicht mehr so wichtig, ob das Mantra laut oder leise gesprochen wird. Der Klang des Mantras hat eine tiefe Bedeutung. Irgendeine Übersetzung wird der Tiefe dieser Bedeutung niemals gerecht. Das ist der Grund, warum auch die Tibeter Mantras nicht übersetzt, sondern immer in der Originalsprache Sanskrit belassen haben. Auch wenn es allgemein wichtig ist, möglichst genau zu verstehen, was man in der Meditation macht, gehen doch die Mantras über die intellektuelle Ebene des Verständnisses hinaus.

Außer den »öffentlichen« Mantras, wie denjenigen, die zur Lotus-Familie des Buddha Grenzenloses Licht gehören, sind alle Mantras geheim. Wir bekommen sie normalerweise nur in Verbindung mit einer Einweihung und können sie daher auch nur mit den Mitpraktizierenden austauschen, die ganz sicher ebenfalls eine entsprechende Einweihung oder eine Erlaubnis für die Praxis bekommen haben. Das schließt z. B. entsprechende Anfragen über Internet oder andere Medien aus. Die Kraft der Praxis bleibt nur erhalten, wenn die Qualifikation dafür sichergestellt ist. Darauf sollten wir neue Praktizierende, die dies nicht wissen, aufmerksam machen.

Vollendungsphase

Nachdem wir das Mantra so lange wiederholt haben, wie wir möchten, löst sich der Buddha-Aspekt in Regenbogenlicht auf. Dieses Licht strahlt in uns hinein, und jede Anhaftung an Form verschwindet. Wir ruhen in der Natur des Geistes ohne weitere Bezugspunkte. Hier gibt es nur noch Bewusstheit jenseits von Mitte oder Grenze, zeitlos und überall. In dieser Offenheit ruht der Geist in einem völlig ungekünstelten Zustand frei von allen Begriffen des Entstehens oder Nicht-Entstehens, frei von der Trennung in Subjekt, Objekt und Handlung.

In einer kurzen Form der Meditation auf den Lehrer gibt der 16. Karmapa Rangjung Rigpe Dorje dazu folgende Anweisung: »Der Lama löst sich in Licht auf und verschmilzt mit mir. Wir werden untrennbar. Ruhe spontan in der natürlichen großen Freude, frei von geistigem Erschaffen, und lass den Geist in sich selbst ruhen, in der Mitte des natürlichen Zustandes, unverschleiert von allen groben und subtilen Begriffen, in seiner Essenz der letztendliche Wahrheitszustand.«

Alle Gedanken über vergangene Erfahrungen sollten losgelassen werden, denn diese Erlebnisse sind schon vorbei. Ebenso sollten alle Gedanken über die Zukunft einfach vorbeigehen, denn die Zukunft ist sowieso noch nicht gekommen. Warum sollten wir Probleme schaffen mit dem, was nicht vorhanden ist? Frei von Befürchtungen und Erwartungen bleiben wir einfach in dem, was gerade geschieht. Wir ruhen in der Soheit des Geistes, d. h. so wie er ist, ohne Beurteilungen wie »jetzt meditiere ich gut« oder »jetzt meditiere ich schlecht«.

Wir brauchen nicht an Gedanken festzuhalten, denn Gedanken über die Wirklichkeit sind niemals die Wirklichkeit selbst. Wir brauchen auch nicht gegen Gedanken anzukämpfen, denn das Erscheinen von Gedanken ist ein Ausdruck der Klarheit des Geistes. Ihre Natur ist höchste Weisheit. Niemals sollten wir die Gedanken blockieren. Wir bleiben besser in einem Zustand von wacher Gegenwärtigkeit, von Leerheit und Bewusstheit, in dem die diskursiven Gedanken zur Ruhe kommen, weil wir jegliche Anhaftung daran losgelassen haben. Die Gedanken hören auf, sich endlos aneinander zu reihen. Was bleibt, ist direktes, klares Erkennen. Es ist das klare Licht des Geistes, das bewusst ist, ohne sich noch von etwas bewusst sein zu müssen.

In einem solchen Zustand der Offenheit und Entspannung ist keine Anstrengung mehr nötig, irgendetwas zu tun. Wir lassen den Geist im augenblicklichen Bewusstseinsmoment ruhen, ganz einfach achtsam und ohne Ablenkung in dem, was geschieht. Der Geist sollte weder dumpf und schläfrig noch aufgeregt und wild sein. Er verweilt in sich und beruht nicht auf äußeren Eindrücken. Wir verweilen in der wahren Natur des Geistes und schauen ihn einfach nur entspannt an. Statt sich von den Erlebnissen mitreißen zu lassen, ruhen wir im unbegrenzten Raum des Erlebers.

Dies sind die allgemeinen Erklärungen zur Vollendungsphase, wie wir sie in ähnlicher Form auch in anderen Büchern oder Artikeln über Meditation finden. Zur weiteren Literatur sei hier besonders für schon etwas in der Meditation Erfahrene auf das Buch *Das Große Siegel* von Lama Ole Nydahl verwiesen. Die speziellen Erklärungen darüber, wie wir unmittelbar auf die Natur des Geistes meditieren, sollten wir direkt vom eigenen Lehrer erhalten. Sie werden unter anderem bei Kursen über Meditation, über das bewusste Sterben oder über das Große Siegel vermittelt.

Abschluss der Meditation und Widmung der guten Eindrücke zum Wohl der Wesen

Schließlich verdichtet sich aus der offenen Weite des Geistes heraus wieder eine Welt. Es ist eine reine und perfekte Welt, in der alles frisch und neu erlebt wird, voll unbegrenzter Möglichkeiten. Wir selbst wie alle anderen entstehen als weibliche oder männliche Buddhas, ob wir es erkannt haben oder nicht. Die Umgebung ist ein reines Land, in dem sich alle Geräusche als Mantras und alle Gedanken als Weisheit zeigen. Nun verstehen wir, dass wir nicht dieser Körper sind, sondern ihn haben. Wir können Körper und Rede als Mittel einsetzen, um anderen zu nützen. Unsere eigentliche Natur ist das klare Licht, das einfach bewusst war, ohne sich von etwas bewusst sein zu müssen. Wir wollen diese reine Sicht der Dinge, die aus der Frische der Meditation entstanden ist, so gut es geht auch nach der Meditation aufrechterhalten.

Abschließend geben wir all die guten Eindrücke, die durch die Meditation entstanden sind, an alle Wesen weiter. Wir wünschen, dass sie die wahre Natur ihres Geistes erkennen und so das höchste Glück erleben, das bleibt. Die Weitergabe der guten Eindrücke an alle Wesen hat eine tiefe Bedeutung. Durch die Widmung mischen sich die eigenen Verdienste mit den guten Wünschen und der Weisheit aller Buddhas und Bodhisattvas der Vergangenheit, Gegenwart und Zukunft und kommen allen Wesen zugute. Gleichzeitig vervielfältigen sich die guten Eindrücke dadurch endlos und werden unerschöpflich. Sie können nicht mehr verloren gehen, falls Störungen im Geist auftreten.

Diese Widmung wird mit einem Tropfen Wasser verglichen, der in den Ozean gegeben wird. Der Tropfen vermischt sich mit dem übrigen Wasser und wird untrennbar vom Ozean. Genauso werden auch die angesammelten guten Eindrücke grenzenlos, wenn man sie an alle Wesen weitergibt und wünscht, dass sie zur Ursache ihrer Erleuchtung werden. So wie wir zu Anfang Zuflucht genommen und den Erleuchtungsgeist entwickelt haben, um allen Wesen zu nützen, widmen wir am Ende die guten Eindrücke allen Wesen. Wir rahmen die Hauptpraxis durch diese gute Einstellung ein und betonen dadurch, dass sie immer mit dem Erleuchtungsgeist verbunden ist. Wenn also besondere Fähigkeiten oder Verwirklichungen entstehen, werden sie ausschließlich zum Wohl aller Lebewesen verwendet.

Als eine spezielle Form der Widmung kann auch die »Geben-und-Nehmen-Meditation« verwendet werden, die bereits bei der Meditationspraxis im Sutra-Fahrzeug erwähnt wurde. Hier geben wir beim Ausatmen alles Glück zusammen mit den angesammelten guten Eindrücken aus der Meditation in Form von strahlendem, klarem Licht an alle Lebewesen weiter. Das Licht füllt sie vollständig auf. Dann nehmen wir mit dem Einatmen all ihre Schwierigkeiten in der Form von schwarzem Licht von ihnen weg und wandeln es im eigenen Herzen in strahlendes Licht um. Dies machen wir, solange es angenehm ist. Am Ende der Meditation stellen wir uns vor, dass die Wesen froh und von allen Einengungen befreit sind. Man kann diese Meditation neben der Meditation auf den 16. Karmapa in vollständiger Form am Ende des Buches *Wie die Dinge sind* von Lama Ole Nydahl finden.

In den *Prajnaparamita*-Schriften wird geraten, die Widmung genauso wie die Praxis der befreienden Handlungen immer mit Weisheit zu verbinden. Dies geschieht, indem wir uns klarmachen, dass Subjekt, Objekt und Handlung letztendlich Teile derselben Ganzheit sind und keines für sich wahrhaft und unabhängig existiert. Wir als diejenigen, die die guten Eindrücke weitergeben, und die Empfänger, also alle Lebewesen, sowie die Handlung des Weitergebens sind alle drei Aspekte des abhängigen Entstehens aller Dinge. Sind wir zu dieser sehr fortgeschrittenen Weise der Widmung nicht in der Lage, so wünschen wir einfach, alles Positive in derselben Weise zu widmen, wie es die früheren Buddhas auf der Grundlage ihrer Einsicht in die wahre Natur der Dinge getan haben. Das hat dann eine sehr große Kraft.

Wer möchte, kann hier am Ende der Meditation zusätzlich gute Wünsche zum Wohl der Wesen machen. Wir können z. B. wünschen, im Reinen Land der Großen Freude (tib. Dewachen) des Buddha Grenzenloses Licht oder in einem anderen reinen Bereich wiedergeboren zu werden. Oder wir machen Wünsche für Frieden und Glück in der Welt. Wir können natürlich auch für uns selbst oder für Freunde oder Bekannte, die unsere Unterstützung brauchen, besondere Wünsche machen.

Allgemein wird hier zum Abschluss der Meditation in den Karma-Kagyü-Zentren die Anrufung des Schützers Schwarzer Mantel (skt. Mahakala, tib. Bernagchen) gesungen, die die kraftvoll schützende Eigenschaft des Geistes aktiviert. Dadurch werden alle Hindernisse in Schritte auf dem Weg zur Erleuchtung umgewandelt und die perfekte Buddha-Aktivität zum Wohl der Wesen ausgeführt. Diese Anrufung wurde vom 8. Karmapa Mikyö Dorje verfasst. Es ist zwar nur eine kurze, gesungene Meditation, aber ihre Wirkung ist, dass man furchtlos wird und dass das schützende Kraftfeld der Buddhas immer gegenwärtig ist.

5. Verbindung von Meditation und Alltag

Die reine Sichtweise

Kehren wir wieder zu den verschiedenen Aktivitäten des Alltags zurück, dann ist es wichtig, die reine Sicht, so wie es auch am Ende der Meditation gesagt wird, nach Möglichkeit beizubehalten und auch im alltäglichen Leben alles auf der höchsten Ebene zu sehen. Alles, was erscheint, ist das freie Spiel des Geistes, und selbst die ungewöhnlichsten Erlebnisse enthalten irgendeine Art von Weisheit. Alle Lebewesen um uns herum haben die Buddha-Natur, das Potenzial für Erleuchtung. In allem, was geschieht, zeigt sich der unendliche Reichtum, die vielfältigen Möglichkeiten des Geistes.

Die reine Sicht bedeutet, sich auf das Wesen der Dinge auszurichten. Wir fallen dabei nicht zurück in kindliche Naivität, sondern sehen die Dinge, wie sie wirklich sind. Diese Erfahrung, die in der Meditation gewonnen wird, durchdringt nach und nach auch die Zeit zwischen den Meditationen. Auch hier bleiben wir immer mehr in der Frische des gegenwärtigen Momentes und erleben die Welt von der Ebene der Wahrheit, der Freude und der aktiven Liebe aus. So sagt Lama Ole Nydahl darüber, wie man die Meditation mit dem Alltag verbindet: »Wer sich und andere als Buddhas erfährt und die Welt als strahlend vor Sinn, braucht nur zu tun, was gerade vor der Nase liegt.« Und weiter: »Wenn wir bewusst in allem bleiben, was im Leben geschieht, und in der höchsten Sicht verweilen, gibt es keinen Augenblick, der uns nicht weiterführt. Den Geist kennen zu lernen ist das einzige Ziel.«

Natürlich sind gerade am Anfang die Störgefühle und die alten Gewohnheiten, sich vom konventionellen Denken einfangen zu lassen, noch sehr stark. Daher ist es besonders wichtig, sich in möglichst ausgeglichener Weise mit dem Geist vertraut zu machen, ohne in die Extreme von Faulheit auf der einen und zu viel Druck auf der anderen Seite hineinzugeraten. Es geht darum, sich zu entspannen und dem eigenen Geist zu erlauben, ungekünstelt in seiner eigenen Natur zu ruhen. Diese Art von Erholung sollten wir uns so oft wie möglich gönnen, schon allein, um die vom Alltagsstress verbrauchten Energien wieder aufzutanken.

Im Laufe der Zeit werden wir lernen, auch die kurzen Pausen am Tag zu nutzen, in denen wir vielleicht für fünf Minuten frei von Beanspruchung jeder Art sind. Hier ist es möglich, eine sehr kurze Form der Diamantweg-Praxis zu machen, die einen aber wieder vollkommen auf die Ebene der Reinheit zurückbringt. Dies können wir nach dem folgenden Muster tun: Wir nehmen kurz Zuflucht und entwickeln eine gute Einstellung. Dann lassen wir den Buddha oder den Karmapa vor uns im Raum entstehen, nehmen von ihm die drei Lichter in Stirn, Kehle und Herz, sagen ein paar Mantras, lösen die Buddha-Form wieder auf und verschmelzen damit. Mit dem tiefen Gefühl, völlig ungetrennt von Buddha oder von Karmapa zu sein, gehen wir wieder in den Alltag hinein.

Natürlich können wir uns auch Buddha oder Karmapa über den Köpfen oder in den Herzen der anderen Menschen um uns herum vorstellen. Starkes Licht strahlt von ihm aus in alle Richtungen, füllt alle auf und bereichert alles mit Freude und Sinn. Wir werden dann leichter auch andere als potenzielle Buddhas sehen und sind damit immer in guter Gesellschaft.

Sehen wir in dieser Weise alles von der höchsten Ebene der Reinheit aus, so werden wir stärker die Fähigkeiten oder besonderen Qualitäten bei uns und bei anderen wahrnehmen als die Fehler. Wir entwickeln ein starkes Vertrauen zu dem Potenzial eines jeden. Wir investieren automatisch mehr Energie in die Möglichkeiten oder Lösungen jeder Situation, statt uns in Problemen festzubeißen. Wer etwas zu kritisieren hat, wird dann konstruktiv sein, d. h. gleich über Verbesserungsvorschläge nachdenken und dabei den anderen überlassen, ob sie diese Vorschläge annehmen oder nicht. Man wird sich niemals eine pauschale Verurteilung anderer erlauben, sondern sich ausschließlich bemühen, den Punkt herauszufinden, um den es wirklich geht. So bleibt die grundlegende, gegenseitige Offenheit erhalten, und andere können Verbesserungsvorschläge leichter annehmen.

Wenn viele Fragen im Geist auftauchen, bemühen wir uns eher um Antworten, indem wir so direkt wie möglich den unklaren Punkt, um den es eigentlich geht, herausfinden und uns darauf konzentrieren. Dabei wissen wir, dass kritisches Denken nur die Funktion hat, kindliche Naivität zu vermeiden und ein auf tiefer Überzeugung aufgebautes Vertrauen darin zu entwickeln, wie die Dinge wirklich sind. Auf der Grundlage dieses Vertrauens wiederum ist es möglich, sich unmittelbar mit Erleuchtung zu identifizieren, d. h. den Diamantweg zu praktizieren.

Die Einstellung im Alltag

Außerhalb der Meditation, während wir mit den Aktivitäten des täglichen Lebens beschäftigt sind, sollten wir möglichst jede noch so geringfügige Gelegenheit für positive Handlungen nutzen. Dabei ist die grundlegende Achtsamkeit oder Bewusstheit wichtig, solche Gelegenheiten überhaupt wahrzunehmen und nicht in alte, schlechte Gewohnheiten hineinzufallen. So werden Unmengen an guten Eindrücken im Geist angesammelt, die wiederum die Grundlage für die Erfahrung von letztendlicher Weisheit bilden. Ebenso ergeben sich im Alltag viele Situationen, in denen es wichtig ist, mit der inneren Einstellung zu arbeiten. Hier zeigt es sich, ob wir in der Lage sind, einen weiten Geist zu entwickeln und anderen wirklich zu nützen.

So empfiehlt es sich, morgens gleich Zuflucht zu nehmen und die erleuchtete Geisteseinstellung zu entwickeln. Damit wird jede Handlung während des Tages zu der Handlung eines Bodhisattva, zu einem Schritt auf dem Weg zur Erleuchtung. Abends schauen wir auf den Tag zurück und widmen alles Gute, was während des Tages geschah, der Erleuchtung aller Lebewesen. So rahmen wir das Tagesgeschehen mit einer guten Einstellung ein und können dann sicher sein, dass alles in die richtige Richtung läuft.

Es gibt besondere Situationen, in denen wichtige Entscheidungen zu treffen oder besondere Aktivitäten auszuführen sind. Hier wünschen wir kurz, dass, was auch immer geschieht, anderen nützen möge. Dann fallen die Entscheidungen und andere Aktivitäten leicht, denn sie sind nicht mehr in erster Linie selbstbezogen. Es entsteht daraus so oder so ein wirklicher Gewinn für andere. Geht es an einer Stelle nicht so weiter, wie wir das geplant hatten, so ergeben sich daraus wieder andere, vielleicht noch effektivere Möglichkeiten für uns, anderen zu nützen. Ein Bodhisattva kann in seinen Aktivitäten zum Wohl anderer niemals aufgehalten werden, denn er betrachtet jedes scheinbare Hindernis als Gelegenheit, an sich zu arbeiten und eventuell an anderer Stelle mehr tun zu können.

In den klassischen Texten wird gesagt, dass jede Handlung, die mit dieser Einstellung zum Wohl der Wesen verbunden ist, hundertmal so stark ist wie ohne sie. Die Kraft dieser Einstellung ist so groß, dass sie selbst im Schlaf weiterwirkt, denn man ruht sich aus, um nach dem Aufwachen mehr für andere tun zu können. So gibt es viele Erklärungen, die vom Kern her bereits in Kapitel 3, »Die Entwicklung des Erleuchtungsgeistes«, gegeben wurden. Hier geht es um die Anwendung dieser Einstellung im Alltag. Dadurch entsteht langfristig ein starker gegenseitiger Einfluss von Meditation und Nachmeditation. Die Meditation hat auch im Alltag die Wirkung, dass man stabiler wird, mehr Frische und mehr Raum um die Dinge bekommt. Die Erfahrungen des Alltags haben die Wirkung, dass man Mitgefühl und viele andere Qualitäten entwickelt, die sich wiederum günstig auf die Meditation auswirken.

So führt die Verbindung von Meditation und Alltag dazu, ganz natürlich mehr und mehr Erfüllung und Glück in seinem Leben zu erfahren. Wir erkennen, dass die Dinge schon allein deswegen sinnvoll sind, weil sie geschehen. Wir brauchen nicht mehr nach irgendeinem »Extra-Glück« zu suchen, das wir sowieso nicht festhalten können. Die Natur des Geistes ist an sich wie der berühmte »wunscherfüllende Edelstein« aus der Mythologie, in dessen Gegenwart spontan alle Wünsche erfüllt werden. Wir müssen ihn nur noch von den oberflächlichen Schleiern reinigen, dann kann er all seine fantastischen Qualitäten zeigen. Diese Reinigung der Schleier und Entfaltung der Qualitäten geschieht am wirkungsvollsten auf dem stufenweisen Weg zur Erleuchtung.

Teil 4

Der stufenweise Weg in der Kagyü-Linie

Saraha

Für denjenigen, der eingehender mit dem Geist arbeiten möchte, ist es sinnvoll, sich für einen stufenweisen Aufbau der Meditationspraxis zu entscheiden. Es ist ein Weg, den zahllose Verwirklicher früherer Jahrhunderte mit Erfolg gegangen sind. In der Kagyü-Linie geht dieser Weg auf Inhalte zurück, die vom historischen Buddha über viele indische Meister zu Marpa dem Übersetzer gelangt sind und von ihm nach Tibet gebracht wurden. Dort wurden sie später von den Schülern des Meisters Gampopa, besonders von Karmapa, in die Form gebracht, wie wir sie noch heute verwenden.

Dieser Weg beginnt mit der Zufluchtnahme. Sie wird durch die erste Übung, die so genannte **kurze Zuflucht**, erheblich vertieft. Hier zeigt sich zum ersten Mal, ob man fähig ist, sich ganz auf eine bestimmte Praxis zu konzentrieren und eine vorgegebene Zahl von Wiederholungen der kurzen Zufluchtsformel durchzuführen. Die kurze Formel gibt dieser Meditation auch den Namen. Der Geist bekommt durch diese Praxis eine klare Ausrichtung auf Befreiung und Erleuchtung. Obwohl man immer nur eine Meditation als Hauptpraxis macht, da im Zusammenhang damit ein grundlegendes Thema durchgearbeitet wird und viele Erfahrungen wie z. B. Träume damit in Verbindung stehen, praktizieren hier viele gleichzeitig auch schon die Meditation auf den 16. Karmapa. Ob und wie oft man das tun kann, hängt nicht zuletzt von der Zeit ab, die man zur Verfügung hat.

1. Die vier Grundübungen

Nach Abschluss der kurzen Zuflucht folgen die vier Grundübungen. Sie sind als Vorbereitung auf die Praxis bestimmter Buddha-Aspekte bereits in den frühen buddhistischen Tantras enthalten. Die heute verwendete Form wurde erstmalig von Schülern des Meisters Gampopa, dem 1. Karmapa Düsum Khyenpa und Phagmo Drubpa, zusammengestellt und später von verschiedenen Karmapas und anderen Meistern neu formuliert. Besonders wer die sehr fortgeschrittene Praxis des Großen Siegels verwenden will, braucht eine gute Vorbereitung. Nur wenn die über viele Lebenszeiten angesammelten negativen Eindrücke aus dem Speicher des Geistes entfernt werden, entsteht tiefes Vertrauen zum Geist, und die immer schon zu seiner Natur gehörenden Qualitäten manifestieren sich spontan.

Der formelle Ablauf der Praxis der Grundübungen wurde in verschiedenen Büchern bereits genau beschrieben, daher ist es nicht notwendig, das hier zu wiederholen. Außerdem gibt es Kurse, die sich hauptsächlich diesem Thema widmen. Stattdessen wird hier nur die Bedeutung der verschiedenen Meditationen kurz erläutert, und es werden einige wichtige Aspekte besonders hervorgehoben. Befindet man sich noch am Anfang seiner Meditationspraxis oder möchte – zumindest vorerst – bei einer einzigen Übung bleiben, so kann man diese Erklärung verwenden, um eine Übersicht über den gesamten Weg zu erhalten. In diesem Fall kann man diesen und den nächsten Teil des Buches aber auch überspringen und im 3. Kapitel, »Die Meditationserfahrungen anhand der Lehren Buddhas«, wieder einsteigen.

Die Grundübungen sind sehr umfangreich und nehmen unter Umständen lange Zeit in Anspruch. Daher ist es ganz wichtig, sich immer wieder klarzumachen: Es handelt sich hier um die unverzichtbare Grundlage für die Praxis des Großen Siegels, und es heißt bei den Lehrern der Kagyü-Linie, die vorbereitenden Übungen seien wichtiger als die eigentliche Hauptpraxis. Wenn eine gute Grundlage geschaffen ist, läuft die Hauptpraxis wie von selbst. Es gibt Fälle wie die von Jamyang Khyentse Wangpo und Ösel Natsog Rangdröl, zwei Meistern des ausgehenden 19. Jahrhunderts, die durch die Grundübungen die volle Erleuchtung erlangt haben. Es lohnt sich, der eigenen Ungeduld nicht nachzugeben und die Übungen gründlich zu machen. Dies ist mit Sicherheit ein riesiger Schritt in Richtung auf Befreiung und Erleuchtung.

Die Verbeugungen

Im ersten Teil verstärken die Verbeugungen die Ausrichtung auf Erleuchtung im eigenen Geist. Jeder Aspekt im Zufluchtsbaum hat tiefen Sinn. Die verschiedenen Objekte der Zuflucht wurden bereits im Kapitel über die Zuflucht (in Teil 3) erklärt. Die Meister der Übertragungslinie haben die volle Verwirklichung des Großen Siegels erlangt und in Verbindung damit die gleichen wunscherfüllenden Qualitäten wie der ganze Zufluchtsbaum. Auch der See, in dem der Baum steht, symbolisiert die reine Natur des Geistes, die alle Wünsche erfüllt und die perfekten erleuchteten Eigenschaften enthält. Wer sich diese Eigenschaften bewusst macht, entwickelt leichter ein tiefes Gefühl der Offenheit und des Vertrauens in die Zuflucht.

Hier wird die Zufluchtnahme mit der körperlichen Übung der Verbeugungen und der bewussten Entwicklung des Erleuchtungsgeistes verbunden. Die Energiebahnen im Körper werden gereinigt und die Zufluchtnahme wird zu einer ganzheitlichen Erfahrung. Wir geben unseren Körper gleichzeitig an die Erleuchtung und an alle Wesen, damit sich ihre Wünsche erfüllen. Mit dieser guten Einstellung wird der Körper ein nützliches Werkzeug, je mehr die tief sitzenden inneren Blockaden aus dem System entfernt sind. Die Verbeugungen geben größere Stabilität, Gesundheit und Kraft. Zusätzlich reinigen wir Rede und Geist und spülen Mengen an gemischten Eindrücken hoch, die dann durch die Reinigungspraxis von Diamantgeist leicht weggewaschen werden können.

Es gibt verschiedene Darstellungen des Zufluchtsbaumes, von sehr einfachen bis hin zu extrem komplexen Formen mit mehr als 100 Aspekten. Das sollte uns nicht verwirren. Wichtig ist allein das Vertrauen, dass der Segen der Erleuchtung da ist, sobald wir uns für sie öffnen. Es genügt völlig, sich auf den jeweils zentralen Aspekt der sechs Zufluchtsobjekte zu beziehen. Manche wundern sich darüber, dass in den Darstellungen des Zufluchtsbaums der Kagyü-Linie der blaue Buddha Diamanthalter (skt. Vajradhara) zweimal erscheint. Oben auf der Spitze des Baumes drückt Diamanthalter die tantrische Form, den Freudenzustand von Buddha Shakyamuni, aus. Alle anderen Buddhas können in dieser einen Form zusammengefasst werden. Er ist damit der Startpunkt oder Motor der Kagyü-Linie. Und auch der Lehrer oder Lama, in unserem Fall Karmapa, erscheint in dieser Form zentral im Zufluchtsbaum, was hier ein Ausdruck für seinen erleuchteten Geisteszustand ist.

Nach der Wiederholung der Zufluchtsformel gehen wir weiter im vorgegebenen Text. Hier verwenden wir die wichtigsten Verse aus dem bedeutenden Werk *Eintritt in das Verhalten der Bodhisattvas* von dem indischen Meister Shantideva (685–763 n. Chr.). Wie früher erklärt, gilt es als Standardwerk über den Erleuchtungsgeist und trägt einen besonderen Segen. Shantidevas Übertragung, die »Linie der tiefen Sichtweise«, ist auch die Quelle für das Bodhisattva-Versprechen, so wie wir es normalerweise ablegen. Sie geht auf den direkten Schüler des historischen Buddha, den Weisheitsbuddha Manjushri, und durch ihn auf Buddha selbst zurück. Den Kern, der alle vorherigen Wünsche zusammenfasst, bilden zum Abschluss die vier unermesslichen Qualitäten von Liebe, Mitgefühl, Mitfreude und Gleichmut. Danach verschmilzt der ganze Zufluchtsbaum mit uns, und wir ruhen entspannt in der Natur des Geistes.

Diamantgeist-Praxis

Entweder während oder nachdem wir bei den Verbeugungen den Schwerpunkt auf die Reinigung des Körpers gelegt haben, ist es sehr nützlich, ganz besonders auch Rede und Geist von allen Schleiern zu reinigen. Dies geschieht durch die Meditation auf Diamantgeist, den reinigenden Aspekt aller Buddhas. Das Mitgefühl oder die Aktivität der Buddhas drückt sich in dieser besonderen Kraft aus, das negative Karma und die Störgefühle im Geist zu reinigen. Damit verhindern wir das spätere Heranreifen der negativen Eindrücke zu leidvollen Erfahrungen. Dies ist ein wirklich großes Geschenk, denn wenn die alten karmischen Eindrücke aus dem Geist entfernt sind, bedeutet dies nicht nur, Ursachen für zukünftiges Leid aufzulösen, sondern auch, dass es schon jetzt viel leichter wird, den Geist in sich ruhen zu lassen und daraufhin tiefe Einsicht in seine Natur zu erlangen.

Allerdings ist eine wichtige Voraussetzung für diesen Prozess unser Bedauern aller früheren negativen Handlungen von Körper, Rede und Geist und der starke Wunsch, die Eindrücke davon restlos aus dem Geist zu entfernen. In derselben Weise, wie wir zu uns genommenes Gift möglichst schnell wieder loswerden wollen, wünschen wir völlig unsentimental, alle Schleier einschließlich ihrer Tendenzen wegzureinigen und keine neuen mehr anzusammeln. Durch das Zusammentreffen dieser Offenheit mit dem Mitgefühl der Buddhas wird ein großer Teil der Schleier in sehr kurzer Zeit entfernt.

Dabei spielt das hundertsilbige Mantra eine zentrale Rolle. Wie es in *Das Licht der Gewissheit* von Jamgön Kongtrul Lodrö Thaye heißt, wird diejenige Person, die das Mantra von Diamantgeist rezitiert, »grenzenlose, sofort wirksame und letztlich gültige Vorteile« erlangen, die einmütig in den alten und neuen Tantras beschrieben sind. Es wird dann eine lange Liste der wunscherfüllenden Qualitäten des Mantras aufgezählt. Entscheidend ist wohl, dass durch das Mantra auf der Sutra-Ebene die Anhaftung an die fünf Ansammlungen, besonders alle 51 geistigen Zustände oder Geistesfaktoren, gereinigt wird und dass auf der Tantra-Ebene jede Silbe mit einem Buddha-Aspekt verbunden ist. Das Mantra repräsentiert den gesamten Kraftkreis der 100 friedvollen und kraftvoll-schützenden Aspekte von Diamantgeist.

Durch das Mantra werden die negativen Eindrücke aus dem Geist entfernt, und wir entwickeln gleichzeitig die Weisheit der Rede. Ein Buddha kann z. B. unbegrenzt das Dharmarad drehen, also unbegrenzt viele Lehren geben, weil er alle Schleier der Rede gereinigt hat. Seine Weisheits-Rede besitzt zahllose besondere Qualitäten, die u. a. in den *Prajnaparamita*-Schriften genau beschrieben werden. Ebenso ändert sich das Körpergefühl, denn viele Samen für Verspannungen und Krankheiten lösen sich auf. Das Resultat der gesamten Praxis ist vor allem ein ständiges Anwachsen von Klarheit und Frische im Geist, was wiederum eine große Ermutigung für die weitere Praxis bedeutet.

Sowie die Wolken verschwinden, kann die Sonne durchstrahlen. Das bedeutet: Sowie die karmischen Tendenzen und Schleier gereinigt werden, können sich die Qualitäten des Geistes zeigen. Nachdem der erste Teil der Grundübungen den Schwerpunkt auf die Reinigung gelegt hat, geht es beim zweiten Teil hauptsächlich um die Entfaltung der uns innewohnenden Qualitäten. Diese beiden Bedeutungen der Reinigung der Schleier und der Entfaltung aller Qualitäten sind auch in dem tibetischen Wort »Sangye« für »Buddha« enthalten. »Sang« bedeutet »gereinigt« und »erwacht«, »gye« bedeutet »entfaltet« oder »aufgeblüht«.

Mandala-Gaben

Die folgende Übung ist das Darbringen der Mandalas des Universums. Diese Praxis dient besonders der Entwicklung der beiden Ansammlungen von guten Eindrücken und Weisheit. Wie bereits im Abschnitt über Karma (in Teil 3 des Buches) erklärt, ist die Ansammlung guter Eindrücke absolut notwendige Voraussetzung, um die Natur des Geistes zu erkennen. Nur wenn genügend gute Eindrücke vorhanden sind, entsteht Vertrauen zum Geist. Er fühlt sich wohl mit sich selbst und erlaubt sich, in seiner Natur zu ruhen und diese zu erkennen. Anders ausgedrückt: Aus angenehmen Träumen ist es leichter zu erwachen als aus unangenehmen. Die Ansammlung der Weisheit führt zu wirklichem Erwachen aus dem Schlaf der Unwissenheit.

Wer verschenkt und damit weggibt, hat weniger, so denken wir normalerweise. Von der Ebene der Ungetrenntheit des Geistes aus gesehen, löst sich jedoch durch diese Praxis das Festhalten an einem begrenzten Teil des Geistes auf, und wir gewinnen so den Zugang zur Ganzheit, zu der Raum-Klarheit-Unbegrenztheit, die eigentlich unsere Natur ist. Da alle Eindrücke der eigenen Handlungen im Speicher des Geistes bleiben, heben wir uns durch die Mandala-Gaben von der Ebene einer armen Person auf die einer reichen, die ganze Universen entstehen lassen und an die Erleuchtung weitergeben kann, ohne irgendetwas dabei zu verlieren. Wir erkennen im Gegenteil, wie unendlich reich der Geist ist. Das Entstehen und das Vergehen von Universen sind nur die Bilder im Spiegel des Erlebers, das freie Spiel des Geistes.

Grundsätzlich können wir sowohl materielle Dinge als auch geistig vorgestellte Dinge geben. Obwohl wir selbstverständlich je nach Fähigkeit auch auf materieller Ebene großzügig sein sollten, ist es hier hauptsächlich ein Training für den Geist. Daher können wir in der Vorstellung alles geben, was den Sinnen oder dem Geist angenehm und kostbar ist, auch wenn es uns nicht gehört. Dies schließt auch den eigenen Körper mit ein. Wir geben alles an die Erleuchtung in Form der Zufluchtsobjekte, die hier in einem perfekten Buddha-Palast erscheinen.

Die Stütze für die Vorstellung von dem, was wir als Gabe verwenden, ist das klassische Modell des Universums, wie es in den *Abhidharma*-Schriften beschrieben ist. Dies entspricht dem Weltbild der einfachen Leute zur Zeit Buddhas. Da der Buddha aber immer genau in Entsprechung zu den Fähigkeiten seiner Schüler gelehrt hat, hat er unterschiedliche Modelle des Universums gelehrt, z. B. hat er in den Tantras wesentlich komplexere Beschreibungen zu unserem Universum gegeben. Die Funktion dieses Modells bei den Mandala-Gaben ist aber auch nur die einer Art Landkarte, die alle denkbaren Vollkommenheiten, die in einem Universum vorkommen können, zusammenfasst. Dabei haben wir es mit den verschiedensten mythologischen und tatsächlich existierenden Kostbarkeiten zu tun, die als Muster für Glück, Frieden und Wohlstand, für Werte aller Art, tief im Geist eines jeden Menschen zu finden sind.

Während wir die kurze Form der Mandala-Gaben wiederholen, die auch gezählt wird, können wir auf der Grundlage des einfachen Mandalas ausgesprochen schöpferisch vorgehen und alles geben, was uns an kostbaren Dingen in den Sinn kommt. Diese Form der Freigebigkeit ist im Gegensatz zum Geben materieller Dinge zahlenmäßig nicht begrenzt. Wir sollten daher die Gaben endlos vervielfältigen und sämtliche Reichtümer des ganzen Universums einschließen. So wird es zu einer vollkommenen Gabe. Das Musterbeispiel ist hier der Bodhisattva Samantabhadra, von dem Buddha im *Ganavyuha-Sutra* lehrt, dass er den gesamten Raum mit Gaben für alle Buddhas und Bodhisattvas angefüllt hat, so dass auch nicht der geringste Platz mehr übrig blieb.

Wir geben all dieses an den Lehrer und die anderen Zufluchtsobjekte und sammeln unvorstellbar viele gute Eindrücke im Geist an. Diese Ansammlung der guten Eindrücke oder des Verdienstes ist notwendig, um später den Freudenzustand und den Ausstrahlungszustand eines Buddha zum Wohl der Wesen zu erlangen. Die Vollendung der Weisheit besteht darin, beim Geben die drei Aspekte von Subjekt, Objekt und Handlung als Teile derselben Ganzheit zu erkennen. Sie führt später zur Verwirklichung des Wahrheitszustandes eines Buddha. Schon auf unserer allgemeinen Ebene entstehen durch diese Praxis viele Qualitäten. Wir schöpfen mehr Vertrauen zum Geist, und es entsteht das Bewusstsein, unendlich reich zu sein und anderen mehr geben zu können. Dieses Gefühl von Überschuss und tiefer Freude wirkt auch weiter in die letzte der vier Grundübungen hinein.

Guru-Yoga

Den Abschluss und Höhepunkt der Grundübungen bildet die Meditation auf den Lehrer. Die Bedeutung des Lehrers im Diamantweg und des Vertrauens zum Lehrer wurde bereits im zweiten Teil, im Abschnitt über den Inhalt des Tantra-Fahrzeugs, dargestellt. Der Lehrer wurde auch als der zentrale Aspekt der Zuflucht, als die Wurzel für den Segen, beschrieben. Er vereinigt alle anderen Ausdrucksformen der Erleuchtung in sich. Hier geht es um die Praxis zum Aufbau der engen Verbindung mit dem Lehrer und der gesamten Übertragungslinie des Großen Siegels.

Zunächst gehört zur Meditation auf den Lehrer das Wissen, dass sich der Lehrer in verschiedenen Formen zeigen kann. Dabei gibt es einmal eine Einteilung in vier Aspekte: 1. der Lehrer der Übertragungslinie, 2. der Lehrer als die Lehre des Buddha, von der Buddha selbst sagt, dass sie ihn vollkommen repräsentiert, 3. der Lehrer, der einem als Situation symbolisch entgegentritt, wenn man dazu bereit ist, aus den Erfahrungen des Lebens zu lernen, und schließlich 4. der Lehrer, der die letztendliche Wirklichkeit ist, die Natur des eigenen Geistes. Eine andere Einteilung bezieht sich auf den äußeren, inneren und geheimen Lehrer. Der äußere Lehrer ist wiederum die Person des

Lehrers. Der innere Lehrer ist das Verständnis von Zusammenhängen, z. B. von Ursache und Wirkung, das viele Erlebnisse kommentierend begleitet. Der geheime Lehrer ist die gleichzeitig mit der Erfahrung entstehende Einsicht, das so genannte Aha-Erlebnis, die intuitive Weisheit.

Der Lehrer oder »Lama«, wie er im Tibetischen Buddhismus genannt wird, kann auch als Person verschiedene Funktionen haben. Als Hauptlehrer einer Übertragungslinie vom historischen Buddha bis in unsere heutige Zeit wird er »Linienlama« genannt. In der Karma-Kagyü-Tradition des Tibetischen Buddhismus z. B. ist dies Gyalwa Karmapa, der erste bewusst wiedergeborene Lama Tibets. Seit dem Jahr 1110 n. Chr., in dem der 1. Karmapa Düsum Khyenpa geboren wurde, hält er ohne Unterbrechung die Mittel und den Erfahrungsstrom Buddhas zusammen. In der Gegenwart ist dies der 17. Karmapa Thaye Dorje, der bereits in jungen Jahren die Qualitäten eines Gelehrten und Meditationsmeisters zeigt.

Eine andere Funktion des Lehrers ist die des so genannten »Wurzellamas«. Durch die Erfahrung, die er überträgt, wird er zur Wurzel für die Verwirklichung weiterer Bewusstseinsbereiche. Man hat in diesem Sinn einen Wurzellama für die Zuflucht, für das Bodhisattva-Versprechen, für die Grundübungen, für das bewusste Sterben usw. Im engeren Sinn ist der Wurzellama in der Kagyü-Tradition derjenige, der die Erfahrung des Großen Siegels besitzt und sie an den Schüler weitergibt. Er lässt durch seine Übertragung im Schüler die Gewissheit entstehen, dass der Geist seiner Natur nach unzerstörbares, klares Licht ist. Den Schülern diesen Zugang zu schenken, ist die wichtigste Funktion des Wurzellamas.

Bei der eigentlichen Praxis gibt es einen großen Unterschied zu den vorhergehenden Übungen. Wir stellen uns selbst von Beginn an in einer reinen Form vor, in der Form eines weiblichen Buddha-Aspektes, um den Segen des Lehrers und der Übertragungslinie leichter in uns aufnehmen zu können. Dies ist noch keine Yidam-Praxis, denn wir meditieren nicht auf diese reine Form als Hauptaspekt. Daher sind keine besonderen Voraussetzungen (Einweihungen usw.) dafür erforderlich. Es ist eher ein Schutz gegenüber der gewöhnlichen, unreinen Sicht. Sich in einer reinen Form vorzustellen, ist die Grundlage für die einsgerichtete Konzentration auf den Lehrer und die gesamte Übertragungslinie.

In der einleitenden Zeile des Meditationstextes wird gesagt, dass in der Kagyü-Linie die Praxis der Hingabe unerlässliche Voraussetzung ist. Dharma ohne Hingabe zu praktizieren ist, wie jemand ohne Kopf zu sein. Wie viel wir auch die fortgeschrittenen Ebenen des Weges praktizieren: ohne Hingabe, ohne Offenheit für den Lehrer, die uns ermöglicht, ihn als wirklichen Buddha zu sehen, besteht nicht die Voraussetzung dafür, dass Erfahrungen und Erkenntnisse in uns entstehen können. Wenn aber unser Geist mit Hingabe an den Lama erfüllt ist, entsteht ein natürliches Vertrauen gegenüber seinen Qualitäten und eine Gewissheit, dass sowohl in der Meditation als auch im Alltag alles in der richtigen Weise geschieht.

Nachdem der Lehrer in der Form von Diamanthalter (skt. Vajradhara, tib. Dorje Chang) oder Karmapa mit Schwarzer Krone zusammen mit den Lamas der Übertragungslinie und allen anderen Buddha-Aspekten über unserem Kopf erschienen ist, sprechen wir die siebenteiligen Wünsche und bitten um die Verwirklichung der drei Buddha-Zustände, einzeln und ungetrennt. Diese Bitte dient bereits als Vorbereitung für den eigentlichen Kern der Meditation auf den Lehrer, die Übertragung der vier Stufen der Einweihung, wie wir sie von der Meditation auf den 16. Karmapa her kennen. Die Öffnung für diese Übertragung zieht sich wie ein roter Faden durch die gesamte Praxis.

Als Nächstes werden die Lehrer der Übertragungslinie des Großen Siegels angerufen und darum gebeten, die »Mahamudra-Weisheit«, die gleichzeitig mit der Erfahrung entstehende Einsicht, in uns entstehen zu lassen. In diesem Zusammenhang ist es wichtig zu verstehen, was Übertragung wirklich bedeutet. Man spürt eine Übertragung wohl am leichtesten in der Form, dass Karmapas Kraft und Segen jedes Mal gegenwärtig sind, wenn man nur an ihn denkt. Eine Energie oder Einsicht, die uns auf unserem Weg weiterbringt, entsteht unmittelbar. Jenseits von Befürchtungen und Erwartungen tun wir einfach, was vor der Nase liegt, zum Nutzen anderer und von uns selbst.

Eine Übertragungslinie besteht aus all den Meistern, die diese Kraft vom historischen Buddha bis in unsere heutige Zeit verwirklicht und weitergegeben haben. Eine Übertragungslinie gleicht einer Stromleitung, an deren Ende die volle Energie nur zur Verfügung steht, wenn die Leitung nicht unterbrochen ist. Da Erleuchtung jenseits von Zeit und Raum ist, sind die erleuchteten Meister der Linie gegenwärtig, sobald wir an sie denken. So ist die Kraft der gesamten Übertragungslinie Motor für eine sehr schnelle Entwicklung.

Der Ursprung der Linie des Großen Siegels ist Diamanthalter, der Freudenzustand von Buddha Shakyamuni, der bereits im Zusammenhang mit dem Zufluchtsbaum erwähnt wurde. Er gab die Übertragung an seinen Bodhisattva-Schüler Ratnamati (tib. Lodrö Rintschen), eine Form des Weisheitsbuddha (skt. Manjushri). Die drei Meister Saraha, Nagarjuna und Shawaripa trafen diesen in der Meditation von Angesicht zu Angesicht und erhielten die Übertragung des Großen Siegels von ihm. Durch Maitripa kam die Übertragung später zu Marpa dem Übersetzer, dem Gründungsvater der Kagyü-Linie in Tibet.

In den Beschreibungen der weiteren Linienhalter finden wir verschiedene, oft poetische Begriffe, die die Verwirklichung der Natur des Geistes beschreiben, die jenseits von allen Ausdrucksmöglichkeiten ist. So wird z. B. der 6. Karmapa Thongwa Dönden »Glanz von Samsara und Nirvana« genannt, was auf seine weit reichende Buddha-Aktivität innerhalb der bedingten Welt und jenseits der bedingten Welt hinweist. Bei der Beschreibung des 10. Karmapa Chöjing Dorje steht die Silbe E für Freude oder Methode und die Silbe WAM für Weisheit oder Raum. Da beide Silben und ihre Bedeutung in den tantrischen Texten immer als untrennbar gezeigt werden, drückt dies in perfekter Weise die Verwirklichung der Ungetrenntheit von Freude und Raum des 10. Karmapa aus.

Nach einigen abschließenden Wünschen folgt die Anrufung der kurzen Übertragungslinie, die von Diamanthalter an Tilopa und weiter über Naropa zu Marpa ging. In Tibet praktizierte schließlich Marpas Hauptschüler Milarepa diese Lehren und gab sie an Gampopa weiter, der viele Schüler hatte. Der bedeutendste war der 1. Karmapa Düsum Khyenpa. Auch viele andere Schüler Gampopas waren hervorragende Praktizierende, und so stammen die vier großen und acht kleinen Linien der Kagyü-Tradition alle von den Schülern Gampopas ab. Heutzutage gibt es neben Karmapas Karma-Kagyü-Linie nur noch die Drikung-, Taglung- und Drugpa-Kagyüs. Bis auf wenige Klöster haben sich alle anderen im Laufe der Jahrhunderte in diese Hauptströme integriert.

Inhaltlich gehen die Lehren des Großen Siegels direkt auf verschiedene Sutras und Tantras des Buddha zurück. Diese Lehre ist die höchste Lehre, die Essenz aller Sutras und Tantras. Einen Geschmack von diesen Lehren geben weitere Zeilen des Textes zu den Grundübungen. Es sind Anweisungen, auf die Natur des Geistes zu meditieren, ohne in die »drei Kreise« von Subjekt, Objekt und Handlung zu trennen. Nach einer kurzen Anrufung der vier Buddha-Zustände des Lehrers – der vierte ist dabei der Essenzzustand – folgt die Mantraphase und die Wünsche an den Lehrer in sechs Zeilen, die so oft wie möglich wiederholt und dabei gezählt werden. Diese Wünsche richtete der 1. Karmapa Düsum Khyenpa an seinen Lehrer Gampopa, als er ihn das erste Mal traf. Es sind also Karmapas Worte, und sie tragen einen starken Segen. Dieser zeigt sich besonders darin, dass die Offenheit stärker wird und dass sich sowohl das Mitgefühl als auch die Gewissheit über die Natur der Dinge vertieft.

Wenn es nun heißt: »Schließlich rezitiere langsam und mit starker Hingabe die Anrufung des Lamas aus der Ferne«, dann ist das die kurze Form einer sehr umfangreichen Meditationspraxis, die *Die Anrufung des Lamas aus der Ferne* (von Jamgön Kongtrul Lodrö Thaye) genannt wird. Man wünscht hier, vollkommen untrennbar vom Lehrer zu werden und die Welt aus der reinen, erleuchteten Sicht zu erfahren. Zu diesem Zweck bittet man den Lehrer um die vier Arten der Einweihung, die das volle Potenzial des Geistes zur Reife bringen. Diese Einweihungen werden nun in der Form der drei Lichter gegeben, die bereits bei den Erklärungen zum Hauptteil der Meditation, am Ende der Entstehungsphase, beschrieben wurden.

Zu jeder Stufe der Einweihung gehört eine bestimmte Sichtweise, die hier in sehr kurzer Form erklärt wird: Bei der ersten Stufe der Einweihung, wenn das klare Licht von der Stirn des Lehrers in unsere Stirn strahlt, ist die Sichtweise: Erscheinung und Leerheit oder der Raum, in dem die Dinge erscheinen, sind untrennbar. Bei der zweiten Stufe, wenn das rote Licht aus der Kehle des Lehrers in unsere Kehle strahlt, ist die Sichtweise: Laut und Leerheit oder Raum sind untrennbar. Die Sichtweise der dritten Stufe, wenn aus dem Herzzentrum des Lehrers blaues Licht in unser Herz strahlt, ist: Freude und Leerheit oder Raum sind untrennbar. Wenn schließlich die drei Lichter gleichzeitig in uns hineinstrahlen, ist die Sichtweise: Bewusstheit und Leerheit oder Raum sind untrennbar.

Durch diese vier Stufen der Einweihung bekommen wir den Segen von Körper, Rede und Geist des Lehrers sowie alle drei in Vereinigung. Der Lehrer löst sich daraufhin in Licht auf und verschmilzt mit uns. Wenn es dann heißt »Mein Körper, Rede und Geist werden untrennbar […] von den drei Vajras (Körper, Rede und Geist) des Lamas«, so gibt es hierzu verschiedene

Erklärungen. Eine Möglichkeit ist, uns unmittelbar selbst als Karmapa und die Welt aus seiner Perspektive, von der Ebene höchster Reinheit aus, zu erleben. Alles strahlt und ist sinnvoll, nur weil es geschieht.

Eine andere Möglichkeit ist, dass die Bedeutung genau die gleiche ist wie vorher bei den vier Stufen der Einweihung. Wir ruhen in der Natur des Geistes und erkennen seine Raum-Klarheit-Unbegrenztheit jenseits von allen Gedanken und Vorstellungen. Alle Formen sind der Lama, alle Klänge sind Mantras, alle groben und subtilen Gedanken sind höchste Weisheit. Alles wird spontan in der absoluten Natur befreit. Dies ist die höchste Form des Guru-Yoga, indem der Lehrer als die drei untrennbaren Buddha-Zustände erkannt wird.

Resultate der Grundübungen

Einige der allgemeinen Resultate der Grundübungen wurden bereits genannt. Es können Meditations- oder Alltagserfahrungen aller Art sowie besondere Träume sein, die mit dem jeweiligen Thema eng zusammenhängen. In den Kommentaren werden viele Zeichen genannt, die hier aber nicht einzeln erklärt werden, da die Gefahr besteht, zu starke Erwartungen zu entwickeln, dass diese Zeichen unbedingt in dieser Form eintreten müssen, oder sie sogar künstlich herbeizuführen. Für alle Zeichen gilt natürlich, dass man möglichst nicht daran festhalten soll. Nur der eigene Lehrer kann die Meditation wirklich beurteilen, daher sollten wir die Erfahrungen als das betrachten, was sie sind: als Bestätigung auf dem Weg.

Als Resultate der Grundübungen entwickeln sich vor allem drei besondere Qualitäten: Klarheit, Freude und nichtbegriffliche Erfahrungen. Bei den Verbeugungen und der Reinigungspraxis von Diamantgeist entsteht mehr Stabilität und Klarheit im Geist. Bei den Mandala-Gaben verstärkt sich das Vertrauen und die natürliche Freude, jenseits der Gegensätze von allgemeiner Freude und Leid, und bei der Meditation auf den Lehrer und die Übertragungslinie zeigt sich der Segen der Linie, die Verbindung zum Lehrer wird enger, und erste Erfahrungen nichtbegrifflicher Geisteszustände sind möglich. Sie weisen darauf hin, dass die groben Störgefühle und festen Vorstellungen langsam abnehmen. Das wichtigste Resultat aus den gesamten Grundübungen ist mehr Freude an der Meditationspraxis.

2. Die Wege der Praxis von Energie, Bewusstheit und Einswerdung

Der besondere Reichtum der Kagyü-Linie besteht in den verschiedenen Mitteln, die einen Zugang zur Erkenntnis der Natur des Geistes ermöglichen. Sie wurden durch Marpa den Übersetzer von Indien nach Tibet gebracht und gehen über die frühen indischen Meister direkt auf den historischen Buddha zurück. Nach den Grundübungen, die die nötige Kraft für die weitere Entwicklung geben, gibt es drei verschiedene Wege. Diese bestehen aus der Arbeit mit den inneren Energien, mit der Bewusstheit des Geistes und mit seiner Fähigkeit zur Einswerdung. Alle drei sind nur verschiedene Zugänge zur Natur des Geistes selbst.

Der Weg der Mittel

Der Geist hat einen dynamischen Aspekt, er zeigt sich als Energie. Er ist in sich selbst Bewegung und Energie und drückt dies durch den Körper aus. Daher ist die Arbeit mit den Energien im Körper ein sehr kraftvoller Zugang zur Erkenntnis. Der Name dafür ist »Weg der Mittel«. Marpas Lehrer Naropa bekam die Übertragung von sechs besonderen Methoden von seinem Lehrer Tilopa und brachte sie erstmalig in eine geschlossene Form. Sie wurden daraufhin als die »Sechs Lehren Naropas« bekannt und besonders in der Kagyü-Linie weitergegeben. Viele Praktizierende erlangten durch diese Methoden die volle Verwirklichung.

Die Namen dieser sechs Lehren sind 1. die Praxis der inneren Wärme oder Hitze (skt. candali, tib. tummo), 2. des Illusionskörpers (skt. mayadeha, tib. gyulü), 3. des Traum-Yoga (skt. svapna, tib. milam), 4. des klaren Lichtes (skt. prabhasvara, tib. ösal), 5. des Zwischenzustandes (skt. antarabhava, tib. bardo) und schließlich 6. der Bewusstseinsübertragung (skt. samkranti, tib. phowa). Die ersten vier werden als die Wurzelpraktiken betrachtet, die letzten beiden als ihre Zweige. Allerdings können alle diese Lehren nur unter bestimmten Voraussetzungen verwendet werden. Meistens ist dies mit einer längeren Zurückziehung und einem bestimmten Lebensstil verbunden.

Technisch gesehen gehört die Arbeit mit den inneren Energien zur Meditation auf Buddha-Aspekte oder zur Yidam-Praxis und basiert auf den Erklärungen in den Tantras. Innerhalb der beiden Phasen der Yidam-Praxis, der Entstehungs- und Vollendungsphase, gehören sie zur Vollendungsphase. Diese hat zwei Teile, nämlich die Vollendungs- oder Verschmelzungsphase mit Form und ohne Form. Die Sechs Lehren von Naropa sind die Vollendungsphase mit Form. Die Vollendungsphase ohne Form ist die Meditation unmittelbar auf die Natur des Geistes, die vor allem in den Lehren des Großen Siegels enthalten ist. Dieser Weg wird anschließend erklärt.

Zur Meditation auf Buddha-Aspekte kann man zusammenfassend sagen: Alle Buddha-Aspekte sind Symbole für die erleuchteten Qualitäten der Natur des Geistes. Hier hat der Buddha eine große Fülle an verschiedenen Formen gegeben, weil der Zugang zur Erleuchtung individuell sehr unterschiedlich sein kann. Da sie aber alle Ausdrucksformen für die Erleuchtungsnatur des Geistes sind, genügt es, eine einzige Meditationsform zu verwenden, um Verwirklichung zu erlangen. Daher ist auch der Name einer umfangreichen Sammlung von Buddha-Aspekten, die der 9. Karmapa Wangchuk Dorje zusammengestellt hat: »Eins erkannt, alles befreit (tib. chik she kün dröl)«.

Aber auch bei der Meditation auf einen einzelnen Buddha-Aspekt oder Yidam gibt es sehr unterschiedliche Formen. Unter der Voraussetzung, dass man eine reine Übertragung von einem authentischen Lehrer bekommen hat (im besten Fall Einweihung, mündliche Übertragung und Erklärung, wie beschrieben), kann man eine sehr kurze Form der Praxis machen, bei der man nur den Aspekt im Raum vergegenwärtigt, eine Anrufung und/oder sein Mantra rezitiert und die Form wieder auflöst. Damit hält man die Verbindung und fördert die Entwicklung einer bestimmten erleuchteten Qualität, die man vielleicht gleichzeitig für einen besonderen Zweck braucht.

So wird man immer dann einige Mantras von Liebevolle Augen sagen, wenn dringend mehr Mitgefühl gebraucht wird. Man wird das Mantra des Weisheitsbuddha Manjushri verwenden, wenn man mehr Weisheit oder intellektuelle Fähigkeiten wie ein gutes Gedächtnis braucht, z. B. beim Lernen von Sprachen oder Schreiben von Prüfungen. Die Mantras des Medizinbuddha helfen in allen Situationen, in denen Heilfähigkeit wichtig ist, und die Grüne Befreierin wirkt sehr kraftvoll gegen alle Arten von Ängsten oder Frustrationen. Dies sind nur einige Beispiele, wo schon wenige Mantras sehr hilfreich sein können, umso mehr eine regelmäßige Praxis.

Es gibt aber auch längere Meditationen, die aus vielen Abschnitten bestehen können, bis hin zur vollständigen Yidam-Praxis, die äußerst umfangreich sein kann. Hier geht es dann nicht nur um den zentralen Aspekt eines Kraftkreises, sondern ebenso um alle anderen Aspekte, die mit zu dem Kraftkreis gehören. Es geht um den Buddha-Palast, bei dem jede Einzelheit eine tiefe Bedeutung hat, der z. B. den ganzen Weg zur Erleuchtung symbolisieren kann. Dann folgt die Mantraphase, die Vollendungsphase mit Form, also die Arbeit mit den inneren Energien, und die Vollendungsphase ohne Form, bei der man direkt auf den Geist meditiert.

Dies sind sehr aufwendige Meditationen, die besonders heutzutage, wo es im Allgemeinen immer weniger Zeit für die Praxis gibt, fast nicht mehr durchführbar sind. Der notwendige Lernprozess, um die komplexen Abläufe richtig ausführen zu können, dauert mehrere Wochen, wenn nicht Monate. Noch bis vor relativ kurzer Zeit war es selbstverständlich, nach den Grundübungen diesen Weg zu gehen, denn die meisten traditionellen Lehrer haben dies als den Hauptweg gelehrt. Erst in den letzten Jahren hat sich mehr und mehr gezeigt, dass viel zu spezielle Bedingungen notwendig sind, um diesen Weg in breiter Form zu verwenden. Gelegentlich geben Lehrer wie Künzig Shamarpa, Lopön Tsechu Rinpoche und andere die ein oder andere Form der Praxis, wenn Leute mit entsprechend starker Verbindung genau diesen Weg praktizieren wollen.

Es gibt allerdings eine dieser Meditationen auf dem Weg der Mittel, die leichter zugänglich ist als die anderen, besonders wenn sie auf der Grundlage der Nyingma-Tradition (in diesem Fall nach der so genannten »Longchen-Nyingthig-Übertragung«) verwendet wird. Das ist die Praxis des bewussten Sterbens oder der Bewusstseinsübertragung, die Phowa-Praxis. Während der Phowa-Praxis lernt man, seinen Geist auf den Buddha des Grenzenlosen Lichtes (skt. Amitabha, tib. Öpame) auszurichten und sein Bewusstsein in das Reine Land der Großen Freude zu übertragen. Auf der Grundlage der kraftvollen Wünsche dieses Buddha und der eigenen Offenheit ist es möglich, eine sichere Verbindung mit Buddha Amitabha aufzubauen und zu einem direkten Erlebnis dieses extrem reinen und freudvollen Zustandes zu gelangen.

Dies ist besonders zum Zeitpunkt des Todes sehr nützlich. Anstatt unfreiwillig durch den Zwischenzustand in eine neue Geburt innerhalb des Kreislaufs der Existenz getrieben zu werden, geht man direkt in den Zustand höchster Glückseligkeit, von wo aus man frei wählen kann, ob man zum Wohle anderer zurückkommt oder nicht. Während man in dem Zustand des Buddha selbst ist, erhält man weiterführende Lehren und entwickelt sich sehr schnell weiter zur Ebene der vollen Erleuchtung. Kurse zu dieser Praxis werden regelmäßig in verschiedenen Ländern auf der ganzen Welt gegeben.

Von der Zuordnung her lassen sich alle vom Buddha gelehrten Aspekte in den Fünf Buddha-Familien zusammenfassen und diese wiederum in den blauen Buddha Diamanthalter, den Freudenzustand von Buddha Shakyamuni. Die Fünf Buddha-Familien begegnen einem im Diamantweg immer wieder, z. B. bei Einweihungen, denn sie drücken zentrale Erleuchtungsprinzipien aus. Die reine Essenz der fünf Ansammlungen wird durch die männlichen Buddhas der Fünf Familien symbolisiert. Die Ansammlung der Form ist in ihrer reinen Essenz der Buddha Akshobya, Gefühl der Buddha Ratnasambhava, Unterscheidung der Buddha Amitabha, Geistesaktivität der Buddha Amoghasiddhi und die reine Essenz des Bewusstseins der Buddha Vairocana. Die Gefährtinnen der fünf Buddhas stehen für die gereinigten fünf Elemente Erde, Wasser, Feuer, Luft und Raum.

Zu den Kraftfeldern der Buddha-Familien gehören viele weibliche, männliche und vereinigte, friedvolle und kraftvoll schützende Aspekte. Dabei weist jedes Merkmal dieser Aspekte auf eine erleuchtete Qualität des eigenen Geistes hin.

Im Folgenden werden einige Beispiele gegeben, die einen Eindruck von der Bedeutung der vielfältigen **Symbolik** vermitteln. Dies geschieht in allgemeiner Form, denn die Erklärungen aller Einzelheiten werden nur dem für die Praxis gegeben, der die notwendigen Voraussetzungen erfüllt, niemals um allgemeinen Wissensdurst zu befriedigen.

Ein einziges Gesicht bedeutet die wahre Natur aller Erscheinungen, zwei Gesichter die beiden Wahrheiten: die relative und die absolute. Drei Gesichter stehen für die drei Buddha-Zustände, vier Gesichter für die vier unermesslichen Qualitäten von Liebe, Mitgefühl, Freude und Gleichmut. Zwei Hände bedeuten Methode und Weisheit, 1000 Hände die Aktivität der 1000 Buddhas dieses Zeitalters. Wenn sie mit überkreuzten Beinen in der so genannten Vajraposition sitzen, heißt dies, dass sie jenseits der Extreme von Samsara und Nirvana sind. Eine stehende Haltung zeigt, dass ihre Buddha-

Aktivität zum Wohl der Lebewesen ununterbrochen Tag und Nacht ausgeführt wird.

Die Würde im Aussehen der Buddha-Aspekte bedeutet die Fähigkeit, die Lebewesen zu befreien. Ihre schönen Gewänder sind in Qualitäten umgewandelte störende Gefühle, die Reinheit von allen Schleiern. Das auf dem Kopf zu einem Knoten zusammengebundene Haar bedeutet die Ausbildung aller positiver Eigenschaften oder auch Allwissenheit. Blumen und Juwelen stehen für die Umwandlung des Verlangens der fünf Sinne. Sechs oder acht Ornamente symbolisieren die befreienden Handlungen. Vereinigte Aspekte drücken die Vereinigung von Methode und Weisheit, Raum und Freude, aus.

Die Fünf Buddha-Familien insgesamt stehen besonders für verschiedene Facetten der Buddha-Weisheit, die als Essenz bereits in den fünf hauptsächlichen Störgefühlen enthalten ist. Schaffen wir es, keine Energie in die Störungen hineinzugeben, müssen sie sich von selbst wieder auflösen, denn sie leben nur von der Energie, die wir hineinstecken. Sobald der Höhepunkt der jeweiligen Störung überschritten ist, ohne dass wir darauf eingegangen sind, zeigt sich in jeder Störung eine bestimmte Weisheit, eine Facette der ursprünglichen Weisheit eines Buddha.

So ist die spiegelgleiche Weisheit die Essenz des Zorns und drückt sich durch die Diamant-(Vajra-)Familie des Buddha Akshobya aus. Die Weisheit der Gleichheit ist die reine Form des Stolzes und zeigt sich durch die Juwelen-(Ratna-)Familie des Buddha Ratnasambhava. Die unterscheidende Weisheit ist die Essenz der Begierde und zeigt sich durch die Lotus-(Padma-)Familie des Buddha Amitabha. Die alles vollendende Weisheit ist die Essenz von Neid und Eifersucht. Sie drückt sich durch die Aktivitäts-(Karma-)Familie des Buddha Amoghasiddhi aus. Die raumgleiche Weisheit trägt die Essenz der Unwissenheit und zeigt sich durch die Buddha-Familie des Buddha Vairocana.

Zum Verständnis der Arbeit mit den Buddha-Aspekten ist es wichtig, dass mindestens zwei, oft auch drei Bedingungen zusammenkommen:

1. Die Praxis muss authentisch sein, sie muss vom Buddha gelehrt worden sein, denn man könnte sich sonst alles Mögliche ausdenken, aber der Erfolg wäre nicht sichergestellt. Es hat schon Leute gegeben, die sich Liebevolle Augen mit Klavier oder den Weisheitsbuddha mit Kochlöffel statt mit dem Weisheitsschwert vorgestellt haben. Die Attribute und Ornamente können dann nicht wirklich die erleuchteten Qualitäten des eigenen

Geistes ausdrücken. Das ist übrigens auch der Grund, warum immer noch die alten indischen Formen verwendet werden. Als Zeichen königlicher Macht und Würde transportieren sie in perfekter Weise die Bedeutung der erleuchteten Qualitäten. Man kann sich dabei aber ruhig den Buddha selbst mit einem westlichen Gesicht vorstellen, denn nach einigen historischen Quellen lag der Ursprung seines Klans im Westen, und alle buddhistischen Länder haben sowieso die Buddha-Form ihrem Schönheitsideal angepasst.

2. Man muss sich für die vom Buddha gelehrte Methode öffnen, denn sonst könnte ein Buddha vieles lehren, aber niemand würde es verwenden. Alle Meditationsformen sind dabei Vorstellungen im eigenen Geist. Nach dem Text *Entstehung und Vollendung* von Jamgön Kongtrul Lodrö Thaye werden alle Entstehungs- und Vollendungsphasen verwendet, um die Anhaftung an die Wirklichkeit der getäuschten Erscheinungen umzukehren. Die Entstehungsphase ist dabei das Gegenmittel gegen die Täuschungen in Bezug auf die Erscheinungen der gewöhnlichen Wirklichkeit, die Vollendungsphase das Gegenmittel gegen die Anhaftung an die Wirklichkeit der Entstehungsphase.
3. Schließlich kann man, wenn man sich in der Meditation weiterentwickelt, den Buddha-Aspekt oder Yidam unmittelbar von Angesicht zu Angesicht treffen. Der Buddha hat in verschiedenen Sutras und Tantras den Entwicklungsweg vieler Buddhas vom Ablegen des Bodhisattva-Versprechens bis zur Erlangung vollkommener Buddhaschaft mit dem dazugehörigen Kraftfeld gelehrt. So ist es möglich, den jeweiligen Buddha in seinem reinen Land zu treffen und sich dadurch sehr schnell weiterzuentwickeln. Hierzu gibt es zwei Sichtweisen. Die niedrigere Sichtweise ist, dass der jeweilige Buddha dabei von außen hilft; die höhere Sichtweise ist, dass der Buddha mit seinem Kraftfeld ein Ausdruck des reinen Zustandes des eigenen Geistes ist.

Die Erklärungen zu den verschiedenen Buddha-Aspekten bilden die Grundlage für die Arbeit mit den inneren Energien, die immer unter genauer Anleitung eines Diamantweg-Lehrers ausgeführt wird. Die höchste Stufe davon, die nur von äußerst qualifizierten Praktizierenden verwendet werden kann, ist schließlich die so genannte »Vereinigungs-Meditation«. Hier geschieht eine äußerst schnelle Entwicklung durch die Vereinigung mit einem wirklichen oder vorgestellten Partner, wobei die männlichen und weiblichen

Energien gemischt werden und der Geist seine eigene Natur als die Untrennbarkeit von Raum und Freude erfährt.

Der Weg der Einsicht

Eine zweite Ausdrucksweise des Geistes ist seine Bewusstheit. Er kann wissen und verstehen. Seine Natur ist höchste Weisheit. Marpa bekam diesen Zugang zur Natur des Geistes von seinem Lehrer Maitripa, der einen ganzen Zyklus von Lehren über diesen Weg, den so genannten »Weg der Einsicht« (wörtl. Weg der Befreiung), verfasst hat. Dieser Weg ist vergleichsweise einfach zu praktizieren, denn man braucht nicht all die komplexen Abläufe der Yidam-Praxis zu lernen und ist nicht von so vielen speziellen Bedingungen für die Meditation abhängig. Man kann ihn immer und überall verwenden. Das ist der Grund, warum besonders die moderneren Lehrer diesen Weg als sehr geeignet für Praktizierende im Westen ansehen. Diese Praxis scheint der Art und Weise, wie die meisten im Westen leben, sehr zu entsprechen.

Wir finden hier zwei Formen der Meditationspraxis, die zunächst aufeinander aufbauend und schließlich untrennbar voneinander praktiziert werden. Die erste ist das ruhige Verweilen, die zweite die tiefe Einsicht. Beide wurden bereits in allgemeiner Form im zweiten Teil unter dem Thema »Die Meditationspraxis des Sutra-Fahrzeugs« erklärt. Der Unterschied zwischen ihren allgemeinen Formen und ihrer speziellen Anwendung auf dem Weg der Einsicht besteht darin, dass beide Formen der Meditationspraxis hier die Vorstufe für die Praxis des Großen Siegels bilden und dass deswegen über die allgemeinen Formen hinaus fortgeschrittenere Methoden verwendet werden. Der Weg der Einsicht wurde allerdings erst von dem Meister Gampopa um diese sehr ausführlichen Formen der Praxis von Geistesruhe und Einsicht erweitert.

Das ruhige Verweilen hat die Funktion, eine stabile Geistesruhe entstehen zu lassen und dabei alle groben und subtilen Störungen zu befrieden. Der Geist ruht natürlich in sich selbst, seine Bewusstheit und Erkenntnisfähigkeit wachsen selbsttätig. Konzentration bedeutet, die Aufmerksamkeit vollkommen in einem Punkt zu sammeln, möglichst ohne einen Augenblick abzuschweifen. Als Beispiel wird hier oft die Konzentration genannt, die notwendig ist, einen randvoll mit Öl gefüllten Krug über einen belebten

Marktplatz zu tragen, ohne einen Tropfen zu verschütten. Ein weiteres Beispiel ist die Achtsamkeit oder Einsgerichtetheit, die wir aufwenden, um einen Faden in ein Nadelöhr einzuführen. Gleichzeitig sollte dies ein äußerst entspannter, gelassener Zustand sein, frei von Dumpfheit und Aufgeregtheit oder irgendeiner Art des künstlichen Erschaffens.

Grundsätzlich gibt es zwei verschiedene Arten: die Meditation mit und ohne Objekt. Die gebräuchlichste Form, die als Bindeglied zwischen der Meditation mit und der ohne Objekt verwendet wird, ist die Meditation auf den Atem, der an der Nasenspitze kommt und geht, ohne dass man Gedanken und Gefühle beurteilt. Nimmt die Konzentrationsfähigkeit zu und wir werden mehr und mehr frei von Hoffnungen und Befürchtungen bezüglich der Entwicklung der eigenen Meditation, so können wir weitergehen und z.B. auch die Sinneserfahrungen als Objekt der Konzentration verwenden, möglichst ohne daran anzuhaften.

Bei der höchsten Form der Konzentration sind wir nicht von Gedanken, Gefühlen oder äußeren Eindrücken abgelenkt, sondern lassen den Geist ungekünstelt in der Erfahrung des gegenwärtigen Bewusstseinsmomentes ruhen. Dabei können wir uns und alle anderen als Buddhas in einem reinen Land erleben. Wir sind in einem perfekten Buddha-Körper, zufrieden und geschützt in jeder Hinsicht. Alle Arten von Qualitäten sowie tiefe, befreiende Einsichten zeigen sich spontan. Wir erfahren alles von der Ebene ursprünglicher Weisheit aus. Der Geist wird mehr und mehr wie ein ruhiger Ozean, der ohne Störung in seiner eigenen Natur ruht.

Im nächsten Schritt der Entwicklung von Bewusstheit geht es um die eigenständigen Methoden der tiefen Einsicht. Diese bauen auf einer stabilen Geistesruhe auf. Hier untersucht man das eigentliche Wesen des ruhenden Geistes und entwickelt die unterscheidende Weisheit, die über alle Begriffe hinausgeht. Die letztendliche Seinsweise der Erscheinungen wird erkannt. Traditionellerweise ließ einen der Lehrer den eigenen Geist zuerst in Ruhe betrachten, dann in Bewegung und schließlich den Unterschied zwischen Ruhe und Bewegung untersuchen. Die Grenzen der Meditationserfahrungen wurden dabei durch genaues Nachforschen ergründet. Fragen wie: »Woher kommt der Geist, wo hält er sich auf, wo geht er hin, welche Form oder Farbe hat er, ist er innerhalb oder außerhalb des Körpers etc.?« führen zu einer immer tieferen Erkenntnis seiner Natur.

Ist der Geist in Bewegung, so kommen viele Gedanken auf. Wieder untersuchen wir, wo der Gedanke herkommt, wo er im Moment verweilt und wo er hingeht. Hat der Gedanke irgendeine Substanz, Form oder Farbe? Ist er verschieden vom Geist oder gleich mit ihm? Sind die Wellen auf der Oberfläche des Ozeans verschieden vom Ozean oder gleich mit ihm? Der Meister Jamgön Kongtrul Lodrö Thaye sagt, dass der Geist nicht verschieden sei vom jetzigen Gedanken. Wir würden seine Natur sofort erkennen, wenn wir nicht durch das Festhalten an Begriffen davon abgehalten würden. Andererseits gelangt man durch begriffliche Geisteszustände, nämlich das genaue Untersuchen der Natur des Geistes, zu der Erfahrung, die über alle festen Vorstellungen hinausgeht.

Der Meister Pawo Dorje sagt dazu: »Das Verlängern der ununterbrochenen Nicht-Begrifflichkeit von Moment zu Moment wird angemessen als ›Meditation‹ bezeichnet.« Da der Geist nicht von seinen momentanen Gedanken getrennt ist, gibt es keinen Geist, der untersucht wird, als getrennt von dem Geist, der ihn untersucht. Andernfalls hätten wir zwei Geister. Sie sind tatsächlich nicht verschieden voneinander. Die dualistische Weise des Erlebens geschieht ja nur, weil man an den Gedanken festhält und dabei den Erleber, die Raumnatur des Geistes, und das Erlebte, seine Klarheit, für getrennt hält. Hier ist es wichtig, ohne Ablenkung auf die Natur des Geistes zu meditieren und immer tiefere Einsicht in seine Raum-Klarheit-Unbegrenztheit zu erlangen. So werden Konzentration und tiefe Einsicht zusammen praktiziert. Erleber, Erlebtes und Erleben werden als Teile derselben Ganzheit erkannt. Hier geht die Praxis schließlich – genau wie bei der Meditation auf Buddha-Aspekte, bei der man die Entstehungs- und Vollendungsphase, Freude und Raum, miteinander verbindet – in die Praxis des Großen Siegels über.

Der Weg der Meditation auf den Lehrer

Als dritte Möglichkeit kann unser Geist mit seiner Fähigkeit zur Einswerdung oder Hingabe arbeiten. Dies ist der zentrale Weg, der die beiden anderen in sich vereint. Daher wird heutzutage dieser Zugang nach Abschluss der Grundübungen hauptsächlich verwendet, z. B. in der Meditation auf den 8. Karmapa Mikyö Dorje werden viele Erleuchtungsknöpfe gleichzeitig gedrückt. Man bekommt den Segen des Lehrers, spontane Weisheit und Kraft, Inspiration und Schutz. Alles ist in dieser Praxis enthalten. Das Gleiche gilt für andere Formen der Meditation auf den Lehrer, wie z. B. die auf Marpa, Milarepa, Gampopa sowie den 2., 15. oder 16. Karmapa.

Nicht nur der 16. Karmapa Rangjung Rigpe Dorje, sondern auch frühere Meister unserer Übertragungslinie haben diese Praxis als den Abkürzungsweg zur Erleuchtung gelehrt. Bereits König Indrabhuti, der Mittlere (von den drei verwirklichten Meistern unter diesem Namen), hat einen Kommentar zu den Lehren Buddhas im *Sangye-Nyamjor- (skt. Buddhasamayoga-)Tantra* geschrieben, wo er im Kapitel über Einweihungen *(Jnanasiddhi-nama-sadhana)* sagt, dass unter den verschiedenen Arten, wie man eine Einweihung bekommen kann, diejenige des Guru-Yoga die hervorragendste und tiefgründigste sei. Hier könne man sich selbst eine Einweihung geben, indem man die verschiedenen Lichter in sich hineinstrahlen ließe. Indrabhutis Erklärungen zu diesem Tantra vom Buddha bedeuten damit konkret, dass das Guru-Yoga die Essenz des Weges der Mittel ist.

Weiterhin erklärt der indische Meister Saraha im Text *Svadhisthana-krama*, in der Sammlung der Lehren des Großen Siegels mit dem Namen Nyingpo Khordrug, dass der Guru-Yoga die Essenz des Weges der Einsicht ist. Man sollte sich die Qualitäten des Lehrers bewusst machen (z. B. durch Beschäftigung mit seiner Lebensgeschichte) und dann das Vertrauen, die Offenheit und Freude, die dadurch entstehen, dazu benutzen, direkt auf die Natur des Geistes zu schauen. In dem Moment würde man den Segen des Lehrers erhalten, und eine Erkenntnis von der Natur des Geistes würde entweder neu entstehen oder sich vertiefen.

Auch der Meister Tilopa lehrt in dem Text *Die Methode der Praxis auf den Lehrer (skt. Guru nopika)* gleich zu Beginn: »Für jemanden, der den Zustand von Diamanthalter (tib. Dorje Chang) in diesem Leben erlangen möchte, ist der höchste Weg der Weg des authentischen Lehrers.« Da diese Meister nichts anderes als weitere Erläuterungen zur Lehre Buddhas gegeben haben, belegen diese Aussagen, dass der Buddha selbst die Praxis des Guru-Yoga als Essenz oder Abkürzungsweg zur Erleuchtung gelehrt hat, der die beiden anderen Wege in sich vereint.

Bezogen auf die Karmapa-Meditation bedeutet dies, dass die Entstehungsphase der Meditation, in der wir uns Karmapas Form vergegenwärtigen und sein Mantra rezitieren, alle Formen der Praxis mit den inneren Energien in sich vereint und dass die Vollendungsphase dieser Meditation alle Formen der Praxis mit der Bewusstheit oder Einsicht beinhaltet. Mit diesem Verständnis bekommt die Meditation auf Karmapa tiefen Sinn, und es wird fast selbstverständlich, dass die Gruppen und Zentren, die diese Meditation verwenden, eine äußerst schnelle und kraftvolle Entwicklung erleben.

Es gibt zahllose Aussagen verwirklichter Meister, dass die Meditation auf den Lehrer alle anderen Formen der Meditation in sich vereint. So erklärt z. B. Dilgo Khyentse Rinpoche nach dem Buch *Das Herzjuwel der Erleuchteten*, dass die wörtliche Bedeutung von Guru-Yoga »die Vereinigung mit der Natur des Lehrers« sei und dass, den eigenen Geist mit dem seines Meisters zu vereinigen, die tiefgründigste Praxis und der kürzeste Weg zur Verwirklichung sei, die eine Praxis, die alle anderen in sich vereine. An anderer Stelle sagt er, dass, wenn wir nur für einen Moment unseren Wurzellama mit großer Klarheit und Lebendigkeit vergegenwärtigten, dies größeren Nutzen bringe, als auf 100 000 andere Buddha-Aspekte zu meditieren.

Eine ähnliche Aussage macht Jamgön Kongtrul Lodrö Thaye in dem Text *Entstehung und Vollendung:* »Der eine essenzielle Punkt der Praxis ist, dass die Drei Wurzeln vereint und alle friedvollen und kraftvoll schützenden Kraftkreise (der Buddhas) als Spiel des Lehrers entstehen – diese eine Sache reicht aus.« Daher haben in den verschiedenen Traditionen des Tibetischen Buddhismus alle Wege die Meditation auf den Lehrer als wichtigste Grundlage. Die Frage, warum es dann überhaupt andere Formen der Praxis gibt, wird so beantwortet, dass die anderen Formen der Meditation Methoden sind, die vom Lehrer für bestimmte Zwecke gegeben werden. Sieht man umgekehrt andere Buddha-Aspekte als Formen des Lehrers, so praktiziert man damit wiederum Guru-Yoga.

Nach Aussage des 9. Karmapa Wangchuk Dorje ist besonders die Kagyü-Linie eine Segenslinie. Ohne den Segen der spirituellen Meister empfangen zu haben, sei es deshalb nicht möglich, meditative Erfahrungen und Erkenntnisse hervorzubringen. Die beste Art, Hindernisse zu beseitigen und die Praxis zu vertiefen, sei durch Hingabe. Jamgön Kongtrul Rinpoche erklärt dazu: »Damit der Segen übertragen wird, ist es vor allem nötig, dass man den Lehrer als die Essenz aller Buddhas, als völlig rein sieht, dann wird die Hingabe sehr tief und rein sein, und der Segen kann ganz schnell wirken.« Wenn man also die Person des Lehrers als grundlegend rein sehen kann, ist dies der direkteste Weg zur Erleuchtung.

Für die Schüler der Karma-Kagyü-Linie ist der Hauptlehrer der Karmapa. Wenn man sich nicht sicher ist, welcher Lehrer der Wurzellehrer ist, so nimmt man den Lehrer, zu dem man ein ganz spezielles Verhältnis hat, als Wurzellehrer und denkt dabei, dass Karmapa die Quelle für alle Lehrer ist. Wir können natürlich auf diesen speziellen Lehrer meditieren, sollten ihn dabei aber in der Essenz als Karmapa sehen. Können wir es so sehen, dann ist auch die Verbindung mit mehreren Lehrern kein Problem, denn alle sind die Aktivität von Karmapa.

Die Praxis des Großen Siegels

Alle drei Methoden, die Arbeit mit den inneren Energien, mit der Bewusstheit des Geistes und mit seiner Fähigkeit zur Einswerdung, führen schließlich zu der Ebene des Großen Siegels (skt. mahamudra, tib. chag chen). Diese wurde bereits bei den Grundübungen in kurzer Form dargestellt. Der 9. Karmapa Wangchuk Dorje, von dem die in der Kagyü-Linie meistverwendete Form der Grundübungen stammt, hat insgesamt drei wichtige Werke über die Praxis des Großen Siegels verfasst. Wörtlich aus dem Tibetischen übersetzt heißen sie *Der Ozean der wahren Bedeutung*, wozu auch unsere Form der Grundübungen gehört, *Das Beseitigen der Dunkelheit der Unwissenheit* und *Der Fingerzeig auf den Wahrheitszustand*. Zu den ersten beiden Werken gibt es auch schon Übersetzungen in andere Sprachen.

In allgemeiner Form wird Mahamudra in die drei Aspekte Grundlage-Mahamudra, Weg-Mahamudra und Frucht-Mahamudra unterteilt. Dabei bezieht sich Grundlage-Mahamudra auf die Natur des Geistes, die Buddha-Natur, die offene, klare Unbegrenztheit des Geistes sowie die reine Sichtweise, die auf das Wissen von der Buddha-Natur in allen Lebewesen gegründet ist. Weg-Mahamudra ist die Anwendung der Mahamudra-Praxis, die Methoden, durch die man mehr und mehr den Geist kennen lernt und sein eigentliches Wesen erfasst. Frucht-Mahamudra ist die Verwirklichung der Natur des Geistes als die drei Zustände eines Buddha.

Der 3. Karmapa Rangjung Dorje drückt diese drei Aspekte in seinen *Mahamudra-Wünschen* (Zitate aus *Das Große Siegel*, mit freundlicher Genehmigung des Autors Lama Ole Nydahl) folgendermaßen aus: »Die Grundlage der Reinigung ist der Geist selbst, seine Einheit von Klarheit und Leerheit; das Mittel der Reinigung ist das Große Siegel, die große Diamantübung; das zu Reinigende sind die an der Oberfläche liegenden Schleier der falschen Sicht. Mögen wir die Frucht der Reinigung, den vollkommen reinen Wahrheitszustand, erlangen!«

Man kann die Grundlage und den Weg auch als Sichtweise und Meditation bezeichnen. Dann sollten, so wie bereits für die anderen Ebenen der Meditation erklärt, auch auf der Ebene des Großen Siegels die richtige Sichtweise und Meditation untrennbar miteinander verbunden werden. Diese beiden Aspekte beschreibt der 9. Karmapa folgendermaßen: »Das Sehen der reinen Natur der Wirklichkeit und das Freisein von jedem Haften an Subjekt und Objekt ist die Mahamudra-Sichtweise. Ohne Zerstreuung über die Bedeutung dieser Sichtweise zu meditieren, ist die Mahamudra-Meditation.«

Was nun die eigentliche Praxis des Großen Siegels ausmacht, wird im folgenden Vers des 3. Karmapa sehr klar beschrieben: »Unverschmutzt von angestrengter Meditation, die sich in geistigem Erschaffen müht, und nicht umhergetrieben vom Wind allgemeiner Geschäftigkeit, mögen wir verstehen, wie man den Geist in seiner Ungekünsteltheit belässt, und im Erleben des Geistes geschickt und ausdauernd sein!«

Die folgenden Auszüge aus den Erklärungen von Lama Ole Nydahl verdeutlichen die Bedeutung dieses Verses:

> »In wahrer Vertiefung wird die anfangslose Weite des Geistes erfahren. Jenseits aller Vorstellungen und ohne jeden Zweifel wird wahrgenommen, dass Bewusstsein gleich Raum ist. Man versteht, dass jede Erfahrung seine Klarheit ausdrückt und dass das Vorhandensein beider seine Unbegrenztheit ausmacht. Statt ruhelos sein Heil in ständig neuen Ablenkungen zu suchen, was oft für Glück gehalten wird, strahlt der Geist von sich aus. Seine Leuchtkraft ist nichts anderes als seine ihm innewohnende Fähigkeit zur Wahrnehmung. Sie erscheint ungetrennt vom Erleben selbst. [...]
>
> Im Hier und Jetzt verweilend wird das Bewusstsein wie ein Glas lehmiges Wasser, in dem sich die Teilchen abgesetzt haben. Seine Klarheit benötigt nichts von woanders und zeigt äußere wie innere Geschehnisse immer deutlicher. [...] Es entsteht eine bewusste Offenheit. Über längere Zeiträume hinweg und immer überzeugender wird Raum als das wahrgenommen, was hinter und zwischen den Erlebnissen liegt und diese versteht. Man erkennt ihn dabei als die zeitlose Grundlage aller Dinge und als an sich wahr. Befreiende Einsichten und Buddhas erscheinen ohne Anstrengung und als Ausdruck der ihm innewohnenden Erleuchtung, seiner un-

> endlichen Weite, wo und wann immer sich der Geist erfährt. [...] Das Große Siegel arbeitet ohne Druck. Es baut auf bewusstes, nicht beurteilendes Zulassen der Eindrücke. Der Erleber erkennt sich durch müheloses Verweilen in dem, was ist.«

Hier wird klar, dass wirkliches Mahamudra nicht das Gleiche ist wie Geistesruhe und tiefe Einsicht. Diese sind zwar wichtige Voraussetzungen, aber die Praxis des Großen Siegels geht darüber hinaus. Man kann aber auch sagen, dass dies die tiefgründigste Form der Einsichts-Meditation ist. Ohne Ängste oder Erwartungen sollte man alles, was erscheint, offen ansehen, frei von künstlichem Erschaffen. Der Meister Pagmo Drupa sagt: »Gute wie schlechte Gedanken nicht zu überdenken ist Mahamudra.« Die Wünsche des 3. Karmapa Rangjung Dorje fassen dies in einem weiteren Vers noch einmal zusammen: »Unaufhörliche große Freude, frei von Anhaftung; unverschleiertes klares Licht, frei vom Festhalten an Merkmalen; selbstentstandene Begriffslosigkeit, jenseits von Vorstellungen. Mögen wir diese Erfahrungen mühelos und ununterbrochen machen!«

In seinem Buch *Wie die Dinge sind* drückt Lama Ole Nydahl dies so aus:

> »Das Mahamudra befähigt diejenigen mit Vertrauen und Hingabe, den schnellsten Weg zur Erleuchtung zu gehen. Die grenzenlosen Erfahrungen dieser höchsten Ebene lassen einen in jeder Lebenslage vollkommen ungekünstelt werden. Sie zeigen durch die Selbstbefreiung aller zweiheitlichen Vorgänge, dass nur die Raum-Klarheit-Unbegrenztheit des Geistes wirklich ist. Die daraus folgende Erkenntnis, dass es viel wichtiger ist, sich von den auftauchenden Gedanken nicht ablenken zu lassen, anstatt sie zu beurteilen, setzt eine unmittelbare Kraft in jedem frei. Das Meer ist einfach viel bedeutungsvoller als seine Wellen.«

Meistens wird die Praxis des Großen Siegels als Weg mit vier Stufen dargestellt. Die Namen dieser Stufen sind »Einsgerichtetheit«, »Einfachheit oder Ungekünsteltsein«, »Ein Geschmack« und »Nicht-Meditation«. Da jede einzelne Stufe weiter in eine geringere, mittlere und höhere Stufe unterteilt werden kann, spricht man auch oft von den »zwölf Yogas«, den zwölf Schritten der Anwendung der Mahamudra-Praxis. Die Erklärungen zu diesen vier Stufen sind etwas unterschiedlich. Der Meister Dilgo Khyentse Rinpoche fasst sie in seinen Erklärungen zum Großen Siegel folgendermaßen zusammen: »Im Yoga der Einsgerichtetheit steht die geistige Ruhe im Mittelpunkt und im Yoga der Einfachheit die durchdringende Einsicht. Beide sind in der Erfahrung des ›Einen Geschmacks‹ vereint, und wenn diese Erfahrung dauerhaft wird, ist dies der Yoga der Nicht-Meditation.«

Eine kurze, aber gleichzeitig sehr klare Übersicht über den gesamten Weg in diesen vier Stufen gibt wiederum Lama Ole Nydahl in seinem Buch *Das Große Siegel*:

»Grundlage, Weg und Ziel verbindend, heißt die erste Ebene des Vier-Stufen-Weges ›Einsgerichtetheit‹. Damit ist gemeint, dass der Geist gerne in sich ruht. Er ist voll von guten Eindrücken, braucht nichts mehr von außen und muss daher nirgendwo anders hingehen. Danach kommt die Stufe des ›Ungekünsteltseins‹. Hier hört man von selbst auf, Spiele zu spielen, etwas vorzugeben oder sich sinnlos zu verhalten. Da man sieht, wie einmalig alles an sich ist, fällt alles Unechte unter den Tisch.

Als dritte Ebene folgt der ›Eine Geschmack‹. Hier wird sich der Erleber seiner selbst hinter den Erlebnissen bewusst; der zeitlose Spiegel erkennt sich hinter den Bildern, die in ihm erscheinen. Auch wer nicht meditiert, erlebt mitunter diesen Zustand, wo Geist gleich strahlender Raum ist. Das Streben so vieler Menschen nach spannenden Erlebnissen zeigt, wie wichtig und wahr selbstentstandene Freude ist. Von dieser Ebene an strahlt sie durch jede Erfahrung hindurch.

Der letzten Stufe musste ein witziger Name ›verpasst‹ werden. Ein Zustand, dessen Wesen höchste Erfüllung ist, lässt sich nicht mit ernster Miene beschreiben. Diese Stufe heißt ›Nicht-Meditation‹, bedeutet aber eigentlich ›Nicht-Anstrengung‹, denn es muss nichts mehr erreicht werden. Hier wird die Kraft von zehntausend Volt in jeder Zelle des Körpers erfahren. Jenseits der üblichen Sinne nimmt man die Welt durch die Schwingung jedes Atoms wahr. So zum Buddha geworden, erlebt man keine Trennung in Raum und Zeit mehr als wirklich. Man handelt aus der Allwissenheit des Geistes heraus und nützt den Wesen im Hier und Jetzt dauerhaft. So wird alles sinnvoll. Alles ist das freie Spiel des Geistes. Jedes Wesen wird als ein Buddha erkannt, der es nur noch entdecken müsste, und die ganze Welt ist ein Reines Land. Das ist der Zustand der Buddhas und des Großen Siegels.«

Abschließend sei noch erwähnt, dass die Meister der Übertragungslinie je nach den Voraussetzungen ihrer Schüler verschiedene Zugänge zum Großen Siegel gelehrt haben. Der Meister Dakpo Tashi Namgyal (1512–1587) und andere vertreten die Auffassung, dass bis zur Zeit von Gampopa im 12. Jahrhundert das Große Siegel fast ausschließlich in mündlicher Form im Zusammenhang mit den Tantras weitergegeben wurde. Marpa der Übersetzer spricht in seinen Gesängen (übersetzt in *The Rain of Wisdom* des Nalanda Translation Committee) über die Sichtweise des Großen Siegels, wie er sie von Maitripa bekam. Er wurde von seinem Lehrer in die Natur des Geistes eingeführt. Diese reine Diamantweg-Übertragung wird auch »Marpa-Kagyü« genannt.

Später vereinte Gampopa das Große Siegel mit dem stufenweisen Weg von Atisha und der Kadampa-Linie. Er lehrte drei Ebenen:

1. Den Weg über die Weisheitslehren (von ihm hauptsächlich gelehrt nach dem *Samadhiraja-Sutra*), bei dem Schlussfolgerungen, genaue Untersuchungen der Natur der Dinge, verwendet werden sowie die Lehren über die Buddha-Natur (nach dem *Gyü Lama* von Maitreya/Asanga). Dies ist ein Zugang über Sutra-Mahamudra.
2. Den Weg des Segens, bei dem die Entstehungs- und Vollendungsphase der Meditation auf Buddha-Aspekte, besonders die vierte Stufe der Einweihung, als Grundlage genommen und damit Tantra-Mahamudra verwendet wird.
3. Den Weg des direkten, klaren Erkennens oder den Essenz-Weg, auf dem der Schüler von seinem Lehrer unmittelbar in die Natur der Wirklichkeit eingeführt wird und dann in dieser Erfahrung eine unumstößliche Gewissheit erlangt.

Diese Ebenen können je nach Fähigkeit nacheinander oder zusammen praktiziert werden. Der für diesen breiteren Zugang verwendete Begriff ist »Dhagpo-Kagyü« nach dem Ort Dhagpo, an dem Gampopa gelebt hat.

Damit ist diese kurze Übersicht über den stufenweisen Weg in der Kagyü-Linie abgeschlossen.

3. Die Meditationserfahrungen anhand der Lehren Buddhas – einige praktische Ratschläge

Im letzten Kapitel sollen noch einige Anhaltspunkte für die Entwicklung auf dem Weg der Meditation gegeben werden. Bevor die wichtigsten Meditationserfahrungen anhand von Buddhas Lehre dargestellt werden, können einige **allgemeine praktische Ratschläge** von Nutzen sein. Diese haben vor allem mit den beträchtlichen Unterschieden zwischen der westlichen und der asiatischen Denk- und Lebensweise zu tun. Wer sich mit dem Buddhismus beschäftigt, der in seiner vollständigen Form erst seit kurzer Zeit aus Asien zu uns kommt, wird automatisch mit diesen Unterschieden konfrontiert.

Im Westen denken wir z. B. vorwiegend linear, d. h. von einer bestimmten Ausgangsbasis bis zu einem bestimmten Endpunkt – meistens sehr stark zielorientiert. Im Osten denkt man eher zyklisch. Die verschiedenen Kreisläufe von Tag und Nacht, Leben, Zwischenzustand und Wiedergeburt sowie der gesamte Kreislauf der Existenz bestimmen die allgemeine Vorstellung. Auf die Meditation bezogen hat das starke Auswirkungen. Im Westen will man das jeweils gewünschte Ziel so schnell wie möglich erreichen. Im Osten denkt man eher langfristig – wenn das Ziel nicht in diesem Leben erreicht wird, dann im nächsten.

Daher ist es für Leute im Westen wichtig, immer wieder daran zu denken, dass Meditation Entspannung bedeutet und nicht noch mehr Stress, als man ihn sowieso schon hat. Es geht um den natürlichen Zustand, das Annehmen all der fantastischen Qualitäten unseres Geistes. Ist der Geist sehr angespannt, dann erfährt man bei der Meditation oft Probleme. Ist der Geist jedoch sehr entspannt und sehr offen, dann gibt es niemals irgendwelche schlechten Wirkungen oder Schwierigkeiten während der Meditation. Der Meister Kalu Rinpoche hat dazu die folgende Anweisung gegeben: »Meditiert nicht wie eine Maus in der Falle, sondern wie ein Adler in der Luft.«

Weiterhin sollten wir uns klar darüber sein, dass Gewohnheiten, die über zahllose Lebenszeiten aufgebaut wurden, nicht an einem Tag oder in kürzester Zeit geändert werden können, auch wenn die Diamantweg-Methoden besonders kraftvoll sind. Wir brauchen also viel Geduld und müssen lernen, das richtige Maß zu finden und gut mit uns selbst umzugehen. Selbstvertrauen ohne Stolz ist dabei der Schlüssel zum Erfolg. Auch dazu gibt es ein Beispiel. Der Buddha fragte einmal einen Musiker: »Wie stimmst du die Saiten deiner Laute, um einen guten Ton zu bekommen?« Dieser antwortete: »Nicht zu straff und nicht zu locker, sie müssen genau die richtige Spannung haben.« »Genau so solltest du auch meditieren«, erklärte daraufhin der Buddha.

Bei der Praxis sollten wir möglichst die Meditationen wählen, die wir gern anwenden. Das hat Freude an der Praxis zur Folge, so dass keine Schwierigkeiten dabei aufkommen. Freude bei der Meditation lässt Fleiß von selbst wachsen. Falls doch in irgendeiner Form Hindernisse auftauchen, hilft meistens, einfach an den eigenen Lehrer zu denken oder eine kurze Meditation auf den Lehrer zu machen. Wenn es langfristige Probleme gibt, ist natürlich eine direkte Begegnung mit dem Lehrer anzuraten. Sein Segen und die Kraft seiner Wünsche hilft, dass sich alles so entwickelt, wie es auf dem Weg zur Erleuchtung am nützlichsten ist.

Bei der Beschreibung der **Erfahrungen auf diesem Weg** muss zunächst klar unterschieden werden, ob Sutra- oder Tantra-Fahrzeug praktiziert wird. Auf dem Sutra-Weg ist die Entwicklung ohne die kraftvollen Methoden des Tantra-Weges viel langsamer. Aus diesem Grund wird dieser Weg in vielen Lehren Buddhas und den dazugehörigen Kommentaren sehr ausführlich beschrieben. Hier findet man Darstellungen der fünf Wege und zehn Bodhisattva-Stufen mit den dazugehörigen Qualitäten, die in alle Einzelheiten gehen (siehe *Der kostbare Schmuck der Befreiung* oder Kapitel 25–30 in meinem Buch *Buddhistische Grundbegriffe*).

Im Tantra-Weg oder Diamantweg ist die Entwicklung aufgrund der kraftvollen Mittel so schnell, dass die Entwicklung hier nicht so systematisch dargestellt werden kann. Man wird wohl einige der Qualitäten zeigen, die mit jeder Stufe verbunden sind, aber es ist auch möglich, die eine oder andere Stufe zu überspringen oder nur sehr kurz zu durchlaufen. So erklärt der Meditationsmeister Dudjom Rinpoche in einem Vortrag zur Meditation: »Je nach ihren Fähigkeiten erreicht die praktizierende Person die Stadien der Erfahrung und Verwirklichung entweder in einer festen Reihenfolge nacheinander, ohne feste Reihenfolge oder alle gleichzeitig. Aber zum Zeitpunkt der Reife gibt es keinen Unterschied mehr.«

Die beiden Begriffe »Erfahrung« und »Verwirklichung« bilden in diesem Zusammenhang die nächsten Stichworte. Wie am Anfang des Buches bereits erwähnt, braucht man zu Beginn des Weges ein gutes Verständnis, in der Mitte Erfahrungen und am Ende eine Verwirklichung. Beschreibt man diese drei Stufen anhand des Sutra-Fahrzeugs, so werden sie in den *Weisheitslehren* Buddhas zu den fünf Wegen in Beziehung gesetzt. Dabei entwickelt sich das begriffliche Verständnis von der Selbstlosigkeit der Person und der Erscheinungen zusammen mit der Ansammlung von guten Eindrücken durch die Praxis der befreienden Handlungen vorwiegend auf dem ersten Weg, dem **Weg der Ansammlung**.

Auf dem **Weg der Verbindung** wird durch das Erlangen tiefer Erfahrungen eine Verbindung mit der Verwirklichung der Natur des Geistes hergestellt. Man nähert sich dadurch an den Weg des Sehens an. Der Weg der Verbindung hat vier Stufen. Auf der ersten Stufe mit dem Namen »**Hitze**« entstehen die ersten Erfahrungen von der Leerheit oder der illusionsgleichen Natur der äußeren Erscheinungen. Im *Herz-Sutra* wird dies durch die Kernaussage »Form ist Leerheit« ausgedrückt.

Die zweite Stufe auf dem Weg der Verbindung heißt »**Gipfel**«. Man erkennt hier mehr und mehr, dass alles, was erscheint, nur das freie Spiel des eigenen Geistes ist, dass aber auch der wahrnehmende Geist selbst und alle geistigen Erscheinungen keine wahre, unabhängige Existenz besitzen. Wer beide Aspekte, die Selbstlosigkeit der eigenen Person und der äußeren Erscheinungen, mehr und mehr versteht, ist versucht, an der Vorstellung der Nicht-Existenz der Dinge festzuhalten und damit eine nihilistische Anschauung zu entwickeln. Als Mittel gegen diese fehlerhafte Sicht hilft die entsprechende Kernaussage im *Herz-Sutra:* »Leerheit ist Form«.

Der Name der dritten Stufe ist »**Geduld**«. Man wird immer mehr fähig, die wahre Natur der Objekte der Wahrnehmung und des wahrnehmenden Geistes anzunehmen. Indem wir weiter über diese Natur lernen, nachdenken und meditieren, entfernen wir die falschen Vorstellungen über die Wirklichkeit und befreien uns von Zweifeln und Zögern. Jenseits aller extremen Anschauungen von wahrhafter Existenz oder Nicht-Existenz werden tiefe Erfahrungen der Leerheit von sowohl inneren wie äußeren Erscheinungen gemacht. Die entsprechende Kernaussage im *Herz-Sutra* ist »Form ist nicht verschieden von Leerheit«.

Die vierte Stufe »**höchstes weltliches Dharma**« durchlaufen wir unmittelbar vor der Befreiung aus der bedingten Existenz. Wir lösen alle festen Vorstellungen über Gut und Schlecht, über das, was anzunehmen oder aufzugeben ist, auf. Wir erfahren die Gleichheit von wahrgenommenen Objekten und wahrnehmendem Geist, von verschleierten und erleuchteten Erscheinungen. Wir treffen verschiedene Buddhas und sind nun auch selbst unumkehrbar auf dem Weg zur Allwissenheit eines Buddha. Die abschließende Kernaussage im *Herz-Sutra* dazu lautet »Leerheit ist nicht verschieden von Form«.

Auch wenn auf dem Weg der Verbindung bereits diese tiefen Erfahrungen von der Natur des Geistes gemacht werden, sind solche Erfahrungen noch nicht dauerhaft oder stabil und daher noch keine Verwirklichung. Es wird hier von einem Abbild der Verwirklichung der Natur des Geistes gesprochen. Die Erfahrung ist ähnlich der vollen Erkenntnis, aber noch nicht diese volle Erkenntnis selbst. Diese wird auf dem dritten Weg, dem **Weg des Sehens**, erlangt. Allerdings gibt es auf diesem Weg, der gleich ist mit der ersten Bodhisattva-Stufe, noch einen Unterschied zwischen der Meditationsphase und der Nachmeditationsphase. In der Nachmeditationsphase folgt man immer noch subtilen Gewohnheitstendenzen. Dieser Unterschied wird bis zum Erlangen der Buddhaschaft **auf den Wegen der Meditation und des Nicht-mehr-Lernens** immer geringer und löst sich schließlich auf.

Der indische Meister Saraha gibt eine Übersicht über diesen Entwicklungsweg von Erfahrung bis Verwirklichung auf der Ebene des Großen Siegels in seinem *Vajragesang des unzerstörbaren Körperschatzes*:

»Als Erstes wird Erscheinung als Leerheit erfahren.
Dies ist, wie etwas, das als Eis erscheint, als Wasser erkennen.
Zweitens entsteht ohne das Verschwinden der noch erinnerten Erscheinung
Leerheit ununterscheidbar von Freude.
Dies ist wie Eis, das sich in Wasser verwandelt.
Wenn sich Erinnerung in Nicht-Erinnerung auflöst, frei von jedem Ursprung,
ist alles ununterscheidbar eins in großer Freude.
Dies ist wie Eis, welches sich in Wasser aufgelöst hat.«

Es ist sehr wichtig, den Unterschied zwischen Erfahrung und Verwirklichung genau zu kennen, denn man kann sie leicht miteinander verwechseln. Beispielsweise gehen mit der Entwicklung einer stabilen Geistesruhe Erfahrungen wie die Geschmeidigkeit von Körper und Geist einher. Der Körper fühlt sich elastisch und frisch an, und auch der Geist erfährt ein tiefes Wohlbefinden. Glaubt man nun, dass diese sehr angenehmen körperlichen und geistigen Erfahrungen schon die eigentliche Verwirklichung wären, bleibt man hier leicht stecken. Daher sollte die Praxis der Meditation auf einer tiefer gehenden Sichtweise aufbauen. Das Gleiche gilt für das Erlangen besonderer Kräfte wie außersinnlicher Wahrnehmung usw. Hält man sie für das eigentliche Ziel, verwechselt man Erfahrungen mit Verwirklichung und wird dadurch am Erlangen der letztendlichen Qualitäten von Furchtlosigkeit, Freude und Mitgefühl gehindert.

Im Zusammenhang mit der Praxis des Großen Siegels wird dieser Unterschied von dem Meister Gampopa deutlich herausgestellt. Er erklärt, dass eine Meditationserfahrung ein bestimmter Zustand im Geist ist, aber noch keine Erkenntnis der Natur des Geistes. Die Erfahrungen von Freude, Klarheit und Nicht-Begrifflichkeit sind noch nicht stabil, sondern entstehen sehr deutlich und vergehen genauso schnell wieder. Hält man aber die Meditation auf diese inneren Erfahrungen stabil, ohne daran anzuhaften, klären sich die Schleier im Geist von selbst, und echte Verwirklichung entsteht. Eine solche Verwirklichung besteht aus einem unaufhörlichen Strom des klaren Lichtes des Geistes ohne die Dualität von Erscheinung und Gedanken, Meditierendem und Meditation. Dies wird als gleichzeitige Verwirklichung und Vollendung beschrieben.

Der 9. Karmapa zeigt in seinem Text *Ozean der wahren Bedeutung* den Unterschied zwischen Erfahrung und Verwirklichung auf allen vier Stufen des Großen Siegels. Der folgende Ausschnitt ist eine Übersetzung von mir direkt aus dem Tibetischen (nähere Angaben zum Text im Literaturverzeichnis):

> »Aus den Erklärungen der früheren Kagyü(-Meister): Erfahrung und Verwirklichung sind leider leicht falsch zu verstehen! Als Erstes geht es um die Erfahrungen der Einsgerichtetheit. Ist das Bewusstsein rein und klar, so ist dies seine Essenz. Wenn Schwankungen entstehen, ist dies noch Erfahrung. Sie ist nicht stabil. Wenn geringe Schwankungen da sind, ist dies bereits etwas besser. Im Allgemeinen ist jedoch die Stufe der Einsgerichtetheit allein noch Erfahrung und keine Verwirklichung.

> Wenn man beim Entstehen der Ungekünsteltheit die ungeborene Natur von innen her ein wenig versteht, dann entweder denkt oder erfährt: ›Das ist es, was der Lehrer gelehrt hat‹ und sich daraufhin im eigenen Geist damit vertraut macht, so ist dies Erfahrung. Wenn das Bewusstsein selbst klar erkennt, dass es selbst frei von Eigennatur ist, ist dies Verwirklichung. Denkt man auf der Stufe ›Ein Geschmack‹: ›Die drei Aspekte, der eigene Körper, die äußeren Erscheinungen und der eigene Geist, sind ohne wahre Natur‹, so ist dies Erfahrung. Unmittelbar zu erkennen, dass diese äußeren Erscheinungen, obwohl sie wie Reflexionen in einem Spiegel getrennt erscheinen, von einer Natur sind, dies ist Verwirklichung.
> (Bei der Nicht-Meditation) mit Nachdruck zu denken: ›Es gibt kein Objekt der Meditation und keine Meditation‹, ist Erfahrung. Wenn das Bewusstsein selbst unmittelbar erkennt, dass es selbst frei ist von Meditationsobjekt und Meditation, ist dies Verwirklichung. So wurde erklärt, wie wichtig es ist, die beiden Aspekte von Erfahrung und Verwirklichung nicht falsch zu verstehen.«

Die Anwendung dieser Erklärungen auf die eigene Situation beinhaltet, dass man sich nicht als höchstes Ziel setzen sollte, alle möglichen Arten von fantastischen Erfahrungen zu machen. Wenn man aus diesem Grund meditiert, hat man eine falsche Einstellung. Richtig praktiziert man mit dem Wunsch, durch die Meditation die Natur des Geistes zu erkennen, d.h. wirklich Erleuchtung zu erlangen, um dadurch anderen helfen zu können, bleibendes Glück zu erlangen.

Grundlegend sollten wir uns bemühen, mehr über den Geist zu lernen und, so gut es geht, zu praktizieren. Wenn wir dann im Laufe der Zeit feststellen, dass die Störgefühle und einengenden Vorstellungen schwächer werden, dass unser Stolz geringer wird, dass wir weniger an unserer eigenen Person festhalten und stattdessen offener für andere werden, dass sich neue Qualitäten zeigen und besonders das Vertrauen zum eigenen Lehrer zunimmt, dann sind wir auf dem richtigen Weg. Dann können wir davon ausgehen, dass unsere Dharma-Praxis erfolgreich ist.

Schlusswort

Nachdem nun einige der wichtigsten Aspekte des Wissens über Meditation behandelt wurden, geht es abschließend vor allem darum, wie und wo dieses Wissen in Erfahrung umgesetzt werden kann. Hier hat sich in den letzten zwei Jahrzehnten eine Fülle von neuen Möglichkeiten entwickelt. So gibt es mittlerweile in fast jeder Stadt in Mitteleuropa und ebenso in vielen großen Städten anderer Kontinente ein Diamantweg-Zentrum. Man kann Verbindung damit aufnehmen, das laufende Programm mitnehmen oder sich schicken lassen, interessante Menschen kennen lernen, viele Fragen klären, zusammen praktizieren und auch sonst in jeder Hinsicht von dem großen Geschenk profitieren, das die Verfügbarkeit von Buddhas Lehre sowie qualifizierten Lehrern und Freunden auf dem Weg tatsächlich bedeutet.

Weiterhin kann man sich Informationen über das Internet besorgen, Bücher oder Videos anschauen, an Vorträgen oder Seminaren über allgemeine buddhistische Themen oder Meditation teilnehmen, längere Studienkurse besuchen oder Zurückziehungen machen. Rund um die Welt finden auch längere Meditationskurse statt, zu denen jeder Neueinsteiger herzlich eingeladen ist. All diese Angebote werden durch die auf Idealismus und Freundschaft gegründete Arbeit vieler Helfer ermöglicht und von gemeinnützigen Vereinen getragen.

Da wir uns gerade in der Anfangszeit des Prozesses befinden, in dem der riesige Schatz der Weisheit Buddhas rund um die Welt zugänglich wird, ist jeder Schritt auf diesem Weg wichtig. Ob man sich in seiner Meditationspraxis weiterentwickelt, ob man einfach nur gute Wünsche für die verschiedenen Projekte in diesem Prozess macht oder ob man selbst eine aktive Rolle beim Aufbau der Gruppen und Zentren spielt: Jede einzelne nützliche Handlung in diesem Zusammenhang hat tiefe Bedeutung. Zukünftige Generationen werden sich auf die grundlegende Aktivität stützen, die jetzt geleistet wird.

Mittlerweile ist der Buddhismus in der Mitte der modernen westlichen Gesellschaft angekommen. Lange Zeit wurde in buddhistischen Kreisen allgemein angenommen, dass man nur dann eine schnelle Entwicklung erfahren könne, wenn man entweder eine wenigstens drei Jahre dauernde Zurückziehung oder ein langes Studium in einem buddhistischen Institut in Asien machen würde. Heute kann man klar erkennen, dass auch das Leben mitten in der Gesellschaft eine wirklich schnelle Entwicklung ermöglicht.

Dies geschieht vor allem dadurch, dass man im örtlichen Zentrum alles lernt, was man für die korrekte Meditation braucht, dass man Verantwortung für andere übernimmt und die Verbindung mit einem qualifizierten Lehrer aufbaut und hält. Man macht seine regelmäßige Meditationspraxis, so gut es geht, nutzt die kurzen Pausen am Tag, um sich wieder auf die Frische und Reinheit des Erlebens einzustellen und vertieft die Erfahrung dadurch, dass man von Zeit zu Zeit an Meditationskursen teilnimmt. So nutzt man den kraftvollen Diamantweg in der bestmöglichen Weise.

Dieses Buch gibt eine kurze Übersicht über die Bedeutung der Meditation im Buddhismus und beantwortet gleichzeitig viele Fragen, die immer wieder gestellt werden. Auf längere Sicht muss man sich aber vor allem im Diamantweg immer auf die direkte Übertragung und Anweisung eines qualifizierten Lehrers stützen. Mein Wunsch ist, dass jeder mit dem Wissen über Meditation, das er in diesem Buch bekommt, leicht den nächsten Schritt auf seinem Weg gehen kann und dass er nicht auf halbem Wege stehen bleibt, sondern schnell das höchste Glück der Befreiung und vollkommenen Erleuchtung erreicht.

Anhang

Glossar

tib.: Tibetisch
skt.: Sanskrit

***abhängiges Entstehen** (tib. ten drel):* Das Gesetz des ursächlichen Entstehens und Miteinander-Verbundenseins aller Erscheinungen.

Abhidharma: Lehren Buddhas über alles, was zu wissen ist. Die Darstellung der Erscheinung aller Dinge, wie z. B. der Bestandteile unserer Persönlichkeit (fünf Ansammlungen, skt. →skandhas), der Sinnesursprünge (skt. ayatanas) sowie der Grundelemente der Existenz (skt. dhatus). Abhidharma ist einer der →Körbe, drei. (Siehe im Quellenverzeichnis unter Asanga und Vasubandhu.)

Achtfacher Pfad der Edlen: Im Achtfachen Pfad sind die Mittel zusammengefasst, die zur Erleuchtung führen. Zuerst geht es darum, Weisheit zu entwickeln, also Unwissenheit zu überwinden. Zweitens soll das Handeln so eingesetzt werden, dass positives →Karma aufgebaut und negatives abgebaut wird. Punkt 6, 7 und 8 erklären den sinnvollen Umgang mit dem eigenen Bewusstsein.

Weisheit entwickeln

1. *Richtige Sichtweise:* Verstehen, wie Leid entsteht, was dessen Ursachen sind und wie man es beendet – die Unterscheidung zwischen relativer und absoluter →Wahrheit.
2. *Richtige Erkenntnis:* Man erkennt die Natur des Geistes, denn die →Störgefühle bestimmen nicht länger das eigene Fühlen und Handeln.

Richtig handeln

3. *Sinnvolles Reden:* Nicht lügen, schlecht über andere reden oder Unsinn erzählen.
4. *Sinnvolles Handeln:* Handlungen, die anderen schaden, aufgeben.
5. *Sinnvolle Lebensführung:* Ein von Mitgefühl und Weisheit bestimmtes Leben führen.

Mit dem Geist arbeiten

6. *Richtiges Bemühen:* Energie aufbringen und auf die unzerstörbare Natur des Geistes meditieren.
7. *Richtige Achtsamkeit:* Das Objekt der Konzentration nicht vergessen.
8. *Richtige Vertiefung:* Den Geist immer wieder an einer Stelle halten und durch Meditation seine zeitlosen Qualitäten hervorbringen.

Aktivität: Im allgemeinen Sinn: Handeln zum Wohl der Lebewesen; im letztendlichen Sinn: spontanes und müheloses Handeln eines Buddha zum Wohl der Lebewesen.

Allwissenheit: Weisheit eines Buddha, der die Natur aller Dinge, sowie ihre vielfältigen Erscheinungsweisen erkennt; Synonym für →Buddhaschaft oder →Wahrheitszustand.

anfangslose Zeit: Schaut man nach einem Anfang in der Zeit, nach einer ersten Ursache für das Entstehen der Dinge, so kann man eine solche niemals finden. Auch sie müsste ja eine vorherige Ursache haben, aus der sie entstanden ist. Im →Kreislauf der Existenz entstehen die Dinge daher seit anfangsloser Zeit.

Anrufung: Kurze gesprochene oder gesungene Meditation auf einen Buddha-Aspekt, um die durch ihn symbolisierte Qualität im Geist zu erfahren.

Ansammlungen, fünf: →Skandhas.

Ansammlungen, zwei: Positive Eindrücke oder Verdienst – z. B. aus nützlichem Handeln – und Weisheit müssen untrennbar miteinander verbunden werden.

Arhatschaft: Höchste Verwirklichung im →Theravada; ruhiger Geisteszustand, in dem vollkommene Befreiung vom Leid der →bedingten Existenz erlangt wurde.

asketische Praxis: Auf Zurückweisung sämtlicher Annehmlichkeiten und damit auf Loslösung von Anhaftung ausgerichtete Praxis wie Fasten etc., die besonders in den hinduistischen Yoga-Systemen verwendet wird. Extreme Askese kann zu Schaden für Körper und Geist führen.

***Ausstrahlungszustand** (skt. nirmanakaya, tib. trul ku):* Ein Buddha kann aus Mitgefühl in vielen Formen erscheinen, um anderen Lebewesen zu nützen. Die perfekteste dieser Erscheinungsformen ist der so genannte Ausstrahlungszustand eines Buddha. Er ist ausgestattet mit den 32 Hauptmerkmalen und 80 Nebenmerkmalen der Vollkommenheit.

bedingte Existenz: Synonym fur →Kreislauf der Existenz oder →Samsara.

Befreiung: Befreiung vom →Kreislauf der Existenz; Geisteszustand, in dem alles Leid – zusammen mit den Ursachen für Leid – vollkommen überwunden ist. Im →Theravada entspricht dies der →Arhatschaft, im →Mahayana der ersten →Bodhisattva-Stufe.

Bereiche, drei: Der gesamte Kreislauf der Existenz wird in die drei folgenden Bereiche unterteilt: den Begierdebereich, den formhaften Bereich und den formlosen Bereich. Der Begierdebereich besteht aus den sechs →Daseinsbereichen, die beiden anderen Bereiche sind Konzentrationszustände mit Form oder ohne Form.

Bewusstheit oder ***Eigenbewusstheit** (tib. rig pa, rang rig):* Die Fähigkeit des Geistes, bewusst zu sein, erleben zu können. Dies ist die innere Facette jeder Wahrnehmung, in ihrer reinen Form synonym mit →Weisheit.

***Bewusstsein** (tib. nam sche):* Funktionsweise des Geistes, wenn er auf Objekte ausgerichtet ist. Es bedeutet, dass sich jemand einer Sache oder eines Aspektes des Geistes bewusst ist. Im Großen Fahrzeug (→Mahayana) werden meistens acht Arten gelehrt: das Bewusstsein des Sehens, Hörens, Riechens, Schmeckens, Tastens, Denkens, des Ichs und der gespeicherten Eindrücke.

Bewusstseinsstrom oder ***Geiststrom:*** Die ununterbrochene Folge der einzelnen klaren und bewussten Momente des Erlebens, die durch dieses Leben, den →Zwischenzustand zwischen →Tod und →Wiedergeburt sowie weitere Leben hindurchgeht.

Bodhgaya: In der Nähe der Stadt Patna in Nord-Indien gelegene Stelle, an der der historische →Buddha Shakyamuni die volle Erleuchtung erlangte. Gilt als wichtigster Pilgerort aller Buddhisten.

Bodhibaum, wörtl. Baum des Erwachens: Eine Pappel, unter der der Buddha saß, als er erleuchtet wurde. Der heutige Baum ist ein über Sri Lanka reimportierter Ableger des Originalbaumes.

Bodhicitta *(tib. djang chub kyi sem):* Erleuchtungsgeist; der Wunsch, →Buddhaschaft zu erlangen, um allen fühlenden Wesen zu helfen, sich vom Leid zu befreien. Er wird in zwei Aspekte unterteilt: in den relativen und den letztendlichen Erleuchtungsgeist. Der relative Erleuchtungsgeist besteht zum einen in dem Wunsch, Erleuchtung zum Wohl aller Wesen zu erlangen. Zum anderen wird dieser Wunsch durch die befreienden Handlungen, die →Paramitas, in die Praxis umgesetzt. Der letztendliche Erleuchtungsgeist ist die Erkenntnis der Untrennbarkeit von →Leerheit und →Mitgefühl.

Bodhisattva *(tib. djang chub sem pa):* Im allgemeinen Sinn: ein Praktizierender des →Mahayana; jemand, der den Entschluss gefasst hat, zum Nutzen aller fühlenden Wesen die volle →Erleuchtung zu erreichen. Im speziellen Sinn hat er bereits →Befreiung vom Leid und damit eine Verwirklichung auf einer der zehn →Bodhisattva-Stufen erlangt.

Bodhisattva-Stufen: Zehn Stufen, die den Weg eines Bodhisattva von der →Befreiung bis zur vollen →Erleuchtung ausmachen, d. h. auf denen die Erkenntnis von der wirklichen Natur der Dinge vertieft und mehr und mehr auch außerhalb der Meditation erfahren wird.

Bodhisattva-Versprechen: Bei einem qualifizierten Lehrer abgelegtes Versprechen, die →Erleuchtung zum Wohl aller Lebewesen zu erlangen; Eintritt in den Weg eines →Bodhisattva.

Buddha *(tib. sang gye),* wörtl. der Erwachte oder Erleuchtete: Jemand, der alle Schleier im Geist vollkommen gereinigt und alle Qualitäten, besonders die →Allwissenheit, vollständig entfaltet hat (→Buddhaschaft). Der Buddha, auf den wir uns heute beziehen, ist der historische Buddha Shakyamuni (560–478 v. Chr.), der vierte von insgesamt 1000 Buddhas dieses Zeitalters.

Buddha-Aktivitäten: Es gibt insgesamt vier Buddha-Aktivitäten: die befriedende, vermehrende, faszinierende und kraftvoll schützende Aktivität eines Buddha.

Buddha-Aspekte oder ***Meditationsaspekte:*** Vom →Buddha in den →Tantras gelehrte Meditationsformen, die jeweils eine bestimmte Qualität der Erleuchtungsnatur unseres Geistes ausdrücken (→Yidam).

Buddha-Familien, Fünf: Fasst man alle vom historischen Buddha gelehrten →Buddha-Aspekte zusammen, so kann man sie fünf Gruppen oder Familien zuordnen, die wiederum alle im Buddha Diamanthalter, der tantrischen Form von Buddha Shakyamuni, zusammengefasst werden können.

Buddha-Natur *(skt. tathagata-garbha, tib. de shin sheg pe nying po):* Die Natur des Geistes, die Essenz oder das Potenzial der →Buddhaschaft, das in allen fühlenden Wesen gegenwärtig ist.

Buddha-Palast: Palast aus Licht und Energie, der einen →Buddha-Aspekt mit seinem Kraftkreis (→Mandala) umgibt und den gesamten Weg zur Erleuchtung symbolisiert.

Buddhas, Sieben: Eine oft im →Zufluchtsbaum verwendete Zusammenstellung der drei letzten von 1000 Buddhas des früheren so genannten Glorreichen Weltzeitalters mit den Namen Vipashyin, Shikhin und Vishvabhu sowie der ersten vier von 1000 Buddhas des gegenwärtigen Glücklichen Weltzeitalters mit den Namen Krakucchanda, Kanakamuni, Kashyapa und Shakyamuni.

Buddhaschaft *(tib. djang chub):* Zustand vollkommener →Erleuchtung, der gekennzeichnet ist durch Furchtlosigkeit, Freude und aktives Mitgefühl, d.h. die Erkenntnis der offenen, klaren Unbegrenztheit des Geistes.

Buddha-Weisheiten, fünf: Facetten der einen Buddha-Weisheit: 1. die wertfreie Weisheit klaren Widerspiegelns ohne eigenes Kommentieren, 2. das Entdecken des reinen Potenzials in anderen, 3. die Fähigkeit, bleibende und vergängliche Qualitäten zu unterscheiden, 4. das Verständnis des fließenden, dynamischen Aspektes der Welt und 5. die intuitive oder raumgleiche Weisheit.

Buddha-Zustände, drei: →Wahrheitszustand, →Freudenzustand und →Ausstrahlungszustand; siehe auch →Essenzzustand.

Ch'an-Buddhismus: Chinesischer Vorläufer des Zen-Buddhismus. Der Begriff stammt von der Sanskrit-Wurzel dhyani, was Konzentration oder Versenkung bedeutet.

Chittamatra *(tib. sem tsam pa):* Nur-Geist-Schule – eine der vier philosophischen Schulen im Buddhismus. Sie geht von der wahrhaften Existenz des kleinsten Geist-Momentes aus, der als absolute Gegenwart bezeichnet wird.

Dakini *(tib. khan dro ma),* wörtl. die im Raum geht: Weibliches erleuchtetes Weisheitswesen, das Inspiration und Schutz gibt sowie perfekte →Buddha-Aktivität ausführt.

Dalai Lama: Im Exil lebender König von Tibet, gleichzeitig einer der ranghöchsten spirituellen Meister Tibets; steht der →Gelug-Tradition am nächsten.

Daseinsbereiche, sechs: Machen zusammen die möglichen Erlebnisweisen im →Kreislauf der Existenz aus. Die drei niederen Bereiche sind die Paranoia- oder Höllen-Zustände, die Geister und die Tiere. Die drei höheren Bereiche sind die Menschen, die Halbgötter und die Götter. Sie entstehen durch die jeweils stärksten Störgefühle.

Dharma *(tib. chö):* Die buddhistische Lehre. Man unterscheidet zwischen 1. dem Dharma der Lehren, den so genannten drei →Körben, und 2. dem Dharma der Verwirklichung, den drei Arten von Training des richtigen Verhaltens, der Meditation und der Weisheit. Von den weiteren Bedeutungen dieses Begriffs ist »Phänomene« der wichtigste. Kombiniert man die beiden Hauptbedeutungen, so ist der Dharma die Lehre Buddhas darüber, wie die Dinge sind.

Dharmakaya: →Wahrheitszustand.

Dharmarad: Vollständiger Zyklus (→Lehrzyklen) von Lehren des →Buddha, die dann für eine lange folgende Zeit zur Verfügung stehen. Insgesamt drehte er das Dharmarad dreimal (→Fahrzeuge, drei) jeweils entsprechend den Fähigkeiten seiner Schüler.

Diamant: Symbol für die Unzerstörbarkeit und Kostbarkeit unseres Geistes.

***Diamantweg** (skt. vajrayana, tib. dor je theg pa):* Heute identisch mit den praxisorientierten Schulen des →Tibetischen Buddhismus und mit dem Tantra- oder Mantra-Fahrzeug; unterscheidet sich vom allgemeinen Großen Fahrzeug vor allem durch die kraftvollen Methoden der Einswerdung mit →Erleuchtung. (Siehe auch →Fahrzeuge.)

Doha: Ein Vers oder Gesang, der von einem Praktizierenden des →Diamantwegs spontan als Ausdruck seiner Verwirklichung geäußert wird.

Dorje: →Vajra.

drei …: →Bereiche, →Buddha-Zustände, →Fahrzeuge, →Juwelen, →Körbe, →Kreise, →Wege, →Wurzeln.

Dualität: Auf Unwissenheit beruhende Trennung des Erlebens in die sich gegenseitig bedingenden Aspekte von Subjekt und Objekt, Innen und Außen, Ich und die anderen.

Edle Wahrheiten, Vier: Der Kern der Lehre Buddhas:

Die Wahrheit vom Leiden. Das Leben im →Kreislauf der Existenz bedeutet Leid. Im Menschenbereich werden Geburt, Alter, Krankheit und Tod als leidvoll erfahren. Die Lebewesen hören erst dann auf, Leid zu erfahren, wenn sie die →Natur ihres Geistes erkannt haben.

Die Wahrheit von den Ursachen des Leidens. Buddha beschreibt die Gründe, weshalb der Geist seine wahre Natur normalerweise nicht erkennt. Diese Gründe sind die negativen Handlungen und Störgefühle. Die Wurzel für alle Schwierigkeiten ist die grundlegende Unwissenheit.

Die Wahrheit vom Ende des Leidens. Jeder kann aber erleuchtet werden, d. h. die Natur seines Geistes erkennen und so dauerhaftes Glück erreichen, wenn alle Ursachen für Leiden beseitigt sind.

Die Wahrheit des Weges zum Ende des Leidens. Es gibt praktische Mittel, um dauerhaftes Glück zu erreichen. Der →Achtfache Pfad erklärt diese Mittel.

Eigenbewusstheit: →Bewusstheit.

Einsicht oder ***Einsichtsmeditation** (skt. vipashyana, tib. lhak tong):* Auf der Grundlage der →Geistesruhe entstehende tiefe Einsicht in die →Natur des Geistes (→Shine und Lhaktong).

Einweihung oder ***Ermächtigung*** *(skt. abhisheka, tib. wang),* wörtl. Kraftübertragung: Einführung in den Kraftkreis (→Mandala) eines Buddha durch einen qualifizierten Meister und →Übertragung der Erfahrung der erleuchteten Qualität, die durch diesen Buddha-Aspekt ausgedrückt wird. Wird auch als das Heranreifenlassen der erleuchteten Qualitäten im Geiststrom (→Bewusstseinsstrom) bezeichnet.

Entsagung: Loslösung von Anhaftungen, die einen an den →Kreislauf der Existenz binden.

Entstehungsphase *(tib. kye rim):* Aufbau der inneren Vorstellung eines Buddha-Aspektes im →Diamantweg. Sie dient hauptsächlich der Entwicklung von →Geistesruhe und Klarheit.

Erdberührungsgeste: Die Geste, in der →Buddha meistens dargestellt wird: Die ausgestreckten Finger der rechten Hand berühren vor den Beinen leicht den Boden. Symbolisch ruft Buddha damit die Erdgöttin als Zeugin dafür an, dass er über viele Leben hinweg die Ursachen für →Erleuchtung gelegt hat, indem er →Mitgefühl und →Weisheit vollendet sowie die entsprechenden Handlungen praktiziert hat. Damit zeigt diese Geste Weg und Ziel im Buddhismus.

Erfahrung: Vorübergehende Meditationserfahrungen wie das Erlangen von Freude, Klarheit und Nicht-Begrifflichkeit sind gute Zeichen auf dem Weg, dürfen aber nicht festgehalten werden, denn die Anhaftung daran würde zu einer Wiedergeburt in den drei →Bereichen der bedingten Existenz führen. Die Anhaftung an Freude führt zu einer Wiedergeburt im Begierdebereich, die Anhaftung an Klarheit im Formbereich und die Anhaftung an Nicht-Begrifflichkeit im formlosen Bereich. Das eigentliche Ziel ist die →Verwirklichung der →Natur des Geistes.

Erkenntnislehre *(skt. pramana, tib. tse ma):* Lehren Buddhas über die Funktionsweise des Geistes, insbesondere darüber, was richtige und was getäuschte Erkenntnis bedeutet, über Objekte der Erkenntnis, Erkenntnisprozesse und den erkennenden Geist. Wird oft auch als Wahrnehmungslehre bezeichnet.

Erleber: Um das Festhalten an den Erlebnissen loslassen zu können, lernt man zu nächst, den Geist auf den Erleber selbst zu richten, die ureigene Natur unseres Geistes. Letztendlich bedeutet das Erkennen der →Natur des Geistes jedoch, Erleber, Erlebtes und Erleben als Teile derselben Ganzheit zu erfahren.

Erleuchtung: Geisteszustand eines Buddha, in dem selbst die feinsten Schleier der Unwissenheit beseitigt sind und vollkommene Allwissenheit verwirklicht ist.

Erleuchtungsgeist: →Bodhicitta.

Ermächtigung: →Einweihung.

Essenzzustand *(skt. svabhavikakaya, tib. ngowo nyi ku):* Vereinigung und Untrennbarkeit der drei Buddha-Zustände, des →Wahrheits-, →Freuden- und →Ausstrahlungszustandes.

Fähigkeiten: Sie werden in allgemeine und besondere Fähigkeiten unterschieden. Allgemeine Fähigkeiten sind Qualitäten, die sich auf dem Weg der Meditation entwickeln, wie z. B. außersinnliche Wahrnehmungen. Besondere Fähigkeiten sind die Qualitäten, die in der Natur des Geistes liegen, wie Furchtlosigkeit, Freude, Mitgefühl und Weisheit.

Fahrzeuge, drei oder ***drei Wege*** *(tib. theg pa sum):* Eingeteilt nach den Meditationsmethoden sind dies das Fahrzeug der Älteren in der Gemeinschaft (skt. →theravada), Großes Fahrzeug (skt. →mahayana) und →Diamantweg (skt. →vajrayana); eingeteilt nach der Sichtweise sind dies das Fahrzeug der →Shravakas, der →Pratyekabuddhas und der →Bodhisattvas.

fehlerhafte Sichtweisen: Den →Störgefühlen zugrunde liegende fehlerhafte Anschauungen, z. B. extreme Sichtweisen des Festhaltens an unabhängiger Existenz oder an Nicht-Existenz, Nicht-Verstehen von Ursache und Wirkung usw.

Freudenzustand *(skt. sambhogakaya, tib. long ku):* Aus dem →Wahrheitszustand eines Buddha ausgestrahlte Form mit vielen besonderen Merkmalen der Vollkommenheit, die speziell erscheint, um die →Bodhisattvas auf ihrem Weg anzuleiten. Die Einswerdung mit einem Freudenzustand wird in der →Diamantweg-Praxis geübt.

fünf ...: →Ansammlungen, →Buddha-Familien, →Buddha-Weisheiten, →Hindu-Schulen, →Skandhas, →Wege.

Gefährtin *(tib. yum):* Weiblicher →Buddha-Aspekt in Vereinigung mit einem männlichen Aspekt (tib. yab). Sie drückt Weisheit aus, die untrennbar von Methode oder Mitgefühl ist.

Geist *(tib. sem):* Allgemeiner Ausdruck für die Klarheit und Erlebnisfähigkeit, die die Grundlage für alles bildet, was erlebt wird. Anstatt die offene, klare Unbegrenztheit des Geistes, seine wahre Natur, zu erkennen, lässt man sich meistens von den Erlebnissen im Geist gefangen nehmen, die wie die Bilder im Spiegel kommen und gehen.

Geistesfaktoren *(tib. sem jung):* Alle positiven, negativen und wandelbaren Zustände im Geist, die den Geiststrom (→Bewusstseinsstrom) einfärben und zu entsprechendem Verhalten führen. Dies wird auch als geistige Aktivität (tib. du dje) bezeichnet.

Geistesruhe *(skt. shamata, tib. shi ne):* Friedvoller Geisteszustand in tiefer Konzentration mit oder ohne Objekt (→Versenkung).

Geiststrom: →Bewusstseinsstrom.

Gelug-Tradition: Eine der vier Hauptschulen des →Tibetischen Buddhismus, die so genannte »Reformschule«, gegründet Ende des 14. Jahrhunderts von Je Tsongkhapa; legt besonderen Wert auf Gelehrsamkeit und reines Verhalten. Ihr Oberhaupt ist Ganden Tripa Rinpoche, der Thronhalter des Klosters Ganden.

Glieder des abhängigen Entstehens, zwölf *(tib. ten drel chu nyi):* Glieder einer Kette von Ursache und Wirkung, die immer wieder zu einer Geburt im →Kreislauf der Existenz führen: 1. Unwissenheit, 2. karmische Tendenzen, 3. Bewusstsein, 4. Name und Form, 5. Sinnesursprünge, 6. Kontakt, 7. Gefühl, 8.Verlangen,

9. Ergreifen, 10. Werden, 11. Geburt, 12. Alter und Tod. Sie lassen sich sowohl auf unsere gesamte Existenz als auch auf eine einzelne Handlung beziehen.

Glocke (skt. ganta, tib. dril bu): Ritualgegenstand, der Körper und Rede der Buddhas sowie Weisheit oder Raum symbolisiert.

Glück verheißende Zeichen: Allgemein: günstige Umstände; speziell: Glückssymbole im Buddhismus, die der Lebensgeschichte des historischen Buddha entnommen sind und für weltliche und außerweltliche Qualitäten stehen. Sie werden in vielen asiatischen Ländern verwendet.

großer Mittlerer Weg: →Madhyamaka.

Großes Fahrzeug: →Mahayana.

Großes Siegel: →Mahamudra.

Grundübungen *(tib. ngön dro):* Folge von vier aufeinander aufbauenden Meditationsformen, die die Grundlage für die Praxis des Großen Siegels und anderer Meditationen des →Diamantwegs bilden. Es sind dies die so genannten Verbeugungen, die Reinigungspraxis von Diamantgeist, die Mandala-Gaben und die Meditation auf den Lehrer.

Guru *(tib. lama):* Geistiger Lehrer, der andere in der Meditation anleiten kann.

Guru-Yoga *(tib. la me nal djor):* Meditation auf den Lehrer, schnelle Methode der Einswerdung mit →Erleuchtung im →Diamantweg.

Heruka: Allgemein: Sammelbegriff für männliche Meditationsaspekte; speziell: Ausdruck für Chakrasamvara, den Buddha der Höchsten Freude.

Hinayana, wörtl. das Kleine Fahrzeug: Wird nur aus der Perspektive des Großen Fahrzeugs (→Mahayana) als klein bezeichnet, weil der Schwerpunkt der Praxis hier auf die Befreiung des Einzelnen (weniger auf das Wohle aller Wesen) vom →Kreislauf der Existenz ausgerichtet ist. Da sich aber die Inhalte dieses Fahrzeugs zum größten Teil mit denen des Mahayana decken, sollte es gemeinsam mit den Praktizierenden dieses Fahrzeugs angemessener als →Theravada, das Fahrzeug der Älteren in der Gemeinschaft, bezeichnet werden. Es ist identisch mit dem Südlichen Buddhismus.

Hindu-Schulen, fünf: Zahllose Anschauungen haben sich über die Jahrtausende hinweg in der Hindu-Tradition entwickelt. Man kann sie (aus buddhistischer Sicht) in fünf große Schulen zusammenfassen: 1. Das Samkhya-System ist das älteste und hat sich im Laufe der Zeit an das Yoga-System angenähert. 2. Das Mimansa-System folgt hauptsächlich den Veden. Es wird inhaltlich oft mit dem Jainismus zusammengefasst, der ungefähr zur gleichen Zeit wie der Buddhismus entstand und von Mahavira gegründet wurde. 3. Die Schule der Charvakas vertritt eine eher nihilistische Sicht, die Ursache und Wirkung leugnet. 4. Die beiden Systeme der Nyayas und Vaisheshikas werden ebenfalls meistens zusammengefasst, da sie sich in ihrer Logik und Metaphysik ergänzen. 5. Die Advaita-Vedanta-Schule schließlich vertritt die letztendliche Sichtweise der Veden. Sie wurde im Laufe der Zeit stark vom Buddhismus beeinflusst.

Ich-Illusion: Vorstellung, dass die verschiedenen Bestandteile der eigenen Person ein einheitliches Ich ausmachen würden. Grundlage für alle weiteren →Störgefühle und Handlungen, die wiederum zu Leiden führen. Die Auflösung dieser Illusion bedeutet Befreiung von Leid.

Inkarnation: Von der Ebene der Befreiung aus kann man sich bewusst zum Wohl der Lebewesen im →Kreislauf der Existenz inkarnieren, um anderen zu helfen, Befreiung vom Leid zu erreichen. Die höchsten bewusst wiedergeborenen Lehrer, wie z. B. Gyalwa →Karmapa, müssen als perfekte Inkarnation mindestens auf der achten →Bodhisattva-Stufe sein.

Juwelen, Drei (skt. triratna, tib. kön chok sum): Die allgemeine →Zuflucht im Buddhismus. Sie besteht aus 1. →Buddha, dem erleuchteten Geisteszustand, 2. →Dharma, der Lehre, die einen dorthin bringt, sowie 3. →Sangha, den →Bodhisattvas, den Freunden und Helfern auf dem Weg.

Kagyü-Tradition: Eine der vier Hauptschulen des →Tibetischen Buddhismus; geht auf Lehren zurück, die von Marpa dem Übersetzer im 11. Jahrhundert von Indien nach Tibet gebracht wurden. Diese Lehren gelangten über die Meister Milarepa und Gampopa zum 1. →Karmapa, der seit dem 12. Jahrhundert der Hauptlehrer der Linie ist. Der Schwerpunkt wird hier auf die Praxis der Meditation gelegt, basierend auf der unmittelbaren Übertragung der →Verwirklichung vom Lehrer zum Schüler.

Kalpa: Ein Weltzeitalter umfasst einen Zyklus des Entstehens und Vergehens eines ganzen Universums.

Kanjur: Ins Tibetische übersetzte Sammlung der direkten Lehren Buddhas, die von dem großen Gelehrten Buton Rinchendrup (1290–1364) und weiteren Meistern zusammengetragen wurde. Die Sammlung umfasst je nach Ausgabe zwischen 100 und 108 Bände. (Siehe im Quellenverzeichnis unter Kanjur.)

Karma (tib. le): Handlungen; das Gesetz von Ursache und Wirkung. Alle körperlichen, verbalen und geistigen Handlungen hinterlassen Eindrücke im Geist, deren Resultate wiederum in den Erfahrungen dieses und weiterer Leben heranreifen. Schädliche Handlungen bringen Leid, positive Glück. Ein Verständnis von Karma bedeutet, dass wir mit unseren Handlungen hier und jetzt unsere eigene Zukunft bewusst bestimmen können.

Karmapa, wörtl. Herr der Buddha-Aktivität: Oberhaupt der Karma-Kagyü-Linie des →Tibetischen Buddhismus. Wurde vom historischen Buddha vorhergesagt (»Mann mit der Schwarzen Krone«) als Verkörperung der mitfühlenden Aktivität aller Buddhas. Der 2. Karmapa war der erste bewusst wiedergeborene Lama Tibets. Der 16. Karmapa Rangjung Rigpe Dorje brachte die Kagyü-Lehren in den Westen, der 17. Karmapa Thaye Dorje ist das derzeitige Oberhaupt der Linie.

***karmische Tendenzen** (tib. du dje):* Gewohnheitstendenzen oder subtile Neigungen, die durch wiederholte Handlungen aus früherer Zeit entstanden und als Eindrücke im →Speicherbewusstsein gelagert sind. Sie geben dem Geiststrom (→Bewusstseinsstrom) eine bestimmte Richtung und führen immer wieder zu entsprechenden Gewohnheiten.

Keimsilbe: Die Verkörperung des erleuchteten Geistes in Form einer Silbe. Diese mantrischen Silben spielen in der Entstehungsphase meditativer Vergegenwärtigung eine bedeutende Rolle. Jeder →Buddha-Aspekt hat seine eigene Keimsilbe.

***klares Licht** (tib. ö sal):* Ausdruck für die nicht bedingte Natur der Dinge, die Samsara (→Kreislauf der Existenz) und →Nirvana durchdringt. Sie zeigt sich spontan im Verlauf des Sterbeprozesses und kann dann, vor allem als Resultat vorheriger Meditationserfahrung, als die eigene Natur erkannt werden.

Klarheit des Geistes: Die Erscheinungen im Geist, die sich ständig manifestieren und wieder auflösen, auch freies Spiel des Geistes genannt.

Koan: Worte oder Phrasen, über die in manchen Schulen des →Zen-Buddhismus meditiert wird, um über begriffliche Geisteszustände hinauszugelangen und eine Bewusstheit der Wirklichkeit zu erreichen. Es soll insgesamt ca. 1700 verschiedene bekannte Koans geben.

Kodifizierung der Lehren: Die Schüler des historischen Buddha überprüften mehrmals auf ihren großen Versammlungen die Niederschriften seiner Lehrreden. Sie klärten dabei strittige Punkte, korrigierten Fehler der Überlieferung, entfernten unnötige Wiederholungen und ordneten die Lehren übersichtlicher.

***Körbe, drei** (skt. tripitaka, tib. de nö sum):* Sammlungen von Lehren Buddhas in den drei Gruppen von →Vinaya, den Lehren über das richtige Verhalten, →Sutra, den Lehren zur Meditationspraxis und →Abhidharma, den Lehren zur Weisheit.

Kraftkreis oder ***Kraftfeld:*** →Mandala.

***Kreise, drei** (tib. khor sum):* Dualistische Trennung in Subjekt, Objekt und die sie miteinander verbindende Handlung. Frei zu sein von den drei Kreisen bedeutet, diese als Teile derselben Ganzheit zu erfahren.

***Kreislauf der Existenz** (skt. samsara, tib. si pe khor wa):* Geburt und Tod in den verschiedenen →Daseinsbereichen. Entsteht aus Unwissenheit über die wirkliche Natur der Dinge und ist charakterisiert durch verschiedene Arten von Leid.

Laien-Buddhismus: Ein Weg, Buddhas Lehre mit dem normalen Alltag in der Gesellschaft zu verbinden. Wurde bereits von Buddhas direkten Schülern und von vielen Meistern des alten Indien praktiziert.

Lama, wörtl. Höchste Mutter; Meditationslehrer des →Tibetischen Buddhismus. Der Begriff weist auf das Mitgefühl einer solchen Person hin, das so intensiv ist wie das einer Mutter für ihr einziges Kind. Im →Diamantweg ist der Lama der Schlüssel für die tiefgründigen Unterweisungen.

Lebensrad: Symbolische Darstellung des →Kreislaufs der Existenz, seiner Ursachen und des Weges zur →Befreiung. Wurde traditionell am Eingang einer Meditationsstelle abgebildet, damit man seine eigene Situation klar sehen konnte. Auf diese Art zur Praxis motiviert, lernte man, mit dem Geist zu arbeiten, um bleibendes Glück zu erlangen.

Leerheit (skt. shunyata, tib. tong pa nyi): Das Freisein von wahrhafter, unabhängiger Existenz der eigenen Person und der Erscheinungen; die Raumnatur aller Dinge, deren Erfahrung über alle Begriffe hinausgeht.

Lehren von Naropa, Sechs (tib. na ro chö drug): Meditationspraktiken, die mit den inneren Energien arbeiten und hauptsächlich in der Kagyü-Linie verwendet werden. Es sind die Meditationen von innerer Wärme, klarem Licht, Traum-Yoga, Illusionskörper, Bewusstseinsübertragung und Zwischenzustand.

Lehrzyklen: Buddha lehrte drei große Themenkreise (siehe unter »Das dreimalige Drehen des Dharmarades« in Teil 1 des Buches), bei denen es schwerpunktmäßig um 1. Ursache und Wirkung, 2. Mitgefühl und Weisheit sowie 3. die in allen fühlenden Wesen gegenwärtige Buddha-Natur geht (→Dharmarad).

Leid: Im Vergleich zur Befreiung und Erleuchtung sind alle Erfahrungen der →bedingten Existenz mit Leid verbunden. In den buddhistischen Texten werden drei Arten von Leid genannt: 1. das Leid der Veränderung, 2. das Leid der Bedingtheit und 3. das Leid des Leidens. (Siehe auch im Abschnitt »Das Leiden im Kreislauf der Existenz« in Teil 3 des Buches.)

Licht-Energie-Formen: Anderer Ausdruck für →Buddha-Aspekte, die als nichtsubstanzielle Formen aus Licht und Energie vergegenwärtigt werden, Hologrammen ähnlich. Sie drücken die verschiedenen Facetten der Erleuchtungsnatur des Geistes aus.

Logik (tib. rig pa): Teil der buddhistischen →Erkenntnislehre; Methoden und Prozesse zur Untersuchung von inneren und äußeren Phänomenen durch schlussfolgernde Wahrnehmung. Ihre Gültigkeit wird durch die Einhaltung bestimmter Regeln und die dadurch ermöglichte Interaktion mit einem konkreten Erfahrungsobjekt bestimmt.

Longchen-Nyingthig-Übertragung, wörtl. Übertragung der Herz-Tropfen von Longchen: Eine der wichtigsten Lehren der →Nyingma-Tradition, zusammengestellt aus der mündlichen Überlieferung (Kama) und der Überlieferung der versteckten Schätze (→Terma) von dem Meister Longchen Rabjam (1308–1363).

Lung: Übertragung durch Lesen. Auf den historischen Buddha zurückgehende formelle Übertragung der Texte einer bestimmten Praxis durch Vorlesen. Ein Lung ist Voraussetzung für die Praxis der →Grundübungen und die →Vergegenwärtigung der →Buddha-Aspekte im →Diamantweg.

Madhyamaka (tib. u ma): Der große Mittlere Weg; die höchste philosophische Schule im Buddhismus, wie sie von dem indischen Meister Nagarjuna als Gründer dieser Schule und späteren Meistern auf der Grundlage der Weisheitslehren Buddhas (→Prajnaparamita) dargelegt wurde.

Mahamudra *(tib. chag chen),* wörtl. das Große Siegel: Ausdruck für die höchste Form der Meditation im →Diamantweg und besonders in der →Kagyü-Tradition. Es beinhaltet Grundlage, Weg und Ziel und ist die Quintessenz aller buddhistischen Lehren.

Mahasiddhas oder ***Siddhas:*** Große verwirklichte Meister des →Diamantwegs. Traditionell wird eine Gruppe von 84 Mahasiddhas im alten Indien genannt, die aus allen sozialen Schichten kamen und außergewöhnliche Fähigkeiten entwickelten. Der wichtigste Meister unter ihnen war →Saraha.

Mahayana *(tib. theg pa chen po),* wörtl. das Große Fahrzeug: Seine Praktizierenden haben den Wunsch entwickelt, die Erleuchtung zu erlangen, um alle fühlenden Wesen vom Leid zu befreien. Er wird auch als Bodhisattva-Weg bezeichnet und ist identisch mit dem Nördlichen Buddhismus. Seine Grundlage ist die Entwicklung von überpersönlichem Mitgefühl und allumfassender Weisheit. (Siehe auch →Fahrzeuge.)

Mala *(tib. threng wa):* Kette aus 27, 108 oder 111 Perlen. Sie kann aus verschiedenen Materialien bestehen, deren Farbe eine bestimmte →Buddha-Aktivität ausdrückt. Die Kette wird zum Zählen von Mantras verwendet.

Mandala *(tib. khyil khor):* Kraftkreis eines →Buddha-Aspektes, auf den im →Diamantweg meditiert wird. Er enthält einen zentralen Aspekt und all die anderen Aspekte, die diesem zugeordnet sind. Ein Mandala wird als gemaltes Bild oder aus Sand gestreut dargestellt. Bei den Mandala-Gaben (→Grundübungen) steht es für das ganze mit Kostbarkeiten angefüllte Universum, das den Buddhas geschenkt wird.

Mantra: Silben oder Worte, gewöhnlich in Sanskrit, die den Geist vor Störungen schützen und die innere und äußere Wahrheit miteinander verbinden. Mantras beinhalten meistens den Namen eines →Buddha-Aspektes und werden vielfach wiederholt, um die entsprechende Qualität dieses Aspektes der Erleuchtung zu entwickeln.

Mantraphase: Phase der Meditation, bei der auf der Ebene des Klanges die Verbindung mit einer bestimmten Qualität des Geistes hergestellt und aktiviert wird. Reinigt vor allem die Rede von allen oberflächlichen Schleiern.

Mantrayana: Anderer Ausdruck für →Vajrayana oder Tantrayana, betont die Verwendung von →Mantras.

Maras, vier: Die vier Hindernisse auf dem Weg zur Erleuchtung: 1. Devaputra-Mara: das Anhaften an den Freuden des Götterbereichs oder Schwelgen in angenehmen Sinneseindrücken, 2. Klesha-Mara: →Störgefühle insgesamt, 3. Skandha-Mara: die Vorstellung, dass die Bestandteile der eigenen Person ein wirkliches Ich ausmachen, und 4. Mrtyupati-Mara: den Tod für letztendlich wirklich zu halten (und nicht zu erkennen, dass der Geist niemals sterben kann, weil er kein Ding ist).

Meditation *(tib. gom):* Das praktische Mittel, um das eigene Potenzial zur →Erleuchtung zu erkennen. Meditation bedeutet »müheloses Verweilen in dem, was ist«. Auf jeder buddhistischen Ebene verwendet man dafür unterschiedliche

Mittel, die aber in die beiden Aspekte von Geistesruhe und tiefer Einsicht zusammengefasst werden können. Im →Diamantweg identifiziert man sich mit Buddha-Aspekten aus Energie und Licht als Ausdrucksformen der Erleuchtung.

Meditationsaspekte: →Buddha-Aspekte.

Meditationsmeister: Verwirklichter Praktizierender, der andere in der Meditation anleiten kann, indem er seine Erfahrung mit ihnen teilt (→Lama).

Methode: Aktivität der →Bodhisattvas zum Wohl der Wesen; die ersten fünf →Paramitas, immer in Vereinigung mit Weisheit.

Mitgefühl (tib. nying dje): Der Wunsch, dass alle fühlenden Wesen frei von Leid und den Ursachen des Leides sein mögen. Wird weiter in drei Arten unterteilt (siehe Abschnitt »Der Inhalt des Sutra-Fahrzeugs« in Teil 2 des Buches).

Mudra (tib. chag): Körperhaltung oder symbolische Geste eines →Buddha-Aspektes, die meistens eine bestimmte →Aktivität ausdrückt, die mit der Erleuchtung verbunden ist. Z.B. bedeutet die Geste der Freigebigkeit das Loslassen von Anhaftungen. In den →Tantras werden vier Arten von Mudras voneinander unterschieden: 1. Siegel des Versprechens (skt. samayamudra), 2. Aktivitäts-Siegel (skt. karma-mudra), 3. Siegel der Lehre (skt. dharma-mudra) und 4. Großes Siegel (skt. maha-mudra). Weitere Bedeutungen des Begriffs finden sich in Teil 3 im Abschnitt »Die drei Hauptphasen der Diamantweg-Meditation« (Mudra, Mantra und Samadhi).

Nachmeditation: Die Zeiten zwischen den Meditationssitzungen, also der Alltag eines buddhistischen Praktizierenden.

Nagarjuna: Vom historischen Buddha vorhergesagter Meister, der besonders die Weisheitslehren Buddhas erläutert und auf deren Grundlage die philosophische Schule des großen Mittleren Weges (→Madhyamaka) begründet hat.

Nalanda-Universität: Sie wurde etwa im 2. Jahrhundert n. Chr. in Nord-Indien in der Nähe der Stadt Rajgir gegründet und fungierte für mehr als 1000 Jahre als Zentrum für Erhalt und Ausbreitung des →Mahayana-Buddhismus.

Natur des Geistes: Offene, klare Unbegrenztheit, die die Grundlage aller Erscheinungen ist.

Nirmanakaya: →Ausstrahlungszustand eines Buddha.

Nirvana (tib. nga ngän lä dä pa): Allgemein: Befreiung vom Leiden im →Kreislauf der Existenz (einseitiges Nirvana); speziell im →Mahayana: Zustand der vollkommenen →Buddhaschaft (→Parinirvana).

Nördlicher Buddhismus: →Mahayana.

Nyingma-Tradition: Die älteste der vier Haupt-Traditionen des →Tibetischen Buddhismus. Sie wurde von dem indischen Meister →Padmasambhava (tib. Guru Rinpoche) im 8. Jahrhundert begründet. Man unterscheidet zwischen der Kama-Tradition, der Schule der direkten Übertragung von Lehrer zu Schüler, und der →Terma-Tradition, der Übertragung der versteckten Schätze, die später wiederentdeckt und veröffentlicht wurden.

***Padmasambhava** (tib. Gu ru Rin po che):* Begründer des →Tibetischen Buddhismus, speziell der →Nyingma-Tradition.

Paramitas, wörtl. »jenseits gegangen« oder Vollkommenheiten: Befreiende Handlungen eines →Bodhisattva, Vollendung der Qualitäten auf den →Bodhisattva-Stufen. Meistens werden die folgenden sechs genannt: Freigebigkeit, richtiges Verhalten, Geduld, Fleiß, meditative Konzentration und Weisheit (siehe im Abschnitt »Der Erleuchtungsgeist der Anwendung« in Teil 3 des Buches).

Parinirvana: Zustand jenseits von Samsara (→Kreislauf der Existenz) und (einseitigem) →Nirvana; anderer Ausdruck für den Tod eines Buddha.

Pfad der Edlen, Achtfacher: →Achtfacher Pfad der Edlen.

***philosophische Schulen, vier** (tib. drub thab shi):* Die richtige Sichtweise oder philosophische Grundlage für die Meditationspraxis drückt sich in vier Lehrmeinungen aus, die von den Nachfolgern Buddhas entwickelt wurden. Sie entsprechen dem jeweils höchsten Verständnis, das sie von seiner Lehre entwickeln konnten. Zwei gehören zum →Theravada, die →Vaibhashika- und die →Sautrantika-Schule, zwei zum →Mahayana, die →Chittamatra- und die →Madhyamaka-Schule. Eine kurze, zusammenfassende Übersicht findet man in meinem Buch *Buddhistische Grundbegriffe.*

Phowa: Bewusstes Sterben; Übertragung des Bewusstseins in ein so genanntes →reines Land, meistens in das Reine Land der Großen Freude (tib. dewa chen) des Buddha des Grenzenlosen Lichtes (skt. Amitabha).

Potala: →reines Land oder Kraftfeld (→Mandala) des →Bodhisattva Liebevolle Augen (skt. Avalokiteshvara, tib. Chenrezig) und nach diesem benannter Regierungspalast in Tibets Hauptstadt Lhasa.

Prajnaparamita: Perfektion der Weisheit; Weisheitslehren Buddhas, die den stufenweisen Weg von Verständnis, Erfahrung und Verwirklichung zeigen. Sie haben zu einer ganzen Literaturgattung innerhalb des Buddhismus geführt, deren kürzeste Fassung das so genannte *Herz-Sutra* ist. Ebenso gibt es einen weiblichen Buddha-Aspekt mit dem Namen Prajnaparamita.

Pratimoksha-Versprechen, wörtl. Versprechen zur individuellen Befreiung: Sieben Kategorien von Versprechen (altdeutsch Gelübde), die auf die eigene Befreiung ausgerichtet sind, indem alles schädliche Handeln aufgegeben wird.

Pratyekabuddha, wörtl. Einzelverwirklicher: Praktizierender im →Theravada, der sich am liebsten in der Einsamkeit aufhält.

Qualitäten des Geistes: Nicht bedingte Eigenschaften des Geistes wie Furchtlosigkeit, Freude, Weisheit, Liebe etc., die unser zeitloses Wesen sind und durch →Meditation verwirklicht werden.

Regenten des Buddha, sieben: Nach dem Tod des historischen Buddha Shakyamuni leiteten sieben besondere Meister die Gemeinschaft der Praktizierenden. Sie werden besonders hervorgehoben, weil sie in ihren weit reichenden Aktivitäten dem Buddha gleichkamen. Ihre Namen sind: 1. Mahakashyapa (tib. Ö sung chen po), 2. Ananada (tib. Kün gao), 3. Shanavasika (tib. Sha nä gö), 4. Upagupta (tib. Nyer bä), 5. Dhitika (tib. Di di ka), 6. Krishna (tib. Nag po) und 7. Sudarshana (tib. Leg thong).

reine Sichtweise: Grundlegende Sichtweise im →Diamantweg, bei der man sich darin übt, die Welt aus der Sicht eines Buddha zu erleben.

reines Land (tib. shing kham): 1. Das Kraftfeld eines Buddha oder Bodhisattva. Das bekannteste reine Land ist der Bereich der Großen Freude (skt. sukhavati, tib. dewa chen) des Buddha des Grenzenlosen Lichtes (→Phowa). 2. Ein freudvoller, reiner Geisteszustand nahe an der →Erleuchtung.

Reinigungsmeditation: Allgemein reinigt jede buddhistische Meditation negative Tendenzen, aber speziell der →Buddha-Aspekt Diamantgeist drückt die reinigende Kraft aller Buddhas aus.

Rinpoche, wörtl. der Kostbare: Ehrentitel für einen verwirklichten Lehrer, speziell für einen bewusst wiedergeborenen Lama.

Rollbild (tib. thang ka): Auf rollbarer Leinwand gemaltes Bild, das gewöhnlich einen oder mehrere →Buddha-Aspekte darstellt. Es wird als Stütze für die →Vergegenwärtigung von Buddha-Aspekten im →Diamantweg verwendet.

Sakya-Tradition: Eine der vier Hauptschulen des →Tibetischen Buddhismus, gegründet von Khön Könchog Gyalpo im 11. Jahrhundert. Hier wird sowohl Gewicht auf die Gelehrsamkeit als auch auf die Meditationspraxis gelegt. Ihre besondere Lehre ist das Hevajra-Tantra und in Verbindung damit eine spezielle Form des Weges namens »Pfad und Frucht« (tib. lam dre). Oberhaupt ist S.H. Sakya Trizin Rinpoche. Die Schule ist für die Reinheit ihrer Übertragung bekannt.

Samadhi (tib. ting nge dsin): Meditativer Konzentrationszustand, Sammlung oder geistige Versenkung; kann sich sowohl auf einen Geisteszustand innerhalb der →bedingten Existenz als auch auf den →Bodhisattva-Stufen beziehen.

Sambhogakaya: →Freudenzustand eines Buddha.

Samsara: →Kreislauf der Existenz.

Sangha (tib. gen dün): Gemeinschaft der Praktizierenden der Lehre des Buddha, wird unterschieden in die noch nicht verwirklichten und die bereits verwirklichten Praktizierenden.

Saraha: Oberhaupt der Gruppe von 84 →Mahasiddhas, unter denen er besonders die Lehren des →Großen Siegels gehalten und weitergegeben hat. Lehrer von →Nagarjuna.

Sarvastivadin: Eine der beiden heute noch bestehenden Schulen des →Theravada, die die letztendliche Existenz der Daseinsfaktoren lehrt (→Vaibhashika-Schule). Sie verbreitete sich über Kaschmir nach Tibet und in die anderen Himalaya-Regionen und bildet den Hintergrund für die äußeren Versprechen (→Pratimoksha-Versprechen) im →Tibetischen Buddhismus.

Sautrantika: Philosophische Schule, die zum →Theravada gehört. Sie entstand um 150 v. Chr. und stützt sich hauptsächlich auf die Sammlung der →Sutras. Sie geht zwar noch von kleinsten Bausteinen aus, aus denen sich alle Phänomene zusammensetzen, gibt dazu aber eine sehr genaue Beschreibung der Wahrnehmungsprozesse.

Schatzfinder (tib. ter tön): Entdecker der von →Padmasambhava für zukünftige Schüler versteckten Schätze (→Terma).

Schleier (skt. kleshas, tib. nyön mong): Getäuschte oder fehlerhafte Funktionsweise des Geistes. Schleier basieren auf Unwissenheit und bestehen aus den beiden Aspekten der →Störgefühle und der →fehlerhaften Sichtweisen.

Schützer (skt. dharmapala, tib. gön po): Buddha-Aspekte, deren besondere Qualität darin besteht, äußere und innere Hindernisse zu beseitigen und eine umfassende Aktivität zum Wohl der Wesen auszuführen.

Schwarze Krone: Ausdruck der Verwirklichung der →Karmapas in Form einer Schwarzen Krone. Die Nachbildung der eigentlichen Krone, die immer über Karmapas Kopf ist, wurde dem 5. Karmapa Deshin Shegpa von einem Schüler, dem chinesischen Kaiser Yung Lo, geschenkt, um bei der so genannten »Kronzeremonie« den erleuchteten Geisteszustand Karmapas zu übertragen. Sie ist ein Mittel, um Befreiung durch Sehen zu erlangen.

sechs ...: →Daseinsbereiche, →Lehren von Naropa.

Shakyamuni: →Buddha.

Shine und Lhaktong: →Geistesruhe oder Konzentration und →Einsicht, die beiden Aspekte, denen man jede buddhistische Meditationspraxis zuordnen kann. Wurden von Buddha besonders im Maitreya-Kapitel des *Samdinirmocana-Sutras* gelehrt.

Shravaka, wörtl. Hörer im Sinne von Schüler des Buddha: Praktizierender des →Theravada, der hauptsächlich über die Vier → Edlen Wahrheiten meditiert.

Sichtweise (tib. ta wa): Das notwendige Wissen, das man im Buddhismus für eine richtige Meditation braucht. Dies entspricht der philosophischen Grundlage, die jeweils in einer oder in mehreren der vier philosophischen Schulen des Buddhismus gelehrt wird (vgl. →fehlerhafte Sichtweise).

Siddhas: →Mahasiddhas.

sieben ...: →Buddhas, →Regenten des Buddha.

Sieben-Punkte-Geistestraining (tib. lo djong): Hauptpraxis der alten Kadampa-Schule (Vorläufer der →Gelug-Tradition); Training der erleuchteten Geisteseinstellung (→Bodhicitta), innerhalb dessen die so genannte Geben-und-Nehmen-Meditation besonders bekannt ist.

Skandhas, wörtl. Ansammlungen, Gruppe oder Haufen: Die Bestandteile der Persönlichkeit. Das Festhalten an den fünf Ansammlungen von Form, Gefühl, Unterscheidung, Geisteszuständen und Bewusstsein als einer unabhängig existenten Einheit ist die Grundlage der →Ich-Illusion und damit für alle Leiden im →Kreislauf der Existenz.

Speicherbewusstsein: Funktionsweise des Geistes, positive, negative oder neutrale Eindrücke zu speichern und beim Auftreten entsprechender Bedingungen wieder heranreifen und sich nach außen manifestieren zu lassen; vergleichbar mit der Festplatte eines Computers.

Sthaviravadin: Eine der beiden heute noch bestehenden Schulen des →Theravada. Sie verbreitete sich in den südlichen Ländern Asiens, in Sri Lanka und den anderen Nachbarländern Indiens. Diese Schule bildet den Hintergrund für die äußeren Versprechen (→Pratimoksha-Versprechen) in diesen Ländern.

***Störgefühle** (skt. Kleshas, tib. nyön mong):* Auch »leidbringende Geisteszustände« genannt; bestehen hauptsächlich aus Unwissenheit, Anhaftung, Abneigung, Stolz, Geiz sowie Neid und Eifersucht. Zusammen mit den negativen Handlungen bilden sie die Ursachen für alles Leid im →Kreislauf der Existenz.

***stufenweiser Weg** (tib. lam rim):* Folge von aufeinander aufbauenden Studien und Meditationen, die dazu befähigen, auch die fortgeschrittensten Methoden Buddhas zu verwenden.

Stupa: Monument für Glück und Frieden in der Welt. Symbol für den Geist eines Buddha und für die Gemeinschaft der Praktizierenden, auch Reliquienbehälter. Wurden aus Anlass verschiedener Ereignisse im Leben des historischen Buddha Shakyamuni gebaut.

Südlicher Buddhismus: →Theravada.

***Sutra** (tib. do),* wörtl. Leitfaden: Ratschläge und Meditationsanweisungen Buddhas, die mit einer genauen Untersuchung der Dinge arbeiten und dadurch die Ursachen für die Erleuchtung aufbauen, im Gegensatz zu →Tantra. In Beziehung dazu gibt es eine entsprechende buddhistische Literaturgattung (→Körbe, drei).

***Tantra** (tib. gyü),* wörtl. Gewebe oder Kontinuum: Der Begriff weist auf die Komplexität hin im Vergleich zum Leitfaden des →Sutras. Die Tantra-Texte beschreiben schnelle Meditationsmethoden, die im →Diamantweg genutzt werden. Sie arbeiten mit Identifikation und richten sich auf die Frucht, auf die Qualitäten der Erleuchtung, aus.

***Tantra-Fahrzeug** (skt. tantrayana):* →Diamantweg.

Tantra-Klassen, vier: Diese heißen Kriya-Tantra, Carya- oder Upa-Tantra, Yoga-Tantra sowie Anuttarayoga-Tantra, welches weiter in Vater-, Mutter- und nichtduales Tantra unterteilt wird. In der →Nyingma-Tradition des →Tibetischen Buddhismus nennt man die drei Unterteilungen der höchsten Tantra-Klasse Mahayoga-Tantra, Anuyoga-Tantra und Atiyoga-Tantra.

Tenjur: Sammlung der ins Tibetische übersetzten Kommentare der indischen Meister zu den direkten Lehren Buddhas, dem →Kanjur, die von dem großen Gelehrten Buton Rinchendrup (1290–1364) und weiteren Meistern zusammengestellt wurde. Die Sammlung umfasst je nach Ausgabe zwischen 225 und 254 Bände.

Terma, wörtl. versteckter Schatz: Von →Padmasambhava und seiner tibetischen Gefährtin Yeshe Tsogyal versteckte Lehren, die dadurch erhalten und von späteren →Schatzfindern wiederentdeckt wurden. Sie machen einen großen Teil der →Nyingma-Übertragung aus.

Thangka: →Rollbild.

Theravada, wörtl. die Tradition der Ordensälteren: Eine der drei Haupt-Traditionen des Buddhismus, identisch mit den Schulen des →Südlichen Buddhismus. (Siehe auch →Fahrzeuge.)

Tibetischer Buddhismus: Eine der drei Haupt-Traditionen im Buddhismus neben →Theravada und →Zen. Wurde um 750 n. Chr. vom indischen Meister →Padmasambhava begründet und enthält bis heute die einzig vollständige Überlieferung von Buddhas Lehren mit Schwerpunkt auf dem →Diamantweg.

Tibetisches Totenbuch: Lehre Buddhas über die Erfahrungen und die Befreiung von Tod, Zwischenzustand und Wiedergeburt, verfasst von →Padmasambhava, dem Begründer des →Tibetischen Buddhismus.

Tod: Auflösung der materiellen Bestandteile der Person; Gelegenheit für einen erfahrenen Meditierenden, die Natur des eigenen Geistes, das →klare Licht, zu erkennen und dadurch Befreiung zu erlangen (→Phowa).

Torma-Einweihung: Der tibetische Begriff Torma steht für einen Kuchen, der als Geschenk gegeben wird. Bei der Torma-Einweihung wird ein Kuchen oder eine entsprechende Form als Symbol für den Buddha-Aspekt verwendet, auf den die Einweihung gegeben wird.

Tulku, wörtl. Illusionskörper: Bewusste Wiedergeburt eines verwirklichten Praktizierenden des →Tibetischen Buddhismus (→Inkarnation).

Übertragung: Weitergabe der Verwirklichung von der Natur des Geistes. Eine vollständige Übertragung im →Diamantweg besteht aus einer →Einweihung (tib. wang), einer Übertragung durch Lesen (tib. →Lung) und einer Erklärung für die Meditationspraxis (tib. thri).

Übertragungslinie (tib. gyu): Weitergabe spezieller Lehren Buddhas und ihrer Verwirklichung von Lehrer zu Schüler in einer ununterbrochenen Folge.

unermessliche Qualitäten, vier: 1. Liebe ist der Wunsch, dass andere glücklich sind. 2. Mitgefühl ist der Wunsch, dass andere frei von Leid sind. 3. Mitfreude ist das Sich-Erfreuen an den positiven Handlungen anderer. 4. Gleichmut bedeutet, frei von Anhaftung und Abneigung in einem ausgeglichenen Geisteszustand zu bleiben.

Unwissenheit (tib. ma rig pa): Unkenntnis bezüglich der eigentlichen Natur des Geistes und der Erscheinungen, die Wurzel des gesamten →Kreislaufs der Existenz. Da eine Trennung zwischen innen und außen für wirklich gehalten wird, entsteht die Illusion eines Ichs und unabhängig davon bestehenden Phänomenen, was mit dem Erleben →störender Gefühle und entsprechender Handlungen verbunden ist.

Ushnisha: Erhöhung auf dem Kopf eines Buddha, eines der 32 Hauptmerkmale eines Buddha.

Vaibhashika: Philosophische Schule, die zum →Theravada gehört. Sie entstand unmittelbar nach der Zeit Buddhas und stützt sich hauptsächlich auf die Sammlung der →Abhidharma-Lehren. Sie geht von kleinsten Teilchen aus, aus denen die äußere Welt besteht, sowie kleinsten Bewusstseinsmomenten des Geistes.

Vajra *(tib. dor je)*, wörtl. Herr der Steine, →Diamant oder Diamantzepter: Aus der Hindu-Mythologie stammendes Symbol für Unzerstörbarkeit und Unüberwindlichkeit. Der Diamant drückt im →Diamantweg die Unzerstörbarkeit des Geistes aus sowie seine überragenden Qualitäten von Freude und Mitgefühl. Steht zusammen mit einer Glocke für die Untrennbarkeit von Methode und Weisheit, Freude und Raum.

Vajrayana *(tib. dor je theg pa)* oder ***Mantrayana:*** →Diamantweg, identisch mit dem →Tibetischen Buddhismus und mit dem Tantra- oder Mantra-Fahrzeug; unterscheidet sich vom allgemeinen →Großen Fahrzeug vor allem durch die kraftvollen Methoden der Einswerdung mit →Erleuchtung. (Siehe auch →Fahrzeuge.)

Vereinigungs-Meditation *(tib. nyom djug)*, wörtl. Eintreten in Ausgeglichenheit: Bezieht sich entweder auf einen ausgeglichenen Geisteszustand, frei von Extremen, oder auf die Vereinigungspraxis mit einem wirklichen oder vorgestellten Partner.

Vergegenwärtigung: Vorstellung einer Meditationsform, besonders eines →Buddha-Aspektes, als Ausdruck für die erleuchteten →Qualitäten des Geistes.

Versenkung oder ***Vertiefung*** *(skt. samadhi):* Tiefer Konzentrationszustand in Meditation.

Verwirklicher(in): Praktizierende(r) des →Diamantwegs (→Yogi).

Verwirklichung: Erkenntnis der Natur des Geistes, die nicht wieder durch →Unwissenheit verdunkelt werden kann.

vier ...: →Edle Wahrheiten, →Maras, →philosophische Schulen, →Tantra-Klassen, →unermessliche Qualitäten.

Vinaya: Regeln für positives Verhalten und Ratschläge für das Zusammenleben in der Gemeinschaft der Praktizierenden (→Sangha). Teil der drei →Körbe.

Vollendungsphase *(tib. dzog rim):* Meditationsphase der Verschmelzung mit einem →Buddha-Aspekt im →Diamantweg; direkte Meditation auf die Natur des Geistes zur Erlangung tiefer →Einsicht.

Wahrheit, relative und absolute: Relative Wahrheit bedeutet, im konventionellen Sinn die Dinge richtig wahrzunehmen, sie aber nicht weiter auf ihre eigentliche Natur hin zu untersuchen. Absolute Wahrheit bedeutet, die Natur der Dinge als die Einheit von Raum und Erscheinung zu erkennen.

Wahrheitszustand *(skt. dharmakaya, tib. chö ku)*, wörtl. Körper der Phänomene: Einer der drei →Buddha-Zustände. Erleuchteter Geisteszustand, der die Natur aller Dinge erkannt hat, identisch mit der Raumnatur des Geistes. Grundlage für den →Freudenzustand und den →Ausstrahlungszustand eines Buddha.

Wahrnehmungslehre: →Erkenntnislehre.

***Weg der Einsicht** (tib. dröl lam),* wörtl. Weg der Befreiung: Zugang zur Natur des Geistes über die Arbeit mit seiner →Bewusstheit, den Marpa der Übersetzer von seinem Lehrer Maitripa bekam und nach Tibet brachte.

***Weg der Mittel** (tib. thab lam):* Zugang zur Natur des Geistes über die Arbeit mit den inneren Energien, den Marpa der Übersetzer von seinem Lehrer Naropa bekam und nach Tibet brachte.

Wege, drei: →Fahrzeuge, drei.

Wege, fünf: Der Weg zur Erleuchtung wird traditionell in fünf Abschnitte unterteilt. 1. Der Pfad der Ansammlung legt den Schwerpunkt auf die →Ansammlung von Verdienst und Weisheit. 2. Der Pfad der Verbindung stellt die Verbindung mit der Befreiung oder der ersten →Bodhisattva-Stufe her. Hier entstehen die ersten tiefen Meditationserfahrungen. 3. Auf dem Weg des Sehens gelangt der Praktizierende über den →Kreislauf der Existenz hinaus und erreicht die erste Stufe eines verwirklichten →Bodhisattva. 4. Der Weg der Meditation bringt den Übenden von der ersten zur zehnten Stufe eines verwirklichten Bodhisattva. 5. Der Weg des Nicht-mehr-Lernens schließlich ist der Übergang zur vollkommenen →Buddhaschaft.

Weisheit: Auf allgemeiner Ebene ein Verständnis von Zusammenhängen; auf befreiter und erleuchteter Ebene ein vollkommenes Unterscheiden der Natur der Phänomene sowie ihrer Erscheinungsweise.

Weltzeitalter: →Kalpa.

Wiedergeburt: Neue Verkörperung im nachfolgenden Leben, folgt im Normalfall unfreiwillig den stärksten Gewohnheitstendenzen des letzten Lebens. Wiedergeburt kann aber auch bewusst auf der Grundlage von guten Wünschen zum Wohl der Wesen geschehen, wenn die Natur des Geistes weitgehend erkannt wurde.

***Wünsche** (tib. mön lam):* Praxis eines →Bodhisattva, die seiner Einstellung Ausdruck verleiht, die Erleuchtung zum Wohl aller Wesen zu erlangen und alles, was auf diesem Weg geschieht, dem Wohl der Wesen zu widmen. Dies wiederum gibt seinen Handlungen große Kraft.

***Wurzeln, Drei** (tib. tsa sum):* Der →Lama ist die Wurzel des Segens, die →Yidams oder →Buddha-Aspekte sind die Wurzel für die Verwirklichung der gewöhnlichen und außergewöhnlichen →Fähigkeiten, und die →Schützer sind die Wurzel für die perfekte Aktivität zum Wohl der Wesen (→Zuflucht).

Yidam: Persönlicher Meditationsaspekt; derjenige Buddha-Aspekt, mit dem man die engste Verbindung hat und dessen Praxis daher die schnellste Methode zum Erlangen der Erleuchtung darstellt.

***Yogi** (tib. nal djor pa),* weibliche Form ***Yogini** (tib. nal djor ma),* wörtl. jemand, der die Verbindung mit seiner Natur herstellt: Traditioneller Begriff für Verwirklicher(in), Praktizierende(r) des →Diamantwegs.

Zen-Buddhismus: Eine der drei Haupt-Traditionen im Buddhismus. Wurde im Jahr 520 n. Chr. unter dem Namen Ch'an von dem indischen Meister Bodhidharma in China gegründet und breitete sich später nach Japan und in viele andere asiatische Länder aus. Legt den Schwerpunkt auf die Meditationspraxis, häufig auf der Grundlage eines einzelnen →Sutras oder →Tantras des Buddha.

Zuflucht (tib. kyab), wörtl. Schutz vor Leid: Eintritt in den buddhistischen Weg durch Ausrichtung auf die Ausdrucksformen der Erleuchtung, die so genannten Zufluchtsobjekte. Sie besteht allgemein im Buddhismus aus den Drei →Juwelen, sowie im →Tibetischen Buddhismus zusätzlich aus den Drei →Wurzeln. Bei den Grundübungen sind diese Zufluchtsobjekte im so genannten →Zufluchtsbaum angeordnet.

Zufluchtsbaum: Symbolische Anordnung der →Zuflucht in einem Baum, der nach der Mythologie alle Wünsche erfüllt.

zwei ...: →Ansammlungen.

Zwischenzustand (tib. bar do): Im Allgemeinen verschiedene, durch Wechsel begrenzte Zustände des →Bewusstseinsstroms; speziell der Übergang zwischen →Tod und →Wiedergeburt; dauert meistens 49 Tage und wird ausführlich im →Tibetischen Totenbuch beschrieben.

zwölf ...: →Glieder des abhängigen Entstehens.

Namen der Buddha-Aspekte

Befreiende Höchste Weisheit (skt. Prajnaparamita, tib. Yum chen mo)
Der Allgute (skt. Samantabhadra, tib. Kün tu sang po)
Der Strahlende (skt. Vairocana, tib. Nam par nang dse)
Der Unerschütterliche (skt. Akshobya, tib. Mi kyö pa)
Diamant in der Hand (skt. Vajrapani, tib. Chan na dor je)
Diamantgeist (skt. Vajrasattva, tib. Dor je sem pa)
Diamanthalter (skt. Vajradhara, tib. Dor je chang)
Grenzenloses Leben (skt. Amitayus, tib. Tse pa me)
Grenzenloses Licht (skt. Amitabha, tib. Ö pa me)
Großer Schwarzer (skt. Mahakala, tib. Nag po chen po)
Grüne Befreierin (skt. Tara, tib. Döl ma)
Höchste Freude (skr. Chakrasamvara, tib. Khor lo dem chog)
Juwelengeborener (skt. Ratnasambhava, tib. Rin chen djung den)
Liebevolle Augen (skt. Avalokiteshvara, tib. Chen re zig)
Machtvoller Ozean (skt. Jinasagara, tib. Gyal wa gyam tso)
Medizinbuddha (skt. Baisjaya Guru, tib. Sang gye men la)
Oh Diamant (skt. Hevajra, tib. Kye dor je)
Pferdekopf (skt. Hayagriva, tib. Tam drin)
Rad der Zeit (skr. Kalachakra, tib. Dü kyi khor lo)
Rote Weisheit (skt. Vajravarahi, tib. Dor je pha mo)
Schwarzer Mantel (skt. Mahakala, tib. Ber nag chen)
Vollendung des Nutzens (skt. Amoghasiddhi, tib. Dön yö drub pa)
Weisheitsbuddha (skt. Manjushri, tib. Jam pal yang)
Weiße Befreierin (skt. Sita Tara, tib. Döl kar)
Weißer Schirm (skt. Sitatapatra, tib. Du kar)

Quellenverzeichnis

Sanskrit und Tibetisch

Als Hinweis auf den Inhalt des jeweiligen Textes steht die wörtliche Übersetzung des Titels und/oder eine Kurzbeschreibung des Inhaltes in eckigen Klammern.

Abhayadatta: *Caturashiti-siddha-pravrtti,* tib. Grub thob brgyad cu rtsa bzhi'i lo rgyus [Lebensgeschichten der 84 Mahasiddhas]

Asanga: *Abhidharma-samuccaya,* tib. Ngön pa kün tü [Kompendium des Wissens]

Böd rgya tshig mdzöd chen mo [Tibetisches Wörterbuch der Dharma-Begriffe nach dem »Schatz des Wissens«] (2 Bände). Hrsg. Volksdruckerei, 1984. ISBN 7-105-02036-9

Chandrakirti: *Madhyamaka-avatara,* tib. Du ma la 'djug pa [Eintritt in den Mittleren Weg]

Dagpo Tashi Namgyal: *Phyag chen zla ba'i 'od zer* [Mahamudra Mondstrahlen]

Gampopa: *Dvags po lha rje'i bka' 'bum* [Gesammelte Werke von Gampopa]

Gampopa: *Dvags po thar rgyan,* vollständiger Titel: Dam chos yid bzhin nor bu thar pa rin po che'i rgyan ces bya ba bzhugs so [Juwelenschmuck der Befreiung]

Indrabhuti: *Jnanasiddhi-nama-sadhana,* tib. Ye-shes grub-pa zhes-bya ba'i sgrub-pa'i thabs, Kapitel 17: Ye shes rdo rje'i dbang-bskur ba'i cho-ga'i le'u [Text zu der Art, wie Einweihungen auf der Ebene der höchsten Weisheit übertragen werden, speziell beim Guru-Yoga; enthalten im Buddhasamayoga-Tantra, tib. Sang-ye nyam-jor gyü]

Jamgön Kongtrul Lodrö Thaye: *Bla ma rgyang 'bod kyi gsol 'debs mo gus snying gi gser 'debs shes bya ba bshugs so* [Die Hingabe, die unser Herz berührt; die Anrufung des Lamas aus der Ferne]

Jamgön Kongtrul Lodrö Thaye: *Lam zugs kyi gan zag las dan po pa la phan pa'i bskyed rdzogs kyi gnad bdus* [Entstehung und Vollendung; grundlegende Punkte tantrischer Meditation]. Engl. Übersetzung von Sarah Harding

Jamgön Kongtrul Lodrö Thaye: *rNam-she ye-she Kommentar,* vollständiger Titel: rNam par she pa dang ye she 'dje pa'i bstan chos kyi tshig don go gsal du 'grel pa rang byung dgongs pa'i rgyan ces bya ba bzhugs so. [Der Kommentar mit dem Namen »Die Gedanken von Rangjung Dorje, der einen klar die Bedeutung der Worte der Abhandlung über ›Die Unterscheidung zwischen Bewusstsein und Weisheit‹ verstehen lässt«] (Zitat: Seite 66–70). Deutsche Übersetzung von Manfred Seegers. KIBI, New Delhi 1997 (bisher nicht veröffentlicht)

Jamgön Kongtrul Lodrö Thaye: *She dja kün khyab dzö* [Der Schatz des Wissens]. Gangtok 1983
Buch 6, III. Kapitel [Die Darstellung des Ursache/Merkmal-Fahrzeugs; speziell aus dem Abschnitt über die vier philosophischen Schulen und die drei Fahrzeuge]
Buch 6, IV. Kapitel [Die Darstellung des geheimen Mantra-Fahrzeugs, des Vajrayana]
Buch 8, I. Kapitel [Die Lehren über die stufenweise Meditation von Shine und Lhaktong, die die allgemeine Grundlage für alle Versenkungszustände bilden]

Kamalashila: *Arya-shalistambasya-tika,* tib. 'Phags pa sva lu ljang pa rgya cher 'grel pa [Ausgedehnter Kommentar zum Reissprößling-Sutra]

Kamalashila: *Bhavana-krama,* tib. Sgom pa'i rim pa [Stufen der Meditation]

Kanjur: *Arya-bhadra-kalpika-nama-mahayana-sutra,* tib. 'Phags pa bskal pa bzang po zhes bya ba theg pa chen po'i mdo [Sutra des guten Zeitalters]

Kanjur: *Arya-ganavyuha-nama-mahayana-sutra,* tib. 'Phags pa rgyan sdug po bkod pa zhes bya ba theg pa chen po'i mdo [Sutra der dicht angeordneten Ornamente, über Befreiung und Erleuchtung]

Kanjur: *Arya-ratna-traya-anumriti-sutra,* tib. 'Phags pa dkön mchog gsum rje su dren pa'i mdo [Sutra der Erinnerung an die Drei Juwelen]

Kanjur: *Arya-Samdhi-nirmocana-nama-mahayana-sutra,* tib. Dgong pa nge 'grel, vollständiger Titel: 'Phags pa dgongs pa nges par 'grel pa zhes bya ba theg pa chen po'i mdo [Sutra über die drei Drehungen des Dharmarades, Geistesruhe und tiefe Einsicht sowie Erkenntnislehre]

Kanjur: *Bhagavati-maha-prajnaparamita-hridaya-sutra,* tib. 'Phags pa shes rab kyi pha röl tu phyin pa'i nying po'i mdo [Herz-Sutra; Befreiende Weisheit in 25 Versen]

Kanjur: *Hevajra-tantra,* tib. Kye rdo rje [Anweisungen zur Praxis des Buddha-Aspektes Hevajra]

Kanjur: *Lalita vistara,* tib. Rgya cher rol pa [Sutra über das Leben Buddhas]

Kanjur: *Prajnaparamita samcayagatha,* tib. Mdo bsdud pa [Zusammenfassung der Befreienden Weisheit]

Kanjur: *Saddharma-pundarika-sutra,* tib. Dam pa'i chos pad ma dkar po'i mdo [Lotus-Sutra; wörtl.: Das Sutra des weißen Lotus der edlen Lehre]

Kanjur: *Samadhiraja-sutra,* tib. 'Phags pa ting nge 'dzin gyi rgyal po'i mdo [König-der-tiefen-Meditation-Sutra]

Kanjur: *Shalistamba-sutra,* tib. 'Phags pa sa lu'i ljang pa zhes bya ba theg pa chen po'i mdo [Reissprößling-Sutra]

Kanjur: *Vachrachedikka-nama-prajnaparamita,* tib. Rdo rje gcod pa, vollständiger Titel: 'Phags-pa shes-rab-kyi-pha-rol-tu-phyin-pa rdo-rje gcodpa shes-bya-ba theg-pa chen-po'i mdo [Diamant-Sutra]

3. Karmapa Rangjung Dorje: *De bzhin gshegs pa'i snying po bstan pa she bya ba'i bstan bcos,* kurz: sNying po bstan pa [Das Zeigen der Essenz; mit Kommentar von Jamgön Kongtrul Lodrö Thaye]

3. Karmapa Rangjung Dorje: *Nges don phyag rgya chen po'i smon lam* [Mahamudra-Wünsche]

3. Karmapa Rangjung Dorje: *rNam-she ye-she 'dje-pa'i bstan chos bzhugs so* [Abhandlung über die Unterscheidung zwischen Bewusstsein und Weisheit]. Rumtek-Ausgabe 1992

3. Karmapa Rangjung Dorje: *Zab mo nang gi don zhes bya ba'i gzhugs* [Die tiefe innere Bedeutung; Zusammenfassung der Tantras]

7. Karmapa Chödrak Gyamtso: *Tsad ma rigs gzhung rgya mtsho* [Ozean-der-Logik-Texte] (4 vol.). KIBI, New Delhi 1994

8. Karmapa Mikyö Dorje: *Bka' brgyud mgur mtsho.* Palpung Ausgabe, veröffentlicht im 18. Jh. [Ozean der Gesänge der Kagyü-Meister]. Engl. Übersetzung: *Rain of Wisdom* (siehe unter Nalanda bei den englischen Literaturhinweisen)

8. Karmapa Mikyö Dorje: *Du ma la'jug pa'i rnam bzhad* dpal ldan dus gsum mkhyen pa'i zhal lung dvags brgyud grub pa'i zhing rta zhes bya ba bzhugs so [Kommentar zum Madhyamaka-avatara von Chandrakirti]

8. Karmapa Mikyö Dorje: *Kar ma pa mi bskyod rdo rje'i gsung* [Kurze Belehrungen des 8. Karmapa – Erklärt von Khenpo Chödrak Tenphel Rinpoche während einer Meditations-Zurückziehung (KIBI, Dezember 1994); speziell: Das dreimalige Drehen des Dharmarades, Die drei Körbe der Lehren Buddhas, Die vier Tantra-Klassen, Die vier philosophischen Schulen]

9. Karmapa Wangchuk Dorje: *Nges don rgya mtsho,* vollständiger Titel: Lhan cig skyes sbyor gyi zab khrid nges don rgya mtsho'i snying po phrin las 'od 'phro bzhugs [Mahamudra – Ozean der wahren Bedeutung] (übersetzte Passage: Seite 124/125). Rumtek-Ausgabe

9. Karmapa Wangchuk Dorje: *Phyag chen chos sku mdzub tshugs* [Der Fingerzeig auf den Wahrheitszustand; kurzer, aber besonders tiefgründiger Mahamudra-Text]

9. Karmapa Wangchuk Dorje: *Phyag chen ma rig mun sel* [Das Beseitigen der Dunkelheit der Unwissenheit; mittlerer Mahamudra-Text]

15. Karmapa Khakyab Dorje: *rNam-she ye-she Kommentar,* vollständiger Titel: rNam par she pa dang ye she 'dje-pa'i bstan-chos kyi mchan 'grel rje btsun 'jam pa'i dbyang kyi zhal lung nor bu ke ta ka dri ma med pa'i 'od ces bya ba bzhugs so [Die Erklärungen, die als Anmerkungen zum Kommentar über die Unterscheidung zwischen Bewusstsein und Weisheit gegeben werden, der »das Makellose Licht des Edelsteins Ketaka, die Worte aus dem Munde des Edlen Manjushri« genannt wird; enthalten in den gesammelten Werken des 15. Karmapa]

16. Karmapa Rangjung Rigpe Dorje: *Lam sab bla ma'i rnal 'bjor dngos grub char 'bebs ces bya ba bzhugs so.* [Der tiefgründige Weg, der Guru-Yoga, der den Regen der Verwirklichungen herabströmen lässt]. Übersetzt aus dem Tibetischen von Manfred Seegers

Khetsun Sangpo: *Biographical Dictionary of Tibet & Tibetan Buddhism* (vol. 1–9). Library of Tibetan Works and Archives (LTWA), Dharamsala 1973

Könchog Gyaltsen: *Blo sbyong brgya rtsa dang dkar chag gdung sel zla ba,* vollständiger Titel: Sems dpa' chen po dkon mchog rgyal mtshan gyi phyogs bsgrigs mdzad pa'i blo sbyong brgya rtsa dang dkar chag gdung sel zla ba bcas bzhugs so [Die Hundert Formen des Geistestrainings]. Tibetan Cultural Printing Press, Dharamsala 1995

Maitreya/Asanga: *Abhisamaya-alankara,* tib. Mngon rtogs gyan [Befreiende Weisheit, Schmuck wahrer Erkenntnis; Zusammenfassung der Prajnaparamita-Lehren]

Maitreya/Asanga: *Byam chos sde lnga bzhugs so* [Die fünf Werke von Maitreya/Asanga]

Maitreya/Asanga: *Mahayana-uttaratantra-shastra,* tib. Theg pa chen po'i rgyud bla ma'i bstan bcos, kurz: rGyud bla ma [Gyü Lama; Text über die Buddha-Natur]

Nagarjuna: *Arya-ratna-traya-anumriti-karika,* tib. Dkön mchog gsum rje su dren pa'i mdo rnam par 'grel pa bkra shis mi sad pa'i dbyangs shes bya ba zhugs so [Kommentar zum Sutra der Erinnerung an die Drei Juwelen]

Nagarjuna: *Mulamadhyamaka-karika,* tib. Dbu ma rtsa ba'i she rab [Wurzelverse zum Mittleren Weg]

Nagarjuna: *Shali-stambaka-karika,* tib. 'Phags pa sa lu'i ljang pa'i tshig le hur byas pa [Kommentar zum Reissprößling-Sutra]

Padmasambhava: *Bardo thos grol,* vollständiger Titel: Zab chos zhi khro dgongs pa grol las bar do thos grol chen mo bzhugs so [Tibetisches Totenbuch]

Saraha: *Kaya-kosha-amrita-vajragiti,* tib. sku'i mdzod 'chi med rdo rje glu [Vajragesang des unzerstörbaren Körperschatzes]. Tenjur, Peking ed., vol. Tsi fols 75a–87a

Saraha: *Svadhisthana-krama,* tib. Rang byin-gyis-brlab-pa'i rim-pa [Text zum Guru-Yoga]

Shantarakshita: *Madhyamaka-alankara,* tib. Du ma rgyan [Ornament des Mittleren Weges]

Shantideva: *Bodhisattva-carya-avatara,* kurz: *Bodhicarya-vatara,* tib. Byang chub sems dpa'i spyod pa la 'jug pa [Eintritt in das Verhalten der Bodhisattvas]. Engl. Übersetzung von Stephan Batchelor: *A Guide To The Bodhisattva's Way of Life.* LTWA, Dharamsala 1979

Tilopa: *Guru nopika,* tib. Bla ma sgrub pa'i thabs [Die Methode der Praxis auf den Lehrer; Text zum Guru-Yoga]

Vasubandhu: *Abhidharma-kosha-karika,* tib. Chos mngon pa'i mdzod [Schatzhaus des Wissens (Schatzkammer des Abhidharma)]

Vimalamitra: *Arya-prajnaparamita-hridaya-tika,* tib. 'Phags pa shes rab kyi pha röl tu phyin pai snying po rgya cher bshad pa [Kommentar zum Herz-Sutra und fünf weitere Kommentare von Jnanamitra (2x), Prashastrase, Pandita Shri Mahadza und Dipankara Shri Jnana (Atisha)]

Allgemeine Quellen

Mitschriften von Vorträgen und Kursen, Unterricht und Forschung im KIBI über die Entwicklung des Buddhismus

Praxis-Anleitungen über Shine, Lhaktong und Yidam-Praxis während der Ausbildung zum buddhistischen Lehrer unter Lama Thubten

Studienkurs in Dhagpo (Frankreich) unter Leitung von Khenpo Chödrak Tenphel Rinpoche

Belehrungen über indische und tibetische buddhistische Geschichte von Khenpo Chödrak Tenphel Rinpoche, KIBI 1991/92

Verschiedene Bücher über die Schule des Reinen Landes und Zen, übersetzt vom Sutra Translation Committee of the United States and Canada sowie vom International Buddhist Monastic Institute

Literaturhinweise

Deutsch

Bercholz, S. & Chödzin, S.: *Buddha, Lebensweg und Heilslehre.* Orbis Verlag, München 1999; ebenfalls erschienen unter dem Titel: *Ein Mann namens Buddha.* Goldmann Verlag

Buddhismus Heute. Zeitschrift des Buddhistischen Dachverbands Diamantweg der Karma-Kagyü-Linie (BDD) e.V. für Diamantweg-Buddhismus in Deutschland (erscheint auch in sieben anderen Sprachen)

Dagyab Kyabgön Rinpoche: *Buddhistische Glückssymbole.* Diederichs Gelbe Reihe, München 1992

Diener, Michael S.: *Das Lexikon des Zen.* O. W. Barth Verlag, Bern/München/Wien 1992

Diener, Michael S.: *Lexikon der östlichen Weisheitslehren.* O. W. Barth Verlag, Bern/München/Wien 1994

Dilgo Khyentse: *Das Herzjuwel der Erleuchteten.* Theseus Verlag, Berlin 1992

Ehrhard, Franz-Karl & Fischer-Schreiber, Ingrid: *Das Lexikon des Buddhismus.* O. W. Barth Verlag, München 1993

Fremantle, Francesca & Trungpa, Chögyam: *Das Totenbuch der Tibeter.* Diederichs Gelbe Reihe, München 1991

Gampopa: *Der kostbare Schmuck der Befreiung,* tib. Dvags po thar rgyan (Juwelenschmuck der Befreiung). Theseus Verlag, Berlin 1996. Engl. Übersetzung von Herbert V. Günther: *The Jewel Ornament of Liberation.* London, Rider & Company 1959

Jamgön Kongtrul: *Das Licht der Gewissheit.* Aurum Verlag, Freiburg im Breisgau 1979; Titel der amerikanischen Originalausgabe: *The Torch of Certainty.* Shambala Publ., Boulder, Colorado 1977

Jamgön Kongtrul: *Der große Pfad des Erwachens.* Ein Kommentar zur Mahayana Lehre des Geistestrainings. Theseus Verlag, Küsnacht 1989

Jamgön Kongtrul: *Die Anrufung des Lamas aus der Ferne* (Praxis-Text)

3. Jamgön Kongtrul Rinpoche: *Wie die Mitte des wolkenlosen Himmels.* Marpa Verlag, Wien 1989

Kalu Rinpoche: *Den Pfad des Buddha gehen.* O. W. Barth Verlag, München 1990

Kalu Rinpoche: *Über das Wesen des Geistes.* Lugano 1984

9. Karmapa Wangchuk Dorje: *Das Diamantlicht des gewöhnlichen Geistes.* Oktopus Verlag, Wien 1989

9. Karmapa Wangchuk Dorje: *Mahamudra – Ozean des Wahren Sinnes* (wörtl. aus dem Tibetischen: Ozean der wahren Bedeutung). 3 Bände. Theseus Verlag, Zürich/München 1992

Khenpos des KIBI: *Eine kurze Geschichte der Karmapa- und Shamarpa-Linien.* In: *Buddhismus Heute,* Nr. 29, Dezember 1999

Kuhlmann, Heinz W.: *Das Dreifache Lotus-Sutra.* Oktopus Verlag, Wien 1989

Muralt, Raoul v.: *Meditations-Sutras des Mahayana-Buddhismus.* Band 1 & 2. Origo Verlag, Bern 1988

Nydahl, Lama Ole: *Das Große Siegel.* Joy Verlag, Sulzberg 1998

Nydahl, Lama Ole: *Die Vier Grundübungen.* Joy Verlag, Sulzberg 1998

Nydahl, Lama Ole: *Über alle Grenzen.* Joy Verlag, Sulzberg 1994

Nydahl, Lama Ole: *Wie die Dinge sind – Eine zeitgemäße Einführung in die Lehre Buddhas.* Joy Verlag, Sulzberg 1994

Pali-Kanon: *Die Rede an die Kalamer.* Anguttara-Nikaya III, 65

Seegers, Manfred: *Buddhistische Grundbegriffe.* Joy Verlag, Sulzberg 2000

Shamar Rinpoche: *Die Drei Yanas.* Joy Verlag Sulzberg, 1989

Tenga Rinpoche: *Sutra und Tantra – Die Wege des Buddhismus.* Marpa Verlag, Wien 1989

Thich Nhat Hanh: *Mit dem Herzen verstehen – Kommentare zum Prajnaparamita-Herz-Sutra.* Theseus Verlag, Küsnacht 1989

Übersetzungsteam: *Die Linienhalter der Karma-Kagyü-Tradition.* KIBI 1994. Teil I: *Kagyü Life,* Nr. 16, Dez. 1994; Teil II: *Kagyü Life,* Nr. 17, April 1995

Englisch

Abhayadatta: *Buddha's Lions – The Lives of The Eighty-Four Siddhas.* Transl. by James B. Robinson. Dharma Publishing, Berkeley, California 1979

Batchelor, Stephan (Übs.): *A Guide To The Bodhisattva's Way of Life* (Originalautor: Shantideva). LTWA, Dharamsala 1979

Bokar Rinpoche: *Meditation – Advice for Beginners.* ClearPoint Press, San Francisco 1993. ISBN 0-9630371-1-0

Chang, Garma C. C.: *A Treasury of Mahayana Sutras.* Pennsylvania State University, Philadelphia 1983

Chang, Garma C. C.: *The Six Yogas of Naropa and Teachings on Mahamudra.* Snow Lion Publications, Ithaca, New York 1963. ISBN 0-937938-33-5

Chattopadhyaya Debiprasad: *Taranatha's History of Buddhism in India.* Motilal Barnasidass, Delhi 1990. ISBN 81-208-0696-4

Conze, Edward: *The Large Sutra on Perfect Wisdom.* Motilal Barnasidass Publishers, New Delhi 1990. ISBN 81-208-0752-9

Doboom Tulku & Mullin, Glenn H.: *Atisha and Buddhism in Tibet.* Tibet House, Delhi 1983

Douglas, N. & White, M.: *Karmapa, The Black Hat Lama of Tibet.* Luzak, London 1976

Dowman, Keith: *Masters of Mahamudra – Songs and Histories of the 84 Buddhist Siddhas.* State University of New York Press 1985. ISBN 0-88706-158-3

Dronma Yeshe: *The Kunzig Shamarpas of Tibet.* Dorje a. Bell Publication 1992

Ganganatha Jha: *The Tattvasangraha of Shantarakshita.* With the Commentary of Kamalashila. Vol. 1 & 2. Motilal Barnasidass, New Delhi 1986. ISBN 81-208-0059-1

Groner, P.: *A History of Indian Buddhism* by Hirakawa Akira. Motilal Barnasidass, Delhi 1993

Günther, Herbert V.: *Ecstatic Spontaneity – Saraha's Three Cycles of Dohas.* Asian Humanities Press 1993

Günther, Herbert V.: *The Jewel Ornament of Liberation* (Originalautor: Gampopa). London, Rider & Company 1959

Günther, Herbert V.: *The Life and Teaching of Naropa.* Shambala Publications, Boston/London 1986. ISBN 0-87773-356-2

Holmes, Ken & Katia: *The Changeless Nature.* Scotland Dzalendara Publications, Eskdalemuir 1985

Ishigami Zenno: *Disciples of the Buddha.* Kosei Publishing, Tokyo 1990. ISBN 4-333-01423-9

Jamgön Kongthrul the Great: *The Teacher-Student Relationship.* Snow Lion Publications, Ithaca, New York 1999. ISBN 1-55939-096-4

Jamgön Kongtrul Lodrö Thaye: *Creation & Completion.* Wisdom Publications, Boston 1996

Jampa Thaye: *A Garland of Gold – The Early Kagyu Masters in India and Tibet.* Ganesha Press, Bristol 1990. ISBN 0-9509119-3-3

Jo Nang Taranatha: *The Seven Instruction Lineages.* Transl. & ed. by D. Templeman. Library of Tibetan Works & Archives (LTWA), Dharamsala, 2. ed. 1990. ISBN 81-85102-22-8

9. Karmapa Wangchuk Dorje: *The Mahamudra, Eliminating the Darkness Of Ignorance.* LTWA, Dharamsala 1981

15. Karmapa Khakyab Dorje: *Dzalendara and Sakarchupa – Stories from the former lives of the Gyalwa Karmapa.* Publ. by Kagyu Samye 1981. ISBN 0-906181-03 8

Karma Thrinle: *The History of the Sixteen Karmapas of Tibet.* Prajna Press, Boulder 1980

Kern, H.: *The Saddharma-Pundarika* or *The Lotus of the True Law.* Motilal Barnasidass, Delhi 1989. ISBN 81-208-0122-9

Khenpo Könchog Gyaltsen & Rogers, Katherine: *The Garland of Mahamudra Practices.* Snow Lion Publications, Ithaca, New York 1986. ISBN 0-937938-35-1

Lamotte, E.: *History of Indian Buddhism.* Motilal Barnasidass, Delhi

López, Jr. Donald S.: *The Heart Sutra Explained.* Indian and Tibetan Commentaries. Sri Satguru Publications, New Delhi 1990. ISBN 81-7030-238-2

Mar-pa Chos-kyi bLo-gros: *The Life of the Mahasiddha Tilopa.* LTWA, Dharamsala 1995. ISBN 81-85102-91-0

Nalanda Translation Committee: *The Rain of Wisdom.* Shambala Publications, Boston/London 1999

Nyanatiloka: *Buddhist Dictionary.* The Corporate Body of the Buddha Educational Foundation, Taiwan 1987

Obermiller, E.: *Prajnaparamita in Tibetan Buddhism.* Classics India Publications, New Delhi 1989. ISBN 81-85132-05-4

Obermiller, E.: *The History of Buddhism in India and Tibet.* Sri Satguru Publications, New Delhi 1986. ISBN 81-7030-026-6

Obermiller, E.: *The Jewelry of Scripture of Bu-ston.* Sri Satguru Publications, New Delhi 1987. ISBN 81-7030-129-6

Powers, John: *Jnanagarbha's Commentary on just the Maitreya Chapter from the Samdhinirmocana-Sutra.* Indian Council of Philosophical Research 1998; publ. by Munshiram Manoharlal Publishers, New Delhi. ISBN 81-85636-37-0

Powers, John: *Wisdom of Buddha.* Dharma Publishing, Berkeley 1995

Prasad, H. S.: *The Uttaratantra of Maitreya.* Sri Satguru Publications, New Delhi 1991. ISBN 81-7030-263-3

Prebish, Charles S.: *Historical Dictionary of Buddhism.* Sri Satguru Publications, New Delhi 1995

Rabten, Geshe: *Echoes of Voidness.* Wisdom Publications, London 1986. ISBN 0-86171-010-X

Radhakrishnan, S.: *Indian Philosophy.* 2 vol. Oxford University Press, New Delhi 1997

Reat, N. Ross: *The Shalistamba Sutra.* Motilal Barnasidass, New Delhi 1993. ISBN 81-208-1135-6

Rikey, Thubten K. & Ruskin, Andrew: *A Manual Of Key Buddhist Terms.* LTWA, Dharamsala 1992

Roerich, G. N.: *The Blue Annals.* Motilal Barnasidass Publishers, New Delhi, Reprint 1978, 1988, 1995, 1996. ISBN 81-208-0471-6

8. Situpa Tenpa'i Nyinchay: *Mahamudra Teachings of the Supreme Siddhas.* Snow Lion Publications, Ithaca, New York 1995. ISBN 1-55939-025-5

Sharma, Dr. Chandradhar: *A Critical Survey of Indian Philosophy.* Motilal Barnasidass, New Delhi 1994. ISBN 81-208-0365-5

Taranatha's Life of Krishnacarya/Kanha. LTWA 1989. ISBN 81-85102-70-8

Tarthang Tulku: *Light of Liberation – A History of Buddhism in India.* Crystal Mirror series vol. 8, Dharma Publishing, Berkeley, California 1992. ISBN 0-89800-242-7

The Voice of the Buddha. The Lalitavistara Sutra. 2 vol. Dharma Publishing 1983

Thrangu Rinpoche: *Buddha Nature.* Uttara Tantra Commentary. Rangjung Yeshe Publ. 1993

Thrangu Rinpoche: *Songs of Naropa.* Transl. by Erik Pema Kunsang. Rangjung Yeshe Publ., Kathmandu 1997

Thrangu Rinpoche: *The Uttara Tantra: A Treatise on Buddha Nature.* Sri Satguru Publications, New Delhi 1994. ISBN 81-7030-401-6

Topga Yulgyal Rinpoche: *A Short History of the Karma Kagyü Lineage.* KIBI 1994; auch erschienen als Artikel in *Kagyu Life International,* Vol. 3, 1995

Tsepak Rigdzin: *Tibetan-English Dictionary of Buddhist Terminology.* LTWA, Dharamsala 1986

Tsonawa Lobsang Norbu: *Indian Buddhist Pandits.* Transl. from »The Jewel Garland of Buddhist History«. LTWA, New Delhi 1985

Stichwortverzeichnis

Adressenliste buddhistischer Zentren

Deutschland (Auswahl)

Buddhistisches Zentrum Berlin
Grunewaldstr. 18, D-10823 Berlin
Tel.: 030-78704213, Fax: 030-78704214
Infoline: 030-78704215
E-Mail: Berlin@diamondway-center.org

Buddhistisches Zentrum Bochum
Dorstener Str. 102, D-44809 Bochum
Tel.: 02324-55225 oder 23649, Fax: 02324-22217
E-Mail: Bochum@diamondway-center.org

Buddhistisches Zentrum Braunschweig
Kramerstr.18, D-38122 Braunschweig
Tel.: 0531-798601, Fax: 0531-791009
E-Mail: Braunschweig@diamondway-center.org

Buddhistisches Zentrum Darmstadt
Dieburger Str. 148a, D-64287 Darmstadt
Tel.: 06151-77572, Fax: 06151-788496
E-Mail: Darmstadt@diamondway-center.org

Buddhistisches Zentrum Frankfurt
Saalburgstr. 17, D-60385 Frankfurt
Tel.: 069-4691001, Fax: 069-4691002
E-Mail: Frankfurt@diamondway-center.org

Buddhistisches Zentrum Hamburg
Thadenstr. 79, D-22767 Hamburg
Tel.: 040-4328380, Fax: 040-43283810
E-Mail: Hamburg@diamondway-center.org

Buddhistisches Zentrum Heidelberg
Kaiserstr. 39, D-69181 Leimen
Tel.: 02324-55225 oder 23649, Fax: 02324-22217
E-Mail: Heidelberg@diamondway-center.org

Buddhistisches Zentrum Köln
Aquinostr. 27, D-50670 Köln
Tel. + Fax: 0221-7327475
E-Mail: Koeln@ diamondway-center.org

Buddhistisches Zentrum Leipzig
Wiesenstr. 1, D-04564 Böhlen-Großdeuben
Tel.: 034299-76812, Fax: 034299-76813
E-Mail: Leipzig@diamondway-center.org

Buddhistisches Zentrum München
Gabelsbergerstr. 52 / RGB, D-80333 München
Tel.: 089-52046330, Fax: 089-52046340
E-Mail: Muenchen@diamondway-center.org

Buddhistisches Zentrum Passau
Löwengrube 16, D-94032 Passau
Tel.: 0851-31195, Fax: 0851-931100
E-Mail: Passau@diamondway-center.org

Haus Schwarzenberg
Hinterschwarzenberg 8, D-87466 Oy-Mittelberg
Tel.: 08366-98380, Fax: 08366-983818
E-Mail: Schwarzenberg@diamondway-center.org

Buddhistisches Zentrum Villingen-Schwenningen
Brühlstr. 76, D-78056 Villingen-Schwenningen
Tel.: 07720-65951, Fax: 07720-65900
E-Mail: Schwenningen@diamondway-center.org

Buddhistisches Zentrum Wuppertal
Heinkelstr. 27, D-42285 Wuppertal
Tel.: 0202-84089, Fax: 0202-82845
E-Mail: Wuppertal@diamondway-center.org

Österreich (Auswahl)

Buddhistisches Zentrum Graz (von KKÖ)
Pfeifferhofweg 94, A-8045 Graz
Tel.: +43-316-670700, Fax: +43-316-67070023
E-Mail: Graz@diamondway-center.org

Buddhistisches Zentrum Wien (von KKÖ)
Josef-Melichargasse 20, A-1210 Wien
Tel. + Fax: +43-1-2631247
E-Mail: Wien@diamondway-center.org

Schweiz (Auswahl)

Buddhistisches Zentrum Zürich
Hammerstr. 9a, CH-8008 Zürich
Tel.: +41-1-3820875, Fax: +41-1-3800144
E-Mail: Zurich@diamondway-center.org

Dänemark (Auswahl)

Buddhist Center København
Svanemollevej 56, DK-2100 København Ø
Tel.: +45-39-292711, Fax: +45-39-295733
E-Mail: Kobenhavn@diamondway-center.org

Buddhist Retreat Rødby
Korterupvej 21, DK-4920 Søllested
Tel.: +45-54-616097, Fax: +45-54-616067
E-Mail: Rodby@diamondway-center.org

Informationen zu Adressen weiterer Zentren

Buddhistischer Dachverband Diamantweg (BDD) e.V.
Geschäftsstelle Schwarzenberg
Hinterschwarzenberg 8
D-87466 Oy-Mittelberg

Infotelefon: 0172-8304008
Fax: 08366-983818
E-Mail: info@diamondway-buddhism.org

Internet:
www.diamondway-buddhism.org
www.buddhismus.de
www.karmapa.org
www.diamantweg.de

Weitere Veröffentlichung von Manfred Seegers im Buddhistischen Verlag

Raum und Freude, Space and Bliss

Buddhistische Statuen & Ritualgegenstände
Buddhist Statues & Ritual Implements

Die Diamantweg-Stiftung zeigt in diesem Ausstellungskatalog zum ersten Mal die Kunstwerke der Sammlung Blomeyer. Die buddhistischen Statuen und Ritualgegenstände stammen aus zwei Jahrtausenden und werden mit aussagekräftigen Fotographien präsentiert.

Manfred Seegers und Tanja Böhnke ermöglichen in einer zeitgemäßen Sprache umpfangreiche Einblicke in die Geschichte und die Bedeutung der vorgestellten Statuen. Ein wichtiges Buch sowohl für die Meditation als auch für das Studium des Diamantweg Buddhismus.

Hrsg. von der Diamantweg-Stiftung
Text: Tanja Böhnke und Manfred Seegers
Fotographie: Ginger Neumann
240 Seiten mit 185 Farbfotographien
Hardcover mit Fadenheftung

Format: 23x23cm
ISBN 3-937160-07-8
(D) 38,- Euro

BUDDHISTISCHER VERLAG

Unterrichtsmaterial im Buddhistischen Verlag

DER BUDDHISMUS IN SEINER GANZHEIT

Wissen und Praxislösungen für Sekundarstufe I und II

Buddhismus ist ein In-Thema im Religions- und Ethikunterricht. Diese Materialsammlung unterstützt Lehrkräfte mit reichhaltiger Hintergrundinformation sowie einer großen Fülle methodischer Ideen - und vor allem: sie stammt aus authentischer Quelle.

Buddhistische Lehrer der Karma-Kagyü-Line des tibetischen Buddhismus haben die Inhalte gemäß traditioneller Lehrdarlegung zusammengestellt. Professionelle Pädagogen haben daraus pfiffige und moderne Unterrichtsentwürfe entwickelt.

Die wichtigsten Themen des Buddhismus sind in 26 Kapiteln lebensnah und spannend aufbereitet. Die meisten Unterrichtsentwürfe können als einzelne Stunden verwendet werden.
Die Sammlung eignet sich aber auch hervorragend als Baukasten für eine längere, vertiefende Sequenz. Querverweise zeigen, wo Themen aufeinander aufbauen oder sich ergänzen.

Hrsg. von der Diamantweg-Stiftung
ca. 400 Seiten mit zahlreichen llustrationen und Fotographien
Loseblattsammlung, Ordner und CD

Format: 27,5x32cm
ISBN 3-937160-10-8
(D) 38,- Euro

BUDDHISTISCHER VERLAG